Senioren op vrijersvoeten

D0994698

Van dezelfde auteur:

Zin in vrijen... voor vrouwen
Zin in vrijen... voor mannen

Hannie van Rijsingen

Senioren op vrijersvoeten

Wat vijftigplussers willen weten over seksualiteit, intimiteit en relaties

Aramith · Haarlem

Voor informatie, vragen, consulten en trainingen:

Hannie van Rijsingen
Punter 48–39
8242 GK Lelystad
tel. 0320.232055
fax 0320.230966
website: www.hannievanrijsingen.com
e-mail: info@hannievanrijsingen.com

© 2003 Hannie van Rijsingen
© 2003 Uitgeverij J.H. Gottmer / H.J.W. Becht BV, Postbus 317, 2000 AH Haarlem
(e-mail: post@gottmer.nl)
Uitgeverij J.H. Gottmer / H.J.W. Becht BV maakt deel uit van de Gottmer Uitgevers Groep BV
Omslag en opmaak: Ivar Hamelink, Haarlem
Foto auteur: Menno Stassen
Druk en afwerking: Drukkerij Hooiberg / Drukkerij Wormgoor, Epe

ISBN 90 6834 197 9 / NUR 865

Wees nu jong, je kunt altijd nog oud worden

(David Baird, *Duizend wegen naar vrijheid*)

INHOUD

HANNIE VAN RIJSINGEN

HANNIE VAN RIJSINGEN

INLEIDING

Hoofdstuk 1 begint met een definitie van seksualiteit; daarna volgt een kort overzicht van seksualiteit in de vorige eeuw, dat wordt afgesloten met een overzicht van de seksualiteit van ouderen in de 21ste eeuw en enige cijfers uit een wat ouder Amerikaans en een recent Nederlands onderzoek.

Hoofdstuk 2 laat zien hoe de verschillen tussen ouderen worden beïnvloed door een standaard- of een keuzebiografie. Hun levensloop wordt bepaald door man of vrouw zijn, culturele achtergrond, sociaal-economische klasse en godsdienst of religieuze overtuiging. Ook seksuele oriëntatie heeft effect op iemands levensloop en op hoe een mens vormgeeft aan zijn of haar leven. Verschillende relatievormen worden beschreven, met als slot de veranderingen die er op dit moment bij senioren plaatsvinden in hun vormen van samenleven.

Hoofdstuk 3 gaat over de meest voorkomende seksuele problemen waarmee iemand tijdens zijn leven geconfronteerd kan worden. Eerst wordt uitgelegd wat een bevredigend seksleven inhoudt; vervolgens komen belemmeringen voor een goed seksleven — ook bij ouderen — aan bod, en tot slot zijn de klachten aangegeven die mede door deze belemmeringen kunnen worden veroorzaakt.

Hoofdstuk 4 besteedt aandacht aan homoseksualiteit bij vijftigplussers. Er wordt gekeken naar cultuur, wetgeving en houding door de eeuwen heen ten aanzien van dit onderwerp, waarbij langer wordt stilgestaan bij de tweede helft van de 20ste eeuw, omdat deze periode voor vijftigplussers heel bepalend was. Er wordt gesproken over 'de cultuur van stilzwijgen' van voor en kort na de Tweede Wereldoorlog, en over de eerste *coming outs* in de jaren zestig en zeventig. Vervolgens wordt aandacht besteed aan de lesbische liefde, omdat het seksuele aspect daarin, in het verlengde van het ontkennen van de vrouwelijke seksualiteit, eveneens werd ontkend of niet gezien. Het krijgen van een homoseksuele relatie na de vijftigplusleeftijd komt ook aan de orde, en tot slot volgt een korte bespreking van de seksualiteitsbeleving van oudere homoseksuele mannen en oudere lesbische vrouwen, met de verschillen daartussen.

Hoofdstuk 5 behandelt de lichamelijke gevolgen van het ouder worden voor mannen en vrouwen en gaat nader in op veelvoorkomende lichamelijke ongemakken en problemen die hiermee kunnen samengaan. Vervolgens worden de gevolgen hiervan op het gebied van de lichamelijkheid en de seksualiteitsbeleving bij de man en de vrouw besproken.

Hoofdstuk 6 gaat over de gevolgen van het ouder worden, en het krijgen van medische aandoeningen en ziekten op de seksualiteitsbeleving in het algemeen. Veelvoorkomende aandoeningen en ziekten worden beschreven, evenals de gevolgen hiervan voor de seksualiteitsbeleving. Als laatste wordt gepleit voor het zoeken naar een meer aangepaste wijze van beleven van lichamelijke intimiteit met elkaar.

Hoofdstuk 7 heeft effectieve communicatie tot onderwerp en bevat aanwijzingen voor effectieve communicatie over moeilijke onderwerpen. Vervolgens passeren enkele thema's die in veel relaties barrières opwerpen tussen partners de revue, en als laatste wordt aan de hand van het thema ontrouw tussen partners besproken hoe met een dergelijk moeilijk onderwerp omgegaan kan worden. Oefeningen helpen om de gevoelens hierover een plek te geven, zodat ze niet langer een wezenlijke intimiteit tussen de partners in de weg hoeven te staan.

Hoofdstuk 8 staat stil bij wat er met iemand gebeurt als de levenspartner wegvalt door dood of echtscheiding. Er wordt beschreven hoe een verwerkingsproces kan verlopen, hoe iemand die dit meemaakt gesteund kan worden door zijn of haar omgeving en hoe een rouwproces kan stagneren; maar ook wat de gevolgen zijn van verlies van een partner en hoe de kansen liggen voor het krijgen een nieuwe relatie. Er wordt kort aangestipt wat het verlies van een partner betekent voor de seksualiteitsbeleving, omdat dit belangrijke onderwerp in het volgende hoofdstuk uitgebreid aandacht krijgt.

Hoofdstuk 9 legt aan de hand van allerlei verhalen over masturbatie uit hoe negatief denken over soloseks in de 18de en de eerste helft van de 19de eeuw het denken hierover dusdanig heeft beïnvloed dat nog veel vijftigplussers zich ongemakkelijk voelen bij het bedrijven van soloseks. Dan komt aan de orde hoe nieuwe contacten gelegd kunnen worden, wat belemmeringen kunnen zijn in het aangaan van een nieuwe relatie en hoe mislukking vermeden kan worden. Als laatste wordt gesproken over het krijgen van een nieuwe seksuele relatie en volgen er suggesties om die goed te laten verlopen.

Hoofdstuk 10 staat stil bij het feit dat er in ieders leven een fase van bezinning komt over het verdere verloop van de relatie en het werk. Daartoe wordt stilgestaan bij de balans van intimiteit en afstand in een relatie, gedragen door de mate van zelfkennis, zelfbewustzijn en automie van de partners. Er worden beweringen en stellingen geponeerd met de bedoeling na te denken hoe je als partners in de dagelijkse omgang tegenover elkaar staat. Op dezelfde wijze en met dezelfde bedoeling wordt er een kapstok gegeven ter overdenking van het seksuele aspect van de relatie.

HANNIE VAN RIJSINGEN

Hoofdstuk 11 laat zien dat mensen, ook op oudere leeftijd, hun seksuele relatie kunnen verdiepen als ze daarvoor moeite willen doen door middel van tijd nemen voor elkaar en aandacht geven aan elkaar. Er worden oefeningen aangereikt om de dagelijkse omgang te verbeteren en het vertrouwen in elkaar en in zichzelf te verstevigen, gevolgd door oefeningen om ook het lichamelijk samenzijn te verdiepen, met als belangrijkste leidraad: het contact met elkaar. Als het contact optimaal is en ook blijft tijdens seksuele opwinding, zullen intensere orgasmen en meerdere orgasmen het gevolg kunnen zijn. Verhoging van het opwindingsniveau is dan een gevolg van een dieper contact en niet een gevolg van verbetering van lichamelijke technieken.

Hoofdstuk 12 benadrukt dat het hebben van seks niet per se noodzakelijk is om een goede relatie te onderhouden. Wel wordt de mogelijkheid geopperd, als een van de partners niet gelukkig is onder het feit dat seks niet meer hoeft, voor het inroepen van professionele hulpverlening.

WOORD VOORAF

Waarom dit boek?

De afgelopen vijf jaar kwamen er steeds meer mensen van boven de vijftig in mijn praktijk. Omdat ikzelf ook al een paar jaar tot die leeftijdscategorie behoor, ging ik me verdiepen in het onderwerp 'ouderen'. Ik vond gegevens over opleiding van ouderen, het wonen van ouderen, de financiële positie van ouderen, de deelname van ouderen aan het arbeidsproces, de gezondheid van ouderen, de lichaamsbeweging van ouderen en het gebruik door ouderen van dienstverlening en zorgvoorzieningen. Ik vond echter weinig tot niets over aard en inhoud van relaties van ouderen, de seksualiteitsbeleving van ouderen, reacties van ouderen op het verlies van een partner en de specifieke problemen van ouderen bij het aangaan van een nieuwe relatie. Het enige wat ik regelmatig tegenkwam was het gegeven dat mannen van boven de vijftig eerder hertrouwen dan vrouwen.

Verder bleek dat de meeste van de bestaande onderzoeken onder ouderen zich hadden gericht op drie mogelijke leefvormen na beëindigen van het huwelijk op latere leeftijd: samenwonen met volwassen kinderen, alleen wonen en institutionele arrangementen (De Jong Gierveld & Peeters 2002). Met dat laatste wordt een 'beschermde woonvorm' bedoeld, met speciale voorzieningen voor de doelgroep.

Bij het zoeken naar de seksualiteitsbeleving bij ouderen, kwam ik wel van alles tegen dat te maken heeft met disfunctioneren en ziekte, maar specifieke betrouwbare gegevens over seksualiteit bij de vitale ouderen heb ik alleen kunnen vinden in buitenlandse onderzoeken en in het Nederlandse onderzoek *Seks in Nederland* (Van Zessen & Sandfort 1991).

Dat deed me besluiten om zelf een boek te gaan schrijven voor de mensen die in deze levensfase komen. Ik wist ook dat ik me niet wilde beperken tot de seksualiteitsbeleving van vijftigplussers alleen, maar dat er ook allerlei andere relevante onderwerpen rondom intimiteit en relaties in moesten worden opgenomen.

Bij de keuze van de onderwerpen liet ik me leiden door thema's die bij velen van mijn cliënten kortere of langere tijd hun leven beheers(t)en. Ik veronderstel dat ze bij mensen vaker een rol spelen en allerlei vragen oproepen. Ik ben me ervan bewust dat deze werkwijze niet volledig is; het is goed mogelijk dat je als lezer iets mist. Mijn schrijven is niet gestoeld op onderzoek, het is geen wetenschappelijk werk. Het is een verzameling van bestaande informatie over de onderwerpen seksualiteit, intimiteit, relaties en aanverwante zaken, aangevuld met erva-

HANNIE VAN RIJSINGEN

ringen van mijzelf en geïllustreerd met voorbeelden uit mijn werk als seksuoloog-therapeut in mijn particuliere Praktijk voor Seksualiteit, Relaties en Levensvragen.

Gelukkig weten de laatste jaren steeds meer mannen de weg naar mijn praktijk te vinden, maar lange tijd vormden vrouwen de hoofdmoot van het cliëntenbestand. Ik heb ernaar gestreefd om dit niet te laten doorspelen in het behandelen van de verschillende thema's — met wisselend succes. Tenslotte spreek en schrijf ik vanuit mijn persoonlijke werkwijze en ervaring.

Verder heb ik bewust gekozen om de lezer aan te spreken met 'je' en 'jij'. Misschien dat ik daarmee een aantal lezers en lezeressen voor het hoofd stoot, maar het is mijn overtuiging – en die van vele cliënten – dat de beleefdheidsvorm 'u' afstand schept. Iets wat beslist niet moet gebeuren als we het hebben over onderwerpen die het intieme terrein van de menselijke emoties bestrijken. Verder spreek ik gemakshalve over het huwelijk, maar ik acht andere samenlevingsvormen volkomen gelijkwaardig en aan dezelfde mechanismen onderhevig.

Hoe ik tot schrijven ben gekomen

Mijn moeder stierf in maart 1990, toen ik 46 jaar oud was. Haar dood bracht naast rouw ook bezinning met zich mee. In datzelfde jaar moest ik me nogmaals bezinnen, toen ik na de zomervakantie weer aan het werk ging. Plotseling zag ik enorm op tegen de werkroutine van alledag. Aangezien me dat nog nooit eerder was overkomen schrok ik me rot, want ik had nog heel wat jaren te gaan. Vervolgens gebeurde er iets merkwaardigs: ik kreeg behoefte om te gaan schrijven – ik, die nooit enige aspiratie in die richting had gekoesterd... ik, die een brief schrijven zo lang mogelijk uitstelde omdat het zoveel moeite kostte.

Voorzichtig gaf ik toe aan die behoefte door mondjesmaat iets in een bloknoot te krabbelen, en voor de rest liet ik het bij het oude. In mijn werk hobbelde ik door.

Na een volgende vakantie was de tegenzin om mijn werk te hervatten echter nog groter. Omdat ik schrijven steeds leuker begon te vinden, besloot ik er meer energie in te steken. Ik nam schrijfles, met stiekem in mijn achterhoofd de gedachte: misschien kan ik er wel zoveel geld mee verdienen dat ik nooit meer met cliënten hoef te werken. Als onderwerp koos ik misdaadverhalen; ik wilde de ellende die ik in al die jaren in mijn spreekkamer had gehoord, van me af schrijven. Uiteindelijk had ik een misdaadroman in elkaar geknutseld, die ik aan verschillende uitgevers aanbood. Behalve talloze afwijzingen viel er in mijn brievenbus ook de uitnodiging van een uitgever om eens te komen praten. Dat deed ik natuurlijk. De uitgever vertelde mij, in de aanwezigheid van de redacteur die mijn manuscript uit de stapel aangeboden manuscripten had gevist, dat hij mij graag als auteur bij zijn uitgeverij wilde hebben. Alleen moest ik nog wat vrijer worden in mijn schrijven. Gelovend in zijn woorden en in mijn eigen talent, bewerkte ik het manuscript een laatste maal en een paar maanden later leverde ik de definitieve versie aan. Ik hoorde niets. Een veeg teken!

Toen ik uiteindelijk de stoute schoenen aantrok en zelf contact opnam, kreeg ik te horen dat mijn werk beneden de maat was, niet geschikt om uitgegeven te worden. 'Maar...,' zo adviseerde ze me stellig, 'je moet beslist blijven schrijven.' Ik begreep niets van deze omslag en refereerde aan het gesprek dat ik met hen had gevoerd. Maar zij kon zich dat niet meer herinneren, en al evenmin de woorden van haar baas: 'Wij willen u graag als auteur hebben.'

Ik begrijp het nog steeds niet, maar mijn illusie om via schrijven aan de kost te komen lag toen wel aan gruzelementen. Ontgoocheld sleepte ik me de dagen door. Maar omdat ik ook midden in mijn climacterium zat, weet ik mijn gebrek aan levenslust daaraan. Ook iedereen in mijn omgeving slikte deze verklaring voor mijn langdurige sombere stemming voor zoete koek.

Achteraf besef ik dat ik niet alleen lichamelijk met een veranderingsproces bezig was, maar ook geestelijk en dat het schrijven – het enige lichtpuntje dat ik nog zag – me erdoorheen heeft gesleept. Ik had namelijk, na het debacle met de misdaadroman, dat soort thema's verlaten en was begonnen onderwerpen aan het papier toe te vertrouwen die met mijn werk te maken hadden. Langzamerhand ontstond het boek *Zin in vrijen?*. Toen het af was, vond ik redelijk snel een uitgever. Daardoor veranderde mijn manuscript in een boek, dat lezeressen en lezers vond. Een enkeling confronteerde me met de vraag: 'Wat moet een man doen als zijn vrouw geen zin heeft?'

Die vraag zette me aan tot het schrijven van *Zin in vrijen... voor mannen*. Tijdens het schrijven van dit mannenboek, zoals ik het noemde, kreeg ik ook de behoefte om mijn eerste versie van het boek voor vrouwen aan te vullen. Mijn uitgever kwam mij daarin tegemoet, zelfs in die mate dat hij voorstelde om de lezer een pakket *Zin in vrijen...* aan te bieden, bestaande uit een boek voor mannen en eentje voor vrouwen. In november 2002 lagen ze in de winkel. Er werd een groot boeket bloemen bij me bezorgd, met een kaartje waarop te lezen stond: 'Hartelijk gefeliciteerd met de geboorte van de tweeling.'

Terwijl ik het boeket in een vaas zette, besefte ik dat de voorgaande jaren een periode voor me geweest waren waarin ik het therapievak weer interessant en boeiend was gaan vinden. Maar was dat alleen gekomen door het succes dat ik uiteindelijk toch had geboekt?

Ik moet toegeven dat de erkenning die ik kreeg me niet onwelgevallig was. Ik ben, als zovelen, gevoelig voor erkenning en waardering. Maar de hoofdreden...? Dat kon ik me maar moeilijk voorstellen. 'Er moet iets meer zijn,' zei ik tegen mezelf, 'maar wat?'

HANNIE VAN RIJSINGEN

Toen ik de vaas met bloemen op een mooie plek neerzette, vielen plotseling de puzzelstukjes op hun plaats. Met de dood van mijn moeder was ik doorgeschoven naar de volgende, de oudere generatie. Dit 'ouder' worden werd een paar jaar later lichamelijk bevestigd door de overgang. Mijn ambities veranderden, mijn kinderen groeiden op en hadden me niet meer zo nodig, en het werken met cliënten – vroeger met mijn gezin de pijler onder mijn leven – was in emotionele zin minder ingrijpend geworden. Niet doordat ik minder cliënten zag, maar doordat ze emotioneel veel minder ruimte in beslag namen dan voorheen. Mijn behoefte om te schrijven was namelijk zo groot geworden dat die niet meer weg viel te stoppen; als ik er niet aan toegaf, voelde ik me ongelukkig. Ik liep niet meer zo te hollen en te draven voor anderen, en ook riep ik regelmatig: 'Dan kan ik niet, want ik moet schrijven.'

Ja, ik was toch doorgegaan, ondanks het debacle van die misdaadroman. Ik had me niet terneer laten slaan, hoewel de verleiding groot was om zielig in een hoekje te gaan zitten denken: 'Ik kan het toch niet.'

Ik had wel de onderwerpen voor mijn schrijven veranderd: ik had de misdaadroman verlaten (een droom die er nog op wacht om gerealiseerd te worden) en was overgestapt naar thema's op mijn vakgebied – een overstap die me meer voldoening geeft dan ik voordien voor mogelijk had gehouden. Schrijven over mijn vakgebied noopt me tot research die me ook nieuwe kennis oplevert, kennis die mijn vak verlevendigt en het werken met cliënten ten goede komt.

Ik besef dat ik een tijd lang – ik weet niet exact hoe lang – een uitgebluste seniortherapeut ben geweest, die haar tijd tot haar pensioen uitzat. Tot mijn vreugde en dankbaarheid kan ik nu van harte zeggen dat die tijd voorbij is. Nu eens ben ik de doelgerichte schrijfster die in eenzaamheid haar ideeën op papier zet, dan weer ben ik de therapeut die met veel plezier haar cliënten ziet.

Het schrijven dwingt mij nauwgezet te formuleren, een proces waardoor ik me steeds meer bewust word van mijn handelen en waardoor ik gerichter mijn deskundigheid kan inzetten. Het is een perfecte afwisseling van rust (de rust van het schrijven) en activiteit (van het 'onder de mensen' zijn), een manier van leven die op dit moment bij me past en recht doet aan mijn behoeften.

De pijlers onder mijn veranderde leven

Ik besef echter heel goed dat ik deze verandering mede te danken heb aan de relatie met mijn partner (niet de vader van mijn kinderen), mijn kinderen en mijn vrienden. Toen de motivatie voor mijn werk tanende was, bleef het sociale netwerk overeind. Mijn familie en vrienden waren steeds als ik ze nodig had niet alleen lijfelijk, maar ook emotioneel aanwezig. Dat is een rijkdom die niet iedereen van mijn leeftijd heeft.

De vijftigplussers

Als vijftigplussers mij consulteren, is vaak de directe aanleiding onvrede met zichzelf, onvrede met de relatie en/of onvrede met de seksualiteit. Als ik echter doorvraag, blijkt vrijwel altijd dat de genoemde onvrede al (veel) langer bestaat, maar dat ze – met pensionering in het verschiet – nu de tijd rijp achten voor actie en bezinning.

Zoals ik al zei: ik heb me tijdens het schrijven van dit boek door mijn cliënten laten inspireren. Ik dank dan ook eenieder die ik mocht begeleiden in het ontdekken en ontwikkelen van een meer vervullende wijze van in het leven staan, zowel voor zichzelf als met anderen.

Het doel van dit boek

Senioren op vrijersvoeten wil de lezer op een prettige leesbare wijze kennis, richtlijnen, tips en oefeningen bieden voor een goede kwaliteit van leven op het gebied van seksualiteit, intimiteit en relaties na het vijftigste levensjaar. Ik richt me tot de vijftigplusser die zich nog volop in staat voelt verschillende facetten van zijn of haar leven te ontwikkelen, waaronder de capaciteit om (nog) meer energie te halen uit de meest betekenisvolle relaties die een mens heeft: die met zichzelf, met een partner of met dierbare vrienden.
Maar dit boek werd ook geschreven voor al diegenen die onrust of onvrede voelen, maar niet de vinger op de zere plek kunnen leggen. Hun raad ik aan om in alle rust het boek van voor naar achter door te nemen en vooral aandacht te besteden aan hoofdstuk 7.
Het gedeelte 'Praten over moeilijke onderwerpen en verborgen pijn' kan een steuntje in de rug zijn om gebeurtenissen die van grote invloed waren op zijn of haar leven, een plek te geven. Sommige gebeurtenissen hebben zo diep ingegrepen dat ze een wig dreven in het samenzijn met de partner. Er zijn ook pijnlijke gebeurtenissen waar nooit, of veel te weinig, over is gesproken – misschien omdat men niet wist 'hoe' erover te beginnen, of wellicht vanuit de veronderstelling dat 'praten' niets oplost of verandert.
Dat laatste is waar! Feiten en gebeurtenissen die in een leven hebben plaatsgevonden zijn niet te veranderen. Maar één ding is wel te veranderen: je kunt de keuze maken om anders te gaan denken over die feiten en gebeurtenissen, waardoor ook je gevoelens veranderen. En bij dat proces kan dit boek je van dienst zijn.

Misschien zijn er lezers die nu de aanvechting voelen om dit boek terzijde te leggen omdat ze denken: Hè bah, ze gaat het over problemen hebben, en ik heb geen problemen. Maar ik kan je geruststellen: dit boek is zeer zeker niet bedoeld voor 'probleemrelaties'. Het is voor mensen zoals jij en ik, aan de andere kant van de vijftig. Geen onbeschreven bladeren meer, maar meer of minder getekend door het leven. We hebben allemaal leuke en minder leuke, erge en minder erge, grotere en kleinere emotioneel traumatische gebeurtenissen meegemaakt, of we nu deel uitmaken van een relatie, alleen zijn, homo- of heterogeoriënteerd, weduwe of weduwnaar.

Ook alleenstaanden, (huwelijks)partners, mannen met vrouwen, mannen met mannen, vrouwen met vrouwen, die vinden dat hun leven of relatie niets te wensen overlaat, kunnen denk ik toch nog wat uit dit boek opsteken.

Ik heb alle informatie op een dusdanige wijze gerangschikt dat het boek bruikbaar is als naslagwerk. De thema's rondom ouderen, senioren of vijftigplussers – met de tips en suggesties voor hoe je iets ten aanzien van seksualiteit, intimiteit en relaties kunt veranderen, voor jezelf of in je relatie – kun je raadplegen op elk moment dat er vragen bij je opdoemen.

Hannie van Rijsingen
Lelystad, zomer 2003

Hoofdstuk 1

SEKSUALITEIT IN DE TWINTIGSTE EEUW IN VOGELVLUCHT

Wat is seksualiteit?

Van het begrip seksualiteit is moeilijk een eensluidende definitie te geven omdat het verschillende aspecten omvat. Seksualiteit wil zeggen:
- Hoe functioneert iemands lichaam in seksueel opzicht?
- Welke seksuele handelingen verricht iemand of laat hij/zij aan zichzelf toe?
- Hoe beleeft iemand zijn lichaam tijdens de seksuele handelingen die hij/zij bij een ander verricht of bij zichzelf toelaat? Welke betekenis wordt er door haar of hem aan seksualiteit toegekend?

Het kijken naar seksualiteit en de uitingen ervan werden (en worden) beïnvloed door de tijd waarin men leeft, maar ook door het land, de cultuur en de religie die men in het land of de streek aanhangt. Deze factoren hebben niet alleen invloed op de maatschappelijke positie van mannen en vrouwen, maar ook op de waarden en normen ten aanzien van de sociale omgang tussen de twee geslachten, inclusief de seksuele omgang. De geldende gedragsregels bepalen dus wat hoort en niet hoort op het gebied van relaties en seksualiteit, en dat heeft weer rechtstreeks invloed op wat individuele personen beleven aan seksuele handelingen, aan de betekenis die zij eraan geven.

Seksualiteit tot de Tweede Wereldoorlog

In de westerse wereld werd de seksualiteit het grootste gedeelte van de twintigste eeuw gekenmerkt door verboden, geboden, taboes en mythen. Alles wat niet direct met de voortplanting te maken had, werd als ziekelijk of afwijkend beschouwd en handelingen die niet direct gericht waren op de coïtus (ten dienste van de voortplanting) werden perversiteiten genoemd. Over masturbatie heerste lange tijd de opvatting dat die tot ernstige ziekte leidde, een visie die decennialang een grote claim legde op vrouwen. In Amerika beheerste zelfs een variant op deze visie, 'het blauweballengeloof', de seksuele omgangsvormen tussen jongens en meisjes. Als een stelletje oppervlakkig vrijde (*petting*) en de jongen kreeg een erectie, was masturbatie ondenkbaar. Want als hij niet tot een zaadlozing kwam, zouden zijn testikels pijn gaan doen en afsterven. Wilde het meisje niet verantwoordelijk gesteld worden voor dit verschrikkelijk gebeuren, dan was zij verplicht de jongen toe te staan zich in haar te ontladen (Verveen 2002).

In Nederland dacht men er niet veel anders over. Onder het heilige gebod tot voortplanting was masturbatie een ernstige zonde en anticonceptie uit den boze. Heel godsdienstig Nederland propageerde deze opvatting. Desondanks kreeg de Nieuw-Malthusiaansche Bond, opgericht in 1891, de kans om condooms te verspreiden. Ook het pessarium occlusivum begon door vrouwen gebruikt te worden. Het werd geïntroduceerd door de eerste vrouwelijke huisarts in ons land en bondslid, dr. Aletta Jacobs. Zij was begaan met het lot van vrouwen uit de onderlaag van de bevolking en schreef in haar praktijk aan de Herengracht in Amsterdam dit voorbehoedmiddel – een kapje dat de baarmoedermond afsluit voor binnendringende zaadcellen – voor. Het kon door vrouwen zelf aangebracht worden, zodat ze voor het regelen van hun kindertal niet meer afhankelijk waren van de welwillendheid van mannen. Aletta Jacobs was haar tijd ver vooruit. Ze publiceerde het boekje *De vrouw, haar bouw en haar inwendige organen* (1899), waarin zij in begrijpelijke taal uitlegde hoe een vrouwenlichaam in elkaar zat en hoe het werkte. Maar ze deed nog meer: zo stond ze ook op de bres voor andere vrouwenzaken, zoals goedbetaalde arbeid, betere werkomstandigheden en beter onderwijs voor vrouwen, en bovendien steunde ze de oprichting van De Vereeniging voor Vrouwenkiesrecht in 1893, aan het hoofd waarvan ze tien jaar later kwam te staan – na de verwerking van de dood van haar kind, dat slechts één dag leefde. Dat hield ze vol tot het kiesrecht voor vrouwen een voldongen feit werd in 1919. In haar lezingen en publicaties stak zij, naast haar mening over deze onderwerpen en het belang van gebruik van voorbehoedmiddelen in het kader van de geboortebeperking om medische redenen, ook haar visie op prostitutie niet onder stoelen of banken. Zij zag het leed, de ellende en de ziekten bij de meisjes die prostitutie bedreven, en als oplossing droeg ze aan dat de prostitutie zelf bestreden moest worden. Dat viel niet in goede aarde. In een dispuut met een hoogleraar die de mening van die tijd verkondigde 'dat het voldoen aan zijn geslachtsdrift bij den man een eisch der gezondheid was, dat door bevredigen van diens drift aan zijn gezondheid geen of zoo weinig mogelijk schade werd berokkend', gaf zij als antwoord: 'Indien dat werkelijk uw mening is, zijt gij zedelijk verplicht uw dochters voor dit doel ter beschikking te stellen.' Maar gelegenheid om deze stelling nader te motiveren werd haar niet geschonken, vertelt zij in haar memoires. 'Woedend liep de hoogleeraar de kamer uit, na mij toegevoegd te hebben dat ik verstandiger deed mij geen oordeel aan te matigen over dingen en toestanden waarvan ik niet op de hoogte was.' (Aletta Jacobs 1924)

De reden dat haar houding in die tijd niet op prijs werd gesteld, was het feit dat er in het openbaar überhaupt niet of nauwelijks werd gesproken over deze zaken, en als dat wel werd gedaan diende dat absoluut niet door een vrouw te gebeuren. Vrouwen met innerlijke beschaving spraken niet over lichamelijkheden, geboortebeperking en voorbehoedmiddelen, dus al helemaal niet over prostitutie. Daar behoorden zij zelfs niets van af te weten.

Maar de strijd van de vrouwen tijdens de eerste emancipatiegolf (1880–1920) ging verder dan het voor de wet strafbaar stellen van het houden van 'een huis van ontucht'. Vrouwen eisten erkenning van hun onwettige kinderen en financiële ondersteuning van zichzelf en hun kinderen, omdat mannen tot dan toe juridisch nergens op konden worden aangesproken. Hun strijd wierp vruchten af. Tegelijk met het ingaan van de wet voor actief kiesrecht voor vrouwen werden mannen in 1919 onderhoudsplichtig gesteld voor hun minderjarige kinderen. Dat betekende een forse doorbraak in gelijke rechten voor vrouwen en mannen. Onmiddellijk na deze feministische golf begonnen de eerste boeken over seksualiteit, in de jaren twintig van de vorige eeuw, het daglicht te aanschouwen. En met groot succes! Herdrukken bleven verschijnen tot het midden van de jaren zestig. *Het volkomen huwelijk* is er een voorbeeld van – dit was lange tijd hét standaardwerk in boekenkasten met glazen deuren ervoor. Het was geschreven door de mannelijke arts Th.H. van de Velde en had als ondertitel: *Een studie omtrent zijn physiologie en zijn techniek. Voor den arts en den echtgenoot geschreven.* Deze titel geeft al aan dat er in die tijd alleen sprake kon zijn van een 'gezonde' seksualiteitsbeleving binnen de context van een huwelijk.

Hoewel het schrijven over seksualiteit dus op gang was gekomen, heeft het nog vijftig jaar moeten duren voordat vrouwen – en niet alleen de artsen onder hen – over seksualiteit gingen schrijven. Later in dit hoofdstuk kom ik hierop terug.

Seksualiteit na de Tweede Wereldoorlog

Na de oorlog veranderde de Nieuw-Malthusiaansche Bond in de Nederlandse Vereniging voor Seksuele Hervorming (1946). Deze vereniging verstrekte en begeleidde niet alleen anticonceptie, maar gaf ook seksuele vorming en voorlichting. Bekend uit die tijd zijn de 'huwelijksscholen', waarin aanstaande levenspartners bij de NVSH een cursus konden volgen over de juridische, organisatorische en psychologische aspecten van het huwelijk. Ook gaf ze voor haar leden (nog steeds trouwens) het maandblad *Sekstant* uit, waarin in de rubriek 'Wij Willen Weten' allerlei vragen over seksualiteit openlijk werden beantwoord. De vereniging groeide explosief onder de bezielende leiding van de psychologe Mary Zeldenrust-Noordanus, die in 1962 algemeen voorzitter van de NVSH werd. Verder speelde de toenemende openheid over seksualiteit een rol in deze groei, maar nog meer – denk ik – het wettelijk verbod op de openbare verkoop van voorbehoedmiddelen. Via een lidmaatschap van de NVSH was het makkelijk om aan condooms en andere voorbehoedmiddelen te komen. Aan degenen die de consultatiebureaus niet durfden of wilden bezoeken, bood het landelijk middelendepot de volgende uitweg: op aanvraag werden de artikelen op discrete wijze per post toegezonden.

In deze periode kwam er nog een grote verandering: in 1965 werd de Algemene Bijstandswet ingevoerd. Vanaf dat moment hoefden vrouwen niet meer om economische motieven gehuwd te blijven, na een scheiding konden ze een eigen inkomen aanvragen. Dat maakte vrouwen niet alleen economisch onafhankelijk van mannen, maar gaf ze ook een meer vrije keuze in wel of niet seks bedrijven met iemand. De orale anticonceptie (de pil) raakte ook steeds meer ingeburgerd en de consultatiebureaus, de plaats bij uitstek waar instructie en begeleiding gemakkelijk konden worden verkregen, moesten door de grote vraag hun aantal uitbreiden. Eind jaren zestig was de NVSH uitgegroeid tot een vereniging met tweehonderdduizend leden en in 1967 hield zij voor haar leden een bijeenkomst in de RAI in Amsterdam onder voorzitterschap van Mary Zeldenrust. Dit evenement werd uitgezonden op de televisie. Ik herinner me dat een jongeman op een gegeven moment de microfoon greep en iets schreeuwde in de trant van: 'Wat zitten we hier toch allemaal te ouwehoeren, we hadden al lang in bed kunnen liggen neuken!'

Vierentwintig jaar oud was ik toen, en hoewel ik in Amsterdam woonde was ik de beperkende en benauwende Brabantse moraal nog lang niet ontstegen. Ik vond zijn optreden dan ook schokkend! Maar Mary Zeldenrust bleef, door alle tumult heen, kalm het standpunt van de NVSH verkondigen dat een vrijere lustbeleving gepaard diende te gaan met verantwoordelijkheid en respect voor de andere partij.

Ik weet niet of deze uitzending baanbrekend was of dat de tijd toen gewoon rijp was voor een meer liberaal klimaat, maar vanaf dat tijdstip werd er in de massamedia regelmatig aandacht geschonken aan seksualiteit, anticonceptie en abortus. Hierbij denk ik ook aan de rol van Herma Vergouwe, verpleegkundige bij het Aletta Jacobshuis in Amsterdam en columniste voor *Sekstant* en *Het Vrije Volk*. Zij was een van de eersten die stelden dat een vrouw recht had op een abortus als zij dat zelf wenste. Later werd zij in deze opvatting gesteund door de vrouwenbewegingen Man-Vrouw-Maatschappij (opgericht in 1968) en Dolle Mina (opgericht in 1970). Beide groeperingen maakten zich hard voor dit standpunt – velen zullen zich nog de ludieke acties herinneren rondom 'Baas in eigen buik'. In 1969 resulteerde deze strijd in het openen van de eerste abortuskliniek (MR70) in Amsterdam. Rotterdam volgde met het in het leven roepen van de Stichting voor Medisch Verantwoorde Zwangerschapsonderbreking (Stimezo), een stichting die vrouwen hielp om binnen de grenzen van de wet op een medisch verantwoorde wijze een abortus te ondergaan. In 1971 werd de eerste Stimezokliniek in Arnhem geopend.

In 1969 werden, opnieuw mede door de inspanningen van Mary Zeldenrust, de consultatiebureaus losgekoppeld van de NVSH. Onder de naam Rutgers

Stichting – naar de arts Jan Rutgers, een tijdgenoot van Aletta Jacobs, die op medische gronden voorbehoedmiddelen voorschreef – gingen ze zelfstandig verder. Mary Zeldenrust noemde het ontstaan van de Rutgers Stichting 'een geschenk aan het Nederlandse volk', omdat in die tijd de NVSH nog te vaak als een club viezeriken en onzedelijke naaktlopers werd gezien, met wie menige bezoeker van de consultatiebureaus niet vereenzelvigd wenste te worden. Door de loskoppeling werd het voor veel mensen gemakkelijker een van de bureaus voor geboorteregeling en seksualiteitsvragen te bezoeken.

Vier jaar later, in 1973, begon ik mijn loopbaan als seksuoloog bij de Rutgers Stichting. Ik had het genoegen om zowel Herma Vergouwe als Mary Zeldenrust persoonlijk te leren kennen. Herma maakte indruk op me door haar vrolijkheid, haar frank en vrij praten over seks, en haar leuke omgang met de consultatie-bureaubezoekers. Zij deed een 'pessariumspreekuur' op het Aletta Jacobshuis. Wilde een pessarium betrouwbaar blijven, dan moest het regelmatig worden gecontroleerd. Vrouwen kwamen dus zo nu en dan naar het spreekuur met het pessarium in, en dan werd via een inwendig onderzoek door een verpleegster nagegaan of het nog steeds voldoende afsloot. Daarna werd de kwaliteit van het rubber aan een kritische blik onderworpen. Herma placht na zo'n inwendig onderzoek wel eens te roepen: 'Mevrouw, het zit weer beeldig.'
Mary Zeldenrust herinner ik me als een intelligente, idealistische vrouw. Vooral staat me bij dat ze me vertelde na haar optreden in de RAI niet alleen scheld- en andere beledigende brieven te hebben ontvangen, maar ook bedreigingen aan het adres van haarzelf en haar gezin.
Ook staat me het Vara-programma 'Open en bloot' (1974) nog helder voor de geest. Het was het eerste voorlichtingsprogramma op de Nederlandse televisie. Na dat programma kon er gebeld worden naar de Rutgers Stichting, waar ik met nog een tiental anderen aan de telefoon zat om vragen te beantwoorden. We kregen vele serieuze vragen, maar ook wel scheldkanonnades. Hoewel velen hun opluchting en blijdschap ventileerden over het feit dat er eindelijk eens over seks gesproken kon worden, werd dit uitstekende voorlichtingsprogramma door anderen bestempeld als vies en pornografisch, waarbij ons als medewerkers van de Rutgers Stichting bovendien het etiket 'viezeriken' werd opgeplakt.

Deze conservatieve oprispingen konden de veranderingen echter niet tegenhouden: het tij was gekeerd! In 1974 kreeg de Rutgers Stichting subsidie om de consultatiebureaus in de grote steden uit te rusten met een psychosociaal team dat zich speciaal ging bezighouden met problemen rondom de seksualiteitsbeleving. De teams bestonden uit een psycholoog of psychiater, een arts en een maatschappelijk werk(st)er. Vanaf dat moment bestond mijn solistische positie niet meer – ik was als maatschappelijk werkster de enige niet-medisch-opgeleide die zich met de genoemde problematiek bezighield, waardoor ik me wel eens eenzaam en incompetent voelde.

De Rutgers Stichting nam de opleiding van haar medewerkers ter hand – we waren allemaal beginnende seksuologen – en we leerden snel. We namen kennis van de bevindingen van Masters en Johnson en ontwierpen therapieën die op hun leest geschoeid waren. Verder kregen we trainingen van Amerikaanse seksuologen en lazen we onder andere Lonnie Barbachs *The Fulfillment of Female Sexuality*, een standaardwerk voor sekstherapie met vrouwen. Maar ook in Nederland begonnen vrouwen te schrijven over de seksualiteit van vrouwen. Ik denk dat velen van mijn generatie nog de boeken *Je lichaam je leven*, *Voor onszelf* en *Vanille en andere smaken* zullen kennen. Deze werden allemaal geschreven door Anja Meulenbelt en droegen ertoe bij dat vrouwen zich van hun lichaam en hun seksualiteit bewust werden.

In 1976 verscheen het eerste grootschalige onderzoek over de vrouwelijke seksualiteitsbeleving: *Het Hite-rapport* van Shere Hite, dat de onderzoeksresultaten van Masters en Johnson bevestigde, namelijk dat de clitoris de primaire opwindingsbron is voor vrouwen en niet de binnenkant van de vagina.

Gesteund door een gewijzigde wetgeving, de komst van de anticonceptiepil, een veranderende moraal en publicaties over vrouwen, begonnen vrouwen niet alleen anders te denken over hun lichaam en hun seksualiteit, maar ook de zeggenschap over hun lichaam en over hun eigen seksualiteitsbeleving terug te veroveren.

Seksualiteit rond 1980

In 1980 begon ik aan mijn zevende jaar bij de Rutgers Stichting. Zes jaar had ik uitsluitend te maken gehad met mensen met seksuele problemen. De opwindings- en orgasmeproblemen bij de vrouwen en de mannen die ons consulteerden hadden zelden een lichamelijke oorzaak; ze hingen veeleer samen met ideeën over seksualiteit. Gekleurd door de jarenlange voorlichting van de medisch mannelijke visie bestond seksualiteit voor velen alleen 'in enge zin'. De seksuele problemen die zich aandienden waren voornamelijk opwindings- en orgasmeproblemen in de coïtussituatie (tijdens geslachtsgemeenschap). Als de gepresenteerde problemen samenhingen met een gebrek aan zorg, aandacht, tederheid, warmte en begrip buiten en tijdens lichamelijk intiem contact werd dit zelden als onderdeel van het seksuele probleem herkend en/of erkend. Onder invloed van de seksuele revolutie stond genot hoog in het vaandel. Seksualiteitsbeleving was nog niet erg verbonden met de rest van de relatie. Alles moest kunnen en alles moest fijn zijn: een nieuwe mythe die op haar beurt een druk legde op het huwelijksbed.

In haar boek *Marriage is Hell* (1972) beschrijft Kathrin Perutz over deze druk:

'De ware man of vrouw moet intens seksueel zijn. De enige ware gemeenschap tussen mensen is geslachtsgemeenschap. Niveaus van genot zijn haast streepjes op de maatstaf van uitnemendheid geworden. En seksuele variaties zijn nu even noodzakelijk voor het huwelijk als ooit maatschappelijke deugden waren. [...] Je moet een voorgeschreven aantal keren per week de liefde bedrijven – of seks hebben. Anders raak je uit de gratie en word je uit de competitie gestoten.' De Nederlandse seksuoloog Paul Vennix sluit hierop in zijn artikel 'Is seks wel zo'n leuk spelletje?' (1981) naadloos aan. Hij beschrijft, mijns inziens op hilarische wijze, hoe het er in die tijd bij veel mannen en vrouwen aan toeging.

De regels van het spel

Het seksuele spel is een der bekendste gezelschapsspelen. In de loop der eeuwen in talloze versies met uiteenlopende spelregels gespeeld. De in onze cultuur meest verbreide versie kent de volgende seksistische (discriminerend op grond van geslacht) spelregels.

Aantal personen:	twee
Leeftijdsgrens:	18 tot 50 jaar
Organisatie:	in huwelijksverband
Spelmateriaal:	een bed, voorbehoedmiddelen
Spelleider:	de man
Inleidend ritueel:	voorspel
Wie begint:	de man
Af te leggen parcours:	opwindingsfase, plateaufase, orgasmefase
Wijze van voortbewegen:	geslachtsgemeenschappelijk
Doel van het spel:	orgasme
Extra premiemogelijkheden:	gelijktijdig orgasme, meervoudig orgasme
Einde van het spel:	zodra de man een orgasme heeft bereikt

Je wint als je erin slaagt het parcours volledig af te werken. De man wint vrijwel altijd, omdat doorgespeeld wordt tot hij 'bingo' heeft. De vrouw kan ook winnen, maar dan moet ze het parcours in kortere tijd zien af te leggen.

Is het wel een leuk spel?, zo vraagt Vennix zich verder af. 'Veel mannen zijn er dol op,' zegt hij dan, 'maar veel vrouwen hebben er, als het zó moet, niet zo'n zin in. De spelregels zijn al in haar nadeel en geslachtsgemeenschap is voor vrouwen meestal niet de meest adequate manier om seksueel opgewonden te worden. Maar liefst 70% van de vrouwen is meestal traag in de hordeloop naar het coïtaal orgasme. Het is niet leuk om steeds te verliezen, nooit een doelpunt te maken, nooit het doel te bereiken. Het er steeds maar naast schieten deukt haar zelfvertrouwen. En zelfs als hij zegt dat het maar een spelletje is, blijft dit falen toch knagen.'

De geslachtsdaad zou een test zijn voor de geestelijke gezondheid van de partners en de geluksgraad van het huwelijk. Huwelijkspartners die geen vurige orgasmen konden maken – liefst tegelijkertijd – waren teleurgesteld in zichzelf en de ander. Ze schaamden zich omdat ze niet voldeden aan de verwachtingen; het leverde hun een laag gevoel van eigenwaarde op. Dat zijn voorstelbare en herkenbare gevoelens, die ook heden ten dage – als de seks niet verloopt zoals men wil – de kop opsteken.

In de tweede helft van de jaren zeventig en begin jaren tachtig hadden we bij de Rutgers Stichting zoveel te maken met opwindings- en orgasmeproblemen bij vrouwen dat wij een sekstherapie ontwikkelden voor een groep gelijkgestemde vrouwen.

Aan de hand van opdrachten die thuis uitgevoerd werden en die in de groep werden besproken – de vrouwen hoefden niet uit de kleren – leerden de deelneemsters niet alleen gemakkelijker over seksualiteit te praten, maar ze vonden ook herkenning bij elkaar. Het onder deskundige begeleiding bespreken van de moeilijkheden die men tijdens de opdrachten ondervond, bracht de vrouwen meestal een stuk verder naar het doel dat zij nastreefden.

Samen met Willeke Bezemer was ik een van de eerste vrouwelijke therapeuten die in Nederland deze groepen opzetten en leidden. Die aanpak bleek niet alleen toentertijd succesvol te zijn, maar is dat nog steeds. In mijn praktijk behoort een groepsbehandeling nog altijd tot de mogelijkheden.

Seksualiteitsbeleving bij 'ouderen' in de 21ste eeuw

Bij nadere bestudering van het thema 'ouderen' stuitte ik, naast het feit dat er weinig over relaties en seksualiteitsbeleving te vinden was, ook op het feit dat de term 'ouderen' een ontzettend grote leeftijdsgroep omvat. Het Centraal Bureau van Statistiek hanteert de leeftijd van boven de 40, in het laatste onderzoek van het NIPO (oktober 2002) naar seksueel gedrag van ouderen werd zelfs de leeftijd van 40–80 jaar aangehouden. De Nederlandse overheid hanteert in haar seniorenbeleid de grens van 55 jaar, terwijl 65 officieel (nog) de pensioengerechtigde leeftijd is. Dus je kunt je afvragen: wanneer behoort iemand tot de categorie 'ouderen'?

Pratend met leeftijdgenoten over dit onderwerp is het me opgevallen dat iedereen, niemand uitgezonderd, het moeilijk vindt om zichzelf tot de ouderen te rekenen. Hoe vaak ik niet heb gehoord: 'Maar ik voel me nog niet oud... Ik ben geen senior...'!

Hoe iemand zich ook voelt, vijftigers zijn geen 'jongeren' meer, maar... vijftigers zijn ook niet echt oud. Dat begin je pas langzaam te worden als je nog meer opklimt in jaren.

Als ik echter terugblik heb ik het over verschillende categorieën 'senioren', en niet alleen over de vijftigplussers. Om verwarring te vermijden heb ik de leeftijdscategorie van boven de vijftig als volgt onderverdeeld:

De 50–65-jarigen
De 65–75-jarigen
De 75-jarigen en daarboven

Elke leeftijdsgroep kent zijn eigen normen, ideeën, verwachtingen en toekomstbeelden, en ook heeft elke generatie eigen maatschappelijke ontwikkelingen meegemaakt, zoals in het begin van dit hoofdstuk al is uiteengezet.

Over de 75-jarigen en ouder kan in het kort gezegd worden dat deze generatie, geboren tussen 1900–1930, weet wat oorlog, honger en armoede betekenen, en hard heeft gewerkt om de economie van ons land weer op te bouwen. Vrede, veiligheid van huis en haard en een goede baan met een vast inkomen zijn heilige begrippen voor hen, en ze hebben zichzelf veel ontzegd om hun kinderen (mijn generatie) een goede opleiding mee te geven. Op die manier dachten zij de veiligheid van een vast inkomen te waarborgen en daarmee honger en armoede uit te bannen. Zij waren dus over het algemeen spaarzaam en hadden strikte normen en waarden. Het zijn in het algemeen zorgzame, gezagsgetrouwe en autoriteitsgevoelige mensen, voor wie nadenken over eigen wensen en verlangens nooit zo aan de orde was. 'Niet zeuren, maar werken' was hun devies, en over de begrippen mondigheid en voor zichzelf opkomen hadden ze niet of nauwelijks gehoord, laat staan dat zij die in de praktijk konden toepassen. Hetzelfde gold voor hun ideeën en opvattingen over relaties en seksualiteitsbeleving. Scheiden was *not done*, en voorbehoedmiddelen – als men al van het bestaan ervan wist – werden vaak niet gebruikt uit morele overwegingen of uit angst om door God gestraft te worden.

Lena (82, negen kinderen, van wie er een is omgekomen door een auto-ongeluk)
Mijn man hoefde maar naar me te kijken of ik was al zwanger. U moet me goed begrijpen, ik heb er geen spijt van dat die kinderen er zijn, maar ik heb me wel een kinderfabriek gevoeld. Wat zou ik graag in deze tijd geleefd hebben en de pil hebben kunnen nemen. Ik zou dan zijn blijven werken en misschien was seks dan ook wel leuk geweest... want denkt u dat ik dat leuk vond? Ik was altijd bang dat ik zwanger zou worden en probeerde hem zoveel mogelijk af te houden. Maar ja, een man heeft ook zijn behoeften, en je kunt niet altijd weigeren. Dat er zoiets als voorbehoedmiddelen bestond heb ik pas veel later begrepen.

De groep die tussen 1930 en 1940 is geboren (de 65–75-jarigen) was tiener of kind in de oorlog, met alle gevolgen van dien. Afgebroken schoolopleidingen, verlies van belangrijke familieleden, verblijven bij een onderduikfamilie of in een kamp, meemaken van bombardementen en/of evacuaties – het kan allemaal tot de ervaringen behoren. Ook kunnen ouders (of zijzelf) in het verzet hebben gezeten, waardoor er grote geheimen waren. Het zal voor velen een moeilijke tijd vol emoties zijn geweest waar niet of ternauwernood over werd gesproken, ook niet in de tijd daarna. Toen werd er hard gewerkt aan de wederopbouw, en gestreden voor verdere gelijke kansen voor man en vrouw via emancipatiebewegingen als Man-Vrouw-Maatschappij en de Dolle Mina's. De oprichtsters hiervan stamden nog uit de tijd waarin vrouwen werd geleerd, al of niet uitgesproken, niet al te openlijk te zijn in hun seksualiteit. Meisjes moesten immers passief zijn en zich netjes gedragen, door onder meer met de benen keurig naast elkaar te zitten in plaats van over elkaar geslagen, omdat de jongens altijd 'dat ene' wilden. Vrouwen waren getraind geen enkele aanleiding te geven om 'het beest in de man' wakker te roepen, want voor je het wist was je zwanger – een grote schande in die dagen. De jongemannen werden daarentegen meer tot ondernemen aangemoedigd. Was een meisje met seksuele ervaring een 'afgelikte boterham', een jongen met seksuele ervaring werd beschouwd als een man van de wereld. Onder invloed van deze beperkende en dubbele moraal beschermden veel meisjes hun seksualiteit zo lang mogelijk in plaats van ongeremd te onderzoeken wat zijzelf lekker en opwindend vonden op lichamelijk gebied.

De zogeheten 'babyboomers' (de 50–65-jarigen) is de eerste generatie die de vruchten kon plukken van het feit dat seksualiteit van de voortplanting was losgekoppeld. Voor hen behoorde ongewenst kinderen krijgen tot het verleden – althans in theorie, want in mijn praktijk is me wel gebleken dat dit misschien voor veel mensen opging, maar lang niet voor iedereen. Wonen op het platteland, behoren tot een strenge godsdienstige groepering of deel uitmaken van een familie waarin seksualiteit niet openlijk bestond of zelfs werd bestreden, kan ertoe bijgedragen hebben dat seksualiteit niet een bron van vreugde en ontspanning was, maar iets schaamtevols dat snel en geruisloos moest worden afgehandeld.

Onderzoek heeft wel enig licht geworpen op hoe de verschillende leeftijdsgroepen van vijftigplussers seksualiteit ervaren.

Leeftijd	50–60 jaar		60–70 jaar		boven 70 jaar	
Sekse	m	v	m	v	m	v
Seksueel actief	98	93	91	81	79	65
Seks minstens eens per week	90	73	73	63	58	50
Hoge satisfactie bij seks	90	71	86	65	75	61
Zelfbevrediging	66	47	50	37	43	33
Orgasme tijdens slaap of wakker worden	25	26	21	24	17	17

Study on Love, Sex and Aging (Brecher, 1984), overgenomen uit: A.K. Slob, C.W. Vink, J.P.C. Moors en W. Erveraerd (red.), *Leerboek seksuologie*

Op dit onderzoek kan aangemerkt worden dat waarschijnlijk alleen geïnteresseerden gereageerd hebben, omdat de respondenten waren geworven via een advertentie in het maandblad van de Amerikaanse Consumers Union (een soort Consumentengids). Daardoor was er geen sprake van een representatieve steekproef.

In Nederland deed het NIPO in juli en augustus 2002 een bevolkingsonderzoek onder 536 mannen en 500 vrouwen tussen de 40–80 jaar die leefden in een vaste relatie. De respondenten waren op een dusdanige manier geworven dat ze de gemiddelde Nederlander representeerden. Het NIPO-onderzoek had tot doel:
– het taboe rond seksualiteit en seksuele problemen bij ouderen te doorbreken;
– opvattingen (en misvattingen) omtrent seksualiteit en seksuele problemen bij ouderen te achterhalen; en
– de bespreekbaarheid van seksuele problemen bij ouderen te bevorderen.

Hoewel er veel op dit onderzoek is aan te merken – er is bijvoorbeeld niet gevraagd naar soloseks – wil ik een aantal conclusies toch vermelden:

• Ruim de helft van alle respondenten praat niet gemakkelijk over seks.
• Ruim de helft van de ouderen vindt seks belangrijk.
• Ruim driekwart van de ouderen heeft een tot meerdere keren per maand zin in seks.
• Mannen hebben vaker zin in seks dan vrouwen.
• De helft van de ouderen (boven de 65) heeft een tot meerdere keren per maand geslachtsgemeenschap.
• Mannen en vrouwen geven aan ongeveer even vaak geslachtsgemeenschap te hebben.

HANNIE VAN RIJSINGEN

- Mannen hebben vaker zin in seks dan zij geslachtsgemeenschap hebben.
- Vrouwen bepalen de frequentie van geslachtsgemeenschap, maar een deel van hen zwicht wel eens zonder zin te hebben in seks.
- Hoe vaker een paar gemeenschap heeft, hoe bevredigender in seksueel opzicht de relatie wordt gevonden.
- Mensen met een goede gezondheid hebben vaker geslachtsgemeenschap.
- Vrouwen vinden hun relatie in seksueel opzicht iets vaker bevredigend dan mannen.
- Huisartsen in Nederland zijn minder proactief dan huisartsen in het buitenland. De huisarts vraagt zelden uit zichzelf naar eventuele seksuele problemen bij de patiënt.

Opvallend is het hoge percentage mannen dat aangeeft minder vaak geslachtsgemeenschap te hebben dan ze wel zouden willen. Deze 'onvervulde wens' neemt echter af met het klimmen der jaren (40–49-jarigen 43%, 50–64-jarigen 35%, 65–80-jarigen 28%). Even opvallend is dat heel wat vrouwen rapporteren vaker geslachtsgemeenschap te hebben dan zin in seks (40–49-jarigen 11%, 50–64-jarigen 14%, 65–80-jarigen 16%). De cijfers geven te zien dat 'de tegenzin' in gemeenschap toeneemt met het klimmen der jaren.

Samenvatting en vooruitblik

In dit hoofdstuk is beschreven wat onder seksualiteit wordt verstaan. Daarna volgde een kort historisch overzicht van hoe het eraan toeging voor de Tweede Wereldoorlog, na de Tweede Wereldoorlog, in de jaren tachtig en negentig van de vorige eeuw en in de 21ste eeuw. Ten slotte werd een beschrijving gegeven van ouderen, met cijfers uit een ouder Amerikaans en een recent Nederlands onderzoek als leidraad.
Het volgende hoofdstuk gaat over de verschillen tussen ouderen en hoe die verschillen ontstaan.

Hoofdstuk 2

VERSCHILLEN TUSSEN OUDEREN

Soms leiden lichaam en hersenpan totaal gescheiden levens. Ik wil nu even niet
spreken van body en soul, dat is weer iets anders, maar meer van kop en romp.
Mijn kop is actief, energiek, vrolijk en druk in de weer. En het oude lijf dat aan die
kop vastzit gaat ondertussen gewoon zijn gang, wordt ouder en ouder, en gedraagt
zich soms tegen alle biologische regels.
Marjan Berk, *Oud is in*

Marjan Berk beschrijft hier bij het ouder worden de discrepantie die ze ervaart tussen haar energieke hoofd, en haar ouder wordende lichaam. Het
spreekt mij aan, want ik ervaar ook dat er met mijn hoofd niks mis is terwijl
mijn lichaam tekenen van ouder worden vertoont. Helaas wordt vaak alleen de
buitenkant gezien. Ouder worden wordt enkel geassocieerd met grijze, of kale
mensen die een rimpelige huid hebben vol levervlekken, te dik of te mager zijn,
en met of zonder stok zich met een langzame, onzekere tred voortbewegen.
Sommige mensen zullen zelfs alleen maar beelden hebben van kunstgebitten,
rollators of bedlegerigheid, en niet van vitale oudere mensen die nog volop in
het leven staan. Onlangs werd me duidelijk dat het zelfs nieuws is. Ivo Niehe
bezocht eind 2002 in zijn tv-programma een vrouw die, zo vertelde hij in zijn
inleiding, een paar jaar tevoren samen met andere mensen van rond de honderd jaar bij hem te gast was geweest. Hij vertelde ook dat hij, net als veel kij-
kers, aangenaam getroffen was door de vitaliteit en de humor van deze ouderen,
maar speciaal door de humor en de levenslust van de vrouw die hij nu naar aanleiding van haar honderd en vierde verjaardag een bezoek ging brengen. Ik zal
het programma niet verder bespreken, ik wil er alleen maar mee aantonen dat
vitale oude mensen zo opvallen dat ze in de media aandacht krijgen.
Ik denk dat we op dezelfde wijze tegen ouderen en seksualiteit aankijken. We
moeten wennen aan het idee dat oudere mensen nog een seksueel leven kunnen hebben. Dat vereist een verandering in ons denken en in onze mentaliteit,
omdat we van jongs af door reclame in tijdschriften en op radio en televisie
voorgespiegeld hebben gekregen dat lichamelijke omgang en seks voorbehouden zijn aan jonge, goed uitziende mensen.
Ik hoop dat het lezen van dit boek bijdraagt tot deze verandering. Qua leeftijds-
opbouw is de bevolking namelijk ook niet meer hetzelfde, zoals het staafdia-
gram hiernaast laat zien.

Figuur 1.1 Aantal ouderen (55-plussers), 1970-2030 (in absolute aantallen)

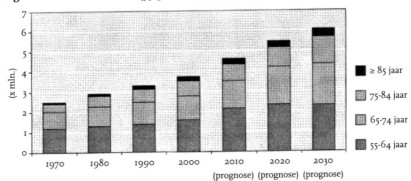

(Bron: Sociaal en Cultureel Planbureau)

Deze grafiek geeft duidelijk aan dat het aantal 55–64-jarigen sterk gaat stijgen. Verder meldt dit rapport dat de ouderen in deze tijd op tal van aspecten verschillen van de vroegere generatie ouderen. Dus mensen worden momenteel op een andere manier oud dan vroeger. In het boek *De geraniums voorbij* (Van Steenwegen 2002) zegt Jaap van den Bergh over deze nieuwe generatie ouderen:

> *Vroeger werden we als ouderen vaak gezien als ziek, zwak en zorgelijk – drie woorden die met een 'zet' beginnen, de laatste letter van het alfabet die er al bijna niet meer bij hoort. Wij – de nieuwe senioren – en zeker de aanstormende generatie babyboomers, wij zijn niet langer 'van zet', maar wij zijn senioren áán zet, en dat wil zeggen: zelfbewust, zelfstandig, en zelfredzaam. En dat betekent dat wij zo lang mogelijk volwaardig aan het leven willen kunnen deelnemen, dus zelfstandig willen blijven wonen, zoveel mogelijk voor onszelf zorgen en zo actief mogelijk in de samenleving participeren.*

Er worden twee belangrijke oorzaken genoemd voor het feit dat er meer ouderen zijn dan vroeger: (1) door een veranderde houding ten aanzien van seksualiteit en anticonceptie werden en worden er minder kinderen geboren, waardoor de gezinnen kleiner zijn geworden; (2) door ontwikkelingen in de medische en andere gezondheidswetenschappen, door gezondere voeding, door de toegenomen welvaart en door meer hygiënische leefgewoonten zijn de leefomstandigheden zo verbeterd dat mensen steeds langer leven.

Ouderen van nu hebben andere levenslopen of biografieën

Volgens Margit van der Steen (2002) zijn de levenslopen van ouderen, vooral van vrouwen, in de afgelopen eeuw ingrijpend veranderd. Vrouwen kregen maatschappelijk gezien meer mogelijkheden, waardoor er meer variatie in de individuele levens kon ontstaan. Ze konden namelijk uit meer opties kiezen dan uit huis en haard, de belangrijkste reden waarom vrouwen van rond de zeventig jaar en ouder een andere biografie hebben dan de vrouwen uit de generatie van de babyboomers. Van der Steen noemt deze verandering een overgang van een standaardbiografie naar een keuzebiografie en merkt op dat beide biografieën verschillende levensfasen kennen. De standaardbiografie deelt zij als volgt in:

1 de vormende fase, waarin geleerd wordt;
2 de zorgende fase, waarin werken en zorgen centraal staan;
3 de rustfase, die gekenmerkt wordt door rust.

In een standaardbiografie verlopen de overgangen tussen deze verschillende levensfasen echter niet soepel, maar eerder schoksgewijs. Het pensioen markeert de overgang tussen werken en rust.
Een keuzebiografie kenmerkt zich door vijf levensfasen, die soms ongemerkt in de volgende overgaan, namelijk:

1 de vroege jeugd – de periode van 0 tot 15 jaar;
2 de jongvolwassenheid – de periode van 15 tot 30 jaar;
3 de middenfase – de periode van 30 tot 60 jaar;
4 de actieve ouderdom – de periode van 60 tot circa 85 jaar;
5 de fase van sterke afhankelijkheid – de periode van 85 jaar en ouder.

De levensloop van een oudere kan dus berusten op een standaardbiografie of op een keuzebiografie, maar wat het uiteindelijk is geworden wordt bepaald door de volgende factoren:

• man of vrouw zijn;
• culturele achtergrond;
• godsdienst of religieuze achtergrond;
• sociaal-economische klasse;
• seksuele oriëntatie;
• persoonlijke levensgeschiedenis.

HANNIE VAN RIJSINGEN

Man of vrouw zijn

Bij de geboorte weten kinderen niet of ze jongens of meisjes zijn, maar de omgeving weet dat des te beter. Vaak is de kleding anders – veel ouders kleden een jongetje in blauw en een meisje in roze. Ook het speelgoed verschilt, en vaak gaan volwassenen ongemerkt op een andere manier met jongetjes om dan met meisjes. Jongetjes worden vaker aangeraakt aan hun genitaliën dan meisjes; bij jongens moet het penisje regelmatig naar beneden gelegd worden, anders plassen ze zichzelf nat. Een meisje wordt veelal alleen maar aan haar kutje aangeraakt om te worden schoongemaakt. Misschien schrik je van het woord 'kutje', maar in mijn carrière heb ik geen ander woord kunnen vinden dat het vrouwelijk geslachtsdeel beter tot zijn recht doet komen. Vagina is immers niet meer dan een onderdeel van het vrouwelijk geslacht, net als schede of schaamlippen. Waarom het trouwens 'schaamlippen' wordt genoemd, terwijl voor de geslachtsdelen van mannen vaak de naam 'edele delen' wordt gebruikt, is voor mij en velen van mijn collega's nog steeds een raadsel.

Rondom het derde levensjaar weet een kind niet alleen tot welk geslacht het behoort, maar het heeft zich dan ook met dat geslacht geïdentificeerd. Deze identificatie wordt *genderidentiteit* genoemd. Vanaf dat tijdstip zet het kind zijn verdere schreden in het land van de jongens of van de meisjes. Overeenkomstig het gedrag dat bij dat identiteitsgevoel hoort, de geslachtsrol (ook wel seksrol of *genderrol* genoemd), oefent het kind zich in jongens- of meisjesspelletjes. In mijn tijd was op de kleuterschool de bouwhoek voorbehouden aan jongens en de poppenhoek aan meisjes, tegenwoordig kunnen de kleuters in groep 1, voorzover ik weet, in principe kiezen met wat en wie ze willen spelen. Toch blijkt dat meisjes vaker naar poppen grijpen, terwijl jongens liever bouwen of spelen met auto's en andere voertuigen. Of dit nu een kwestie is van aanleg laat ik in het midden, de geleerden zijn het daar nog niet over eens, maar het blijft een feit dat jongens zich op die manier alsmaar oefenen in jongensgedrag en meisjes in gedrag dat bij de meisjesrol hoort. Deze voorbereiding op het volwassen gedrag van man of vrouw (de genderidentiteit en de genderrol) zal in het ene land, en in de ene cultuur, anders verlopen dan in de andere. Ouders, broers en zussen, andere familieleden, leeftijdsgenoten en personeel binnen onderwijs en andere instellingen zijn allemaal rolmodel om de normen, waarden en ideeën binnen de eigen cultuur over te dragen.

Culturele achtergrond

In onze westerse wereld zijn door de emancipatiebewegingen de verschillen tussen mannen- en vrouwengedrag aardig genivelleerd, maar desondanks merk ik in mijn praktijk steeds weer dat mannen een totaal andere belevingswereld

hebben ten aanzien van seksualiteit, intimiteit en relaties dan vrouwen.
En als ik andere literatuur over de man-vrouwrelatie bestudeer, vind ik een bevestiging van deze observatie: *Mannen komen van Mars, vrouwen komen van
Venus; Alles went behalve een vent; Mars en Venus in de slaapkamer; Het erotische
slagveld*; enzovoort.

Als de belevingswerelden van mannen en vrouwen in onze westerse maatschappij al zo uiteenlopen, kun je je voorstellen hoe groot die verschillen zijn bij
mannen en vrouwen in culturen waarin de mannen- en de vrouwenwereld nog
meer gescheiden zijn en de rollen strikter en vaster omschreven zijn dan bij
ons. Elke cultuur heeft zijn invloed op de normen en waarden die men mee-
neemt ten aanzien van relaties, intimiteit en seksualiteit, dus ook de culturen
waarin strenge opvattingen heersen over seks voor het huwelijk, buitenechtelijke seks en homoseksualiteit. Zelf heb ik weinig ervaring met (oudere) cliënten
uit andere culturen dan de onze, omdat ze slechts zelden mijn praktijk bezoeken. Wel heb ik vooruitstrevende Turkse, Marokkaanse, Surinaamse en Kaap
Verdische vrouwen, die als 'voorlichtster' werkten binnen hun eigen culturele
gemeenschappen, eens een training gegeven onder de titel 'Hoe maak je seksualiteit bespreekbaar'.

Ze vertelden mij niets concreets, maar uit de vragen die ze stelden werd me duidelijk dat de positie van de vrouw binnen die culturen in de huwelijksrelatie nog
behoorlijk ondergeschikt was. Ik kreeg de indruk dat het seksuele leven bestond
uit tegemoetkomen aan de wensen van de man, dat geslachtsgemeenschap vrijwel de enige toelaatbare vorm van seks was en dat die regelmatig (dagelijks?)
moest plaatsvinden. Dat vrouwen zich schikken naar wat de man wil of beslist
bevestigt het volgende voorbeeld uit de praktijk van een huisarts.

> Habrice (Turkse vrouw, 31 jaar; moeder van twee dochters, 6 en 3 jaar)
> *Habrice heeft een zwakke gezondheid; ze is pas hersteld van haar tweede zwan-
> gerschap. De huisarts raadt haar dringend af om nogmaals een zwangerschap te
> doorstaan, maar toch wil ze zwanger worden.*
> *'Wilt u zo graag een derde kind?' vraagt de huisarts.*
> *'Mijn man wil het graag,' is haar antwoord.*

Het is deze huisarts niet gelukt om haar, omwille van haar eigen gezondheid, af
te laten zien van een derde zwangerschap.

Sociaal-economische klasse en godsdienst

Of iemand is opgegroeid in een welvarend of een arm land, in een democratisch
of een dictatoriaal systeem, tijdens vrede of oorlog, in een dorp op het platteland, in een grote stad of een wereldstad, al deze factoren hebben invloed op de

HANNIE VAN RIJSINGEN

manier waarop iemand tegen 'het leven' aankijkt.

Zelf ben ik opgegroeid in een dorp in Brabant, een wereld die klein en over-zichtelijk was en ordelijk ingedeeld. Er waren een burgemeester, een secretaris, een dokter en een hoofd der school, die samen met wat industriëlen tot de 'gegoede burgerij' behoorden. Verder had je de middenstand, de boeren en de arbeiders. Hoewel we eieren haalden bij de boer en de vaders van enkele kinde-ren op mijn school bij mijn familie in de sigarenfabriek werkten, mocht ik niet omgaan met die kinderen, want ze waren 'beneden onze stand'. Omgang met kinderen uit de kringen van 'de gegoede burgerij' of de beter gesitueerden werd daarentegen wel aangemoedigd, maar de ballet-, piano- of tennislessen die deze kinderen volgden, waren voor mij weer taboe. 'Je moet niet denken dat het geld op mijn rug groeit,' zei mijn vader steevast, als ik weer eens zeurde of ik ook op zo'n club mocht. Mijn broers en ik hadden echter wel een abonnement op het plaatselijke openluchtzwembad – iets waar ik mijn ouders nog altijd dankbaar voor ben, want ik houd van water. Heel wat vrije tijd heb ik daar doorgebracht. Toch is het dorpszwembad een verhaal apart. Er was, onder invloed van de katholieke moraal, een gescheiden dames- en herenbad. Die lagen niet los van elkaar; het was één groot geheel met in het midden een betonnen loopbrug waarop een manshoge, houten schutting was geplaatst. In het verlengde van die loopbrug stond het badmeestershuisje, met de uitkijktoren gericht op de twee baden. Achter dat huisje scheidde stevig gaas de zonneweiden, zodat jongens en meisjes wel naar elkaar konden kijken, en ook met elkaar praten, maar niet kon-den dollen in het gras. Jongelui die een andere zwemgelegenheid opzochten om bij elkaar te kunnen zijn, werden door mijn familie – dus ook door mij – beschouwd als viezeriken en slettebakken.

Ik trok uit dit alles als kind de conclusie dat 'belangrijke' mensen rijk en 'goede' mensen katholiek waren, maar dat je pas echt meetelde als je én goed én katho-liek was. Dat laatste was niet zo'n probleem, want de bevolking van ons dorp was overwegend katholiek. Er was een grote katholieke meisjesschool, die be-stierd werd door de zusters franciscanessen, en een grote rooms-katholieke jon-gensschool die gerund werd door 'leken'. Verder was er nog een 'openbare' school, waar de weinige niet-katholieke kinderen van het dorp op zaten, die door ons als heidenen werden beschouwd. Ook met de 'heidenen' mocht ik niet spelen, want 'ons soort mensen' ging alleen om met 'ons soort mensen' of met mensen van de stand 'boven' ons. Mijns inziens waren dat de ongeschreven regels van mijn familie – regels die uitstekend aansloten op een gemeenschap waar de mannen zorgden voor het inkomen en de vrouwen voor huis, haard en de opvoeding van de kinderen. Alleenstaande mannen of vrouwen kende ik niet of nauwelijks. Die verscholen zich in het huis bij hun ouders, want ik kende wel zussen die bij elkaar woonden met een oude moeder of vader. Zij waren de 'oude vrijsters', die hun vader of moeder 'aan hun einde brachten'. Pas later begreep ik dat deze vrouwen die naam werd toebedeeld omdat ze waren 'over-geschoten' op de huwelijksmarkt.

Samenvattend kan ik zeggen dat ik ben opgegroeid in een kleine gemeenschap met strikte gedragsregels, normen en waarden – iets waar men heden ten dage de mond vol van heeft – en een strenge sociale controle, die zich uitte in harde oordelen over eenieder die ook maar een ietsjepietsje eigenheid tentoonspreid-de en daardoor afweek van het geijkte. In een dergelijke leefgemeenschap was alleen maar een standaardbiografie toegestaan en geen keuzebiografie. Omdat velen van mijn cliënten soortgelijke ervaringen vertellen, veronderstel ik dat ook een aantal lezers zich erin zullen herkennen.

Seksuele oriëntatie of gerichtheid

Onder seksuele oriëntatie versta ik de mate waarin seksueel wordt gereageerd ten opzichte van de eigen of de andere sekse, of van allebei. Dat kan zich uiten in erotische aantrekkingskracht, seksuele fantasieën en dagdromen, maar ook in socio-seksuele gedragingen (Straver, Cohen-Kettenis, Slob 1998).

Als de seksuele oriëntatie zich voornamelijk richt op iemand van de andere sekse heet dat heteroseksueel – *hetero* betekent 'de ander' –, terwijl iemand ho-moseksueel wordt genoemd als de seksuele oriëntatie zich overwegend richt op iemand van het eigen geslacht. Is de seksuele oriëntatie gelijkelijk verdeeld over beide geslachten, dan spreken we van biseksualiteit.

Voordat Alfred Kinsey in 1948 zijn bevindingen over het seksuele gedrag van de Amerikanen publiceerde, ging men ervan uit dat homoseksualiteit en hetero-seksualiteit twee strikt gescheiden categorieën waren: de heteroseksuele oriën-tatie (de biologisch juiste en als enige acceptabel) aan de ene kant, en de homo-seksuele oriëntatie van een kleine groep (onnatuurlijk, zondig en abnormaal) aan de andere kant. Een homoseksuele oriëntatie kreeg men bij de geboorte mee als een overerfbare ziekte, of het ontstond later als hij of zij in de vroege jeugd werd verleid door een ouder homoseksueel iemand. Homoseksualiteit werd dus gezien als een seksueel overdraagbare aandoening, waar men voor de rest van het leven mee behept was. Iemand was homo of hetero, een tussenweg bestond er niet (bron: Gertjan van Zessen).

Maar aan deze opvatting maakte het Kinsey-rapport abrupt een einde. Zonder rekening te houden met normen, waarden, gevoelens en opvattingen regis-treerde Kinsey, als objectief onderzoeker, alleen het seksuele gedrag van de mensen, en dit was nog nooit eerder gedaan. Zijn bevindingen zorgden voor een grote maatschappelijke schok. Hij vond – naast een grote groep heterosek-suelen en een klein groepje homoseksuelen – een aanzienlijke groep mannen en vrouwen die ook ervaringen hadden met seksegenoten (bijna veertig procent van de mannen). Deze groep bleek niet zomaar in te delen als homo of hetero.

Kinsey ontwierp daarom een glijdende schaal, een doorlopende lijn met exclusieve heteroseksualiteit aan de ene kant en exclusieve homoseksualiteit aan de andere kant. Hiertussen kunnen verschillende varianten voorkomen: seksuele voorkeuren voornamelijk gericht op mannen, voornamelijk gericht op vrouwen, of gelijkelijk gericht op beide seksen. Ook stelde Kinsey dat iemands positie op dit continuüm in de levensloop steeds weer kan veranderen. Zo schiep hij een classificatie die niet alleen de mogelijkheid bood om meer of minder hetero en meer of minder homo te zijn, maar ook ruimte geeft om in onderscheiden levensfasen sterker of zwakker in deze oriëntatie te staan. Daarmee werd het idee dat homoseksualiteit een in het lichaam verankerde, strikt persoonlijke eigenschap is, voorgoed vaarwel gezegd (bron: Gertjan van Zessen).

Maar de bevindingen van Kinsey zijn geen gemeengoed geworden. Vooroordelen ten aanzien van biseksualiteit spelen nog steeds een (grote) rol. Veel mensen beschouwen biseksuele mannen en vrouwen als lieden die niet voor hun geaardheid durven uit te komen. Het merendeel van de mensen is echter hun hele leven alleen gericht op het andere of het eigen geslacht en er valt maar een kleine groep onder het hoofdje biseksualiteit. Diegenen die dat doen hebben echter drie mogelijkheden in zich om van seksualiteit te genieten: met zichzelf, met iemand van de andere sekse of met iemand van de eigen sekse. Wel is het zeer de vraag of zij zichzelf dan als biseksueel beleven. Het is bijvoorbeeld heel goed mogelijk dat iemand getrouwd is met een partner van het andere geslacht, maar ook wel eens seks heeft (of heeft gehad) met iemand van de eigen sekse, terwijl hij/zij zichzelf als heteroseksueel ervaart. Anderen leiden een homoseksueel leven en voelen zich homoseksueel, terwijl ze wel af en toe contacten hebben (of hebben gehad) met iemand van het andere geslacht. Hoe iemand zichzelf benoemt is afhankelijk van de mate van belang die de persoon zelf aan de verschillende ervaringen hecht.

Marcel (46, gehuwd, geen kinderen)
Mijn eerste verliefdheid was op een vriendje. Ik wilde alsmaar bij hem in de buurt zijn. Maar omdat hij niets voor mij voelde is het over gegaan. Daarna ben ik nooit meer verliefd geweest op een jongen, of een man.

Emmy (53)
Ik ben ooit in mijn leven vreselijk verliefd geweest op een vrouw. Ik kon aan niets of niemand anders meer denken. Ik durfde het echter niet tegen haar te zeggen, het bleef bij stiekem een beetje dromen. Toen ze verhuisde brak mijn hart, maar het leven hernam zijn loop. Ik ontmoette mijn huidige man, trouwde en kreeg twee kinderen. Soms vraag ik me nog wel eens af wat er gebeurd zou zijn als ik toen de moed had gehad om mijn gevoelens aan die vrouw kenbaar te maken.

Hoe staat het er in Nederland voor met de seksuele oriëntatie bij volwassenen? Het onderzoek 'Seksualiteit in Nederland' van 1991 geeft hier wat cijfers over. De onderzoekers vroegen aan duizend mensen of zij in de periode van een jaar vóór het onderzoek met mannen en/of met vrouwen gevrijd hadden ofwel in het geheel geen partner hadden gehad.

Feitelijk gedrag in het jaar vóór het onderzoek

	Vrouwen (%)	Mannen (%)
Uitsluitend heteroseksueel	88,4	81,7
Biseksueel	0,5	0,5
Uitsluitend homoseksueel	0,3	3,6
Geen seksueel contact gehad	10,7	12,8

In hoeverre zich iemand homo- of heteroseksueel voelt wordt in de onderstaande cijfers weergegeven.

	Vrouwen (%)	Mannen (%)
Uitsluitend heteroseksueel	92,9	89,5
Overwegend heteroseksueel	6,2	6,4
Biseksueel	0,5	0,0
Overwegend homoseksueel	0,2	2,6
Uitsluitend homoseksueel	0,2	1,4

Gemiddeld blijkt negentig procent van de volwassen zich uitsluitend heteroseksueel te voelen. Opvallend weinig mensen voelen zich (min of meer) biseksueel, hoewel dat als gedrag wel degelijk voorkomt. Onder mannen is ongeveer één op de vijfentwintig homoseksueel (4%), onder vrouwen ligt dat percentage beduidend lager. Het in dit onderzoek gevonden cijfer van nog geen half procent homoseksualiteit bij vrouwen is vermoedelijk te laag. Wel is bekend dat ongeveer twee maal meer mannen dan vrouwen homoseksueel zijn.

Uit bovenstaande cijfers kunnen we de conclusie trekken dat de meeste seksuele contacten plaatsvinden tussen een man en een vrouw. Weliswaar kunnen daar biseksueel georiënteerde mensen tussen zitten, maar hoeveel is vooralsnog onduidelijk. Iemand kan bijvoorbeeld getrouwd zijn met een partner van het andere geslacht, maar ook wel eens seks hebben (gehad) met iemand van de eigen sekse. Hier volgt een voorbeeld van een jongeman, omdat ik nog geen voorbeelden van biseksuelen in de seniorenleeftijd kan aandragen.

Job (29 jaar), getrouwd met Eva (28 jaar), geen kinderen
Job zegt heel veel van Eva te houden en met haar ook kinderen te willen hebben, maar af en toe voelt hij de behoefte seks te hebben met een man. Dan wordt hij

HANNIE VAN RIJSINGEN

onrustig en gejaagd en kan hij aan niets anders meer denken. Als hij zijn rust wil hervinden gaat hij naar 'de baan', een plek waar homoseksuele mannen elkaar ontmoeten voor sekscontacten. Na een snelle, anonieme vrijpartij keert de rust terug en kan hij er weer volledig zijn voor zijn vrouw, ook seksueel.

Onze samenleving accepteert tegenwoordig wel dat iemand zijn of haar leven wil delen met iemand van het eigen geslacht, maar het is voor veel mensen moeilijk te begrijpen dat iemand zowel voor vrouwen als voor mannen kan voelen. Dit geldt niet alleen voor hetero georiënteerde mensen, maar ook voor homo's en lesbo's. In de laatst genoemde groep kan zelfs veel onbegrip bestaan omdat de overtuiging overheerst dat een biseksueel geen keuze wil maken. 'Je bent homo, maar je wilt er niet aan,' wordt dan gedacht... en soms ook wel eens gezegd.

In de heteroseksuele wereld worden wel eens smalende grappen gemaakt die het gedachtegoed over dit onderwerp weerspiegelen. 'Hij is net een grammofoonplaat: je kunt hem aan twee kanten bespelen' of 'zij eet van twee walletjes' zijn de bekendste.

Ernst (32 jaar), woont samen met Wendy (30 jaar)
Ernst heeft samen met zijn vriendin een parenavond bezocht. Daar had hij seks met een man en een vrouw, waarbij hij zo opgewonden was geworden van de man dat hij zich sindsdien afvraagt of hij niet homoseksueel is. Hij maakt er zich zoveel zorgen over dat hij naar de huisarts stapte en hem het probleem voorlegde. Die verwijst hem naar het COC, een organisatie voor homoseksuele mensen. Ook daar heeft hij een gesprek, maar hij voelt zich niet begrepen, want degene die met hem spreekt gaat uit van de veronderstelling dat Ernst nu eindelijk heeft ontdekt dat hij meer voor mannen voelt – zoals hijzelf – dan voor vrouwen. Biseksualiteit werd daar volstrekt buiten beschouwing gelaten en teleurgesteld wendt Ernst zich ten slotte tot mij.

In mijn praktijk heb ik vaker te maken met biseksuele mensen die na een scheiding of tijdens hun huwelijk plotseling verliefd worden op iemand van de eigen sekse dan met mensen die zichzelf van meet af aan als biseksueel hebben beschouwd. De weinigen uit deze laatste categorie die me geconsulteerd hebben, deden dat meestal naar aanleiding van een verliefdheid.

Thera (44)
Thera is na zesentwintig jaar huwelijk verliefd geworden op een vrouw en dat verontrust haar uitermate. Ze wist al op haar negentiende dat ze ook seksueel voor vrouwen kon voelen en heeft dat nooit onder stoelen of banken gestoken. Niet voor familie en vrienden, maar ook niet voor de man met wie ze is getrouwd. Met hem

heeft ze twee kinderen gekregen, die op het moment van consultatie 18 en 16 jaar oud zijn.

Haar 'andere kant', zoals zij het zelf noemt, heeft ze altijd uitgeleefd door af en toe te gaan stappen in de lesbische scene, en soms had ze een 'one night stand'. Vaste relaties hield ze af, omdat ze gekozen had voor het leven met haar man. Maar nu... nu ze Jeltje heeft ontmoet, treedt ze alle regels die ze zoveel jaren met veel overtuiging heeft gehanteerd, met voeten. Op de eerste plaats had ze vervolgafspraken gemaakt, op de tweede plaats was ze verliefd geworden met een intensiteit die ze zelf niet voor mogelijk had gehouden. Ze had voor het eerst het gevoel: die vrouw wil ik niet uit mijn leven laten verdwijnen. Dit brengt haar in een ongelofelijk conflict met zichzelf.

Een leven buiten de heteroseksuele leefsituatie wordt vaak als 'moeilijker' ervaren, omdat het afwijkend van 'het normale' is. Het is echter goed om te beseffen dat mensen niet kiezen voor een dergelijk leven omdat dit leuker zou zijn. Ze kiezen ervoor omdat ze niet anders kunnen. Ik hoor van de meeste homoseksuele mannen en lesbische vrouwen dat ze het veel gemakkelijker hadden gevonden om hetero te zijn, net zoals ieder ander. En ook van biseksuele mensen hoor ik vaak dat ze er alles voor over zouden hebben om die andere gevoelens maar over te laten gaan.

Maar deze gevoelens zijn, zoals met veel in het leven, niet weg te beredeneren of weg te poetsen; die moeten op een of andere manier een plek krijgen in het leven van de persoon in kwestie. Dat is mijns inziens de enige wijze om een tevreden mens te worden. Ieder mens moet niet alleen leren zijn capaciteiten en talenten te ontplooien, maar ook om zijn onvolkomenheden te accepteren en ze een plek te geven. Op die manier kan hij of zij het leven inrichten en vormgeven overeenkomstig zijn of haar aard. Dat geldt ook voor mensen die overwegend biseksueel georiënteerd zijn.

Literatuur:

M. van Kerkhof, *Beter biseks: mythen over biseksualiteit ontrafeld*. Schorerboeken, Amsterdam 1997

H. Hansson, *Biseksuele levens in Nederland*. Orlando, Amsterdam 1990; interviews

A. Kuppens, *Biseksuele identiteiten: tussen verlangen en praktijk*. Wetenschapswinkel, Nijmegen 1995; theoretische beschouwingen en interviews

K. van Hemert en J. Tieges (samenstelling), *Van twee walletjes*. Van Hemert, Groningen 1997; video over biseksualiteit

De site van het Landelijk Netwerk Biseksualiteit vind je op www.inbi.demon.nl.

Naarmate er meer variaties in de keuzebiografieën ontstaan, zullen ook de relatie- en samenlevingsvormen gevarieerder zijn.

Op dit moment kent onze maatschappij zowel bij hetero- als homoseksuele en lesbische mensen de volgende relatie- of samenlevingsvormen:

1 De duurzame monogame relatie

Hieronder verstaan we een vaste relatie met dezelfde partner, waarbij seksualiteit uitsluitend binnen de relatie bedreven wordt.

Volgens het onderzoek *Seksualiteit in Nederland* (1991) heeft driekwart van de mensen een vaste relatie, met een gemiddelde duur van ruim twaalf jaar. Hoe ouder de ondervraagden waren, hoe vaker ze een vaste relatie hadden en hoe langer deze duurde.

2 De seriële monogame relatie

Hiermee wordt een vaste relatie bedoeld waarin tijdens de duur van die relatie alleen seks plaatsvindt met de vaste partner. Als de relatie wordt beëindigd is ook de seksuele relatie ten einde. Mensen kunnen op die manier in de loop van hun leven dus meerdere sekspartners hebben, maar omdat die sekscontacten nooit tegelijkertijd plaatsvinden maar altijd na elkaar, spreek men van seriële monogamie.

3 De duurzame open relatie

Een duurzame vaste relatie hoeft niet altijd monogaam te zijn. Als de partners in alle openheid naast de seks met elkaar ook seks met anderen hebben spreken we van een 'open' relatie.

4 De alleenstaande

De groep alleenstaanden kan bestaan uit:
• mensen die nooit een partner hebben gehad;
• mensen die weduwe of weduwnaar zijn geworden en geen nieuwe relatie zijn aangegaan;
• mensen die in de loop van hun leven zijn gescheiden en daarna nooit meer aan een nieuwe relatie zijn begonnen.

Mensen kunnen in het leven verschillende van deze relatievormen doorlopen. De meeste vijftigplussers zijn wat relaties betreft geen onbeschreven blad meer.

Ze hebben het een en ander meegemaakt. Daardoor besluiten sommigen om alleen verder te gaan in het leven; anderen blijven op zoek naar iemand om hun leven mee te delen.

De nieuwe alleenstaande; nieuwe relatievormen

Het was opvallend dat ik tijdens mijn research voor dit onderwerp weinig cijfers kon vinden over het opnieuw aangaan van een relatie onder ouderen. Waarschijnlijk komt dat doordat tot voor kort de gedachtegang overheerste dat op oudere leeftijd een nieuwe relatie aangaan niet of nauwelijks tot de mogelijkheden behoorde.

De meeste onderzoeken naar leefvormen van ouderen – na beëindiging van het huwelijk op latere leeftijd – hebben zich dan ook, volgens De Jong Gierveld (2002), gericht op:

a het samenwonen met volwassen kinderen;
b het alleen wonen;
c de institutionele arrangementen.

De Jong Gierveld & Peeters hebben zelf echter wel onderzoek gedaan naar relatievormen op latere leeftijd. Het dagblad *Trouw* van 5 februari 2003 besteedde bij monde van Monic Slingerland ruime aandacht aan dit onderzoek. Zij laat de sociologe Jenny Gierveld vertellen (over een onderzoek onder 4500 vijfenvijftigplussers) dat de weekendrelatie erg populair is onder ouderen, die na een scheiding of sterfgeval opnieuw een levensgezel vinden. Ook zegt Gierveld dat vijftigplussers steeds vaker kiezen voor een lat-relatie en dat slechts veertig procent opnieuw gaat trouwen, terwijl de rest ongehuwd samenwoont of een weekendrelatie heeft. Velen trouwen, volgens haar, dus niet opnieuw, maar blijven in hun eigen huis wonen. Sommigen zijn in de weekends bij elkaar, anderen eten elke dag samen, en weer anderen slapen en eten dan bij de ene partner, dan weer bij de andere. De vijftigplussers van tegenwoordig zijn realistisch en gehecht aan hun onafhankelijkheid. Zowel mannen als vrouwen gaan niet meer zo snel een nieuwe, vaste relatie aan.

In mijn privé-leven, maar ook in mijn praktijk kom ik mensen tegen die heel tevreden zijn zonder een vaste levenspartner. Wel hoor ik dat het hun veel moeite en innerlijke strijd heeft gekost om te leren alleen te zijn en beperkende ideeën en overtuigingen los te laten, bijvoorbeeld het idee dat je slechts gelukkig kunt zijn als je 'bij iemand hoort', dat alleen eten ongezellig is en alleen wonen zielig. Het zijn mensen die geen moeite (meer) hebben met het alleen zijn en het prima vinden om hun sociale leven zo te organiseren dat ze met verschillende mensen verschillende activiteiten ondernemen. Voor sommige alleenstaanden valt af en toe vrijen met een ander ook onder die activiteiten.

Gerda (53, gescheiden, twee volwassen uitwonende kinderen)

Gerda is vijf jaar gescheiden en heeft al drie jaar een vijftien jaar oudere vriend, met wie ze regelmatig vrijt. Het is een man die wel een vaste relatie heeft met een andere vrouw, maar alleen woont. Zij hebben elkaar leren kennen bij vrienden. Omdat hij handig is kwam hij haar helpen met een klus in huis en toen is de seksuele relatie ontstaan.

Gerda taalt er niet naar om met hem samen te wonen, ook niet om meer tijd met hem door te brengen. Dat zou strubbelingen geven, weet ze. Het is best een dominante man, daarom vindt ze het prima dat hij haar af en toe mee uit eten neemt, waarna ze samen de nacht doorbrengen. Hij is een heerlijke minnaar voor Gerda, beter dan haar ex.

Gerda geeft op andere wijze vorm aan het leven dan tot nog toe gangbaar is, en doet dit op een manier die op dit moment het beste bij haar past. Ze ontdekte dat leven zonder vaste partner ook bevredigend kan zijn. 'Misschien wil ik dit over vijf jaar niet meer,' zegt ze, 'maar dat zie ik dan wel weer.'

Als voor jou in de omgang met anderen seksueel contact past met een of met meerdere partners, is daar op zich niets mis mee. Het enige wat telt is of jij je er prettig bij voelt. Wel is het zaak dat je, ter wille van je gezondheid, veilig vrijt. Veilig vrijen betekent dat je met elke nieuwe partner maatregelen neemt. Dat betekent dat bij de coïtus (geslachtsgemeenschap vaginaal of anaal) condooms moeten worden gebruikt. Als je risicovol hebt gevrijd is het verstandig om je te laten testen op een soa (seksueel overdraagbare aandoening). Voor een dergelijke test is een verwijzing niet noodzakelijk; je hoeft dus niet naar de huisarts. Nederland kent anonieme testplaatsen zoals de GGD of de Soa-poli van een aantal ziekenhuizen. Eén telefoontje naar de plaatselijke GGD of het ziekenhuis bij jou in de buurt met de vraag of daar getest wordt op soa, geeft je de informatie die je nodig hebt.

Samenvatting en vooruitblik

In dit hoofdstuk is beschreven dat de verschillen tussen ouderen worden bepaald door een standaard- of keuzebiografie van deze personen. Het maakt uit of ze een man of een vrouw zijn; verder spelen hun culturele achtergrond, sociaal-economische klasse, godsdienst en religieuze overtuiging een rol. Uiteraard is ook de seksuele oriëntatie van invloed op iemands levensloop en bepaalt deze hoe een mens vormgeeft aan zijn of haar leven. Er zijn verschillende relatievormen beschreven, en tot slot werd ingegaan op de veranderingen die op dit moment bij vijftigplussers en hun samenlevingsvormen plaatsvinden.

Het volgende hoofdstuk gaat over de problemen met seksualiteit die zich gedurende een levensloop kunnen voordoen.

Hoofdstuk 3

MOGELIJKE PROBLEMEN MET SEKSUALITEIT TIJDENS DE LEVENSLOOP

Een bevredigend seksleven

Technisch gezien heeft iemand een bevredigend seksleven als hij of zij in staat is om fysiek de seksuele opwindingsgevoelens te ervaren en daar (meestal) een goed gevoel bij te hebben. Om die lichamelijke gevoelens te kunnen ervaren moet iemand de *seksuele responscyclus* kunnen doorlopen: een model van lichamelijke en gevoelsmatige veranderingen die zich voordoen bij seksuele opwinding. Door onderzoek van volwassenen tijdens seksuele opwinding kwamen de wetenschappers Masters en Johnson (en later aangevuld door Helen Kaplan) tot een model van het verloop van seksuele opwinding, waarbij zich altijd vijf fasen in chronologische volgorde voordoen, zowel bij seksueel contact met een partner als bij soloseks:

   1ste fase: verlangen
   2de fase: opwinding
   3de fase: plateau (maximaal niveau van opwinding zonder orgasme)
   4de fase: orgasme
   5de fase: herstel of resolutie.

Tijdens de fase van het verlangen treden er lichamelijke reacties op die de coïtus mogelijk moeten maken: bij een man richt de penis zich op, bij de vrouw wordt de vagina vochtig. Als men doorgaat met stimulatie – bij zichzelf of samen met een ander – komt men via de *opwindingsfase* in de *plateaufase* terecht, die langer of korter constant blijft. Als alles goed verloopt en de stimulatie doorgaat neemt op een gegeven moment de intensiteit van de opwinding nog iets toe, en dat is het moment waarvan veel mensen zeggen dat ze niet meer terug kunnen omdat alles alleen nog maar gericht is op het bereiken van die mate van opwinding die onvermijdelijk tot een orgasme leidt.

De eerste twee fasen, verlangen en opwinding, worden in de seksuologie de *interactiefasen* genoemd, omdat de aandacht nog naar buiten is gericht. Tijdens deze fase staat iemand meer open voor geluiden en invloeden uit de omgeving, dus ook voor het gedrag van de ander, dan in de derde en vierde fase, de plateau- en orgasmefasen, die de *solofase* wordt genoemd. In dit stadium van de seksuele opwinding is de aandacht meer op zichzelf dan op de omgeving en de ander gericht, een noodzakelijke afsluiting om het orgasme te kunnen bereiken. In de behandeling van vrouwen die geen orgasme kennen is gebleken dat veel van hen moeite hebben met deze solofase. De vrouwen zijn vaak slecht in staat om alle aandacht bij zichzelf te houden; ze laten zich snel afleiden door anderen, door factoren uit de omgeving, door herinneringen, of door de beslommeringen van alledag. Je zou kunnen zeggen dat op de verkeerde momenten aan de verkeerde dingen betekenis wordt toegekend, terwijl de betekenis die men aan de (seksuele) handeling geeft bepaalt of iemand genot dan wel pijn ervaart, of iets vervelends.

In seksualiteit is het niet alleen van belang dat een lichaam fysiek in staat is om te reageren (gezondheid) op de juiste stimulatie (vaardigheden), maar ook of iemand die handelingen – met zichzelf of met een ander – de betekenis van bevredigend, fijn of genotvol kan geven. De beschreven seksuele responscyclus is dan ook in geen enkel opzicht een handleiding voor hoe goede seks moet verlopen of wat iemand zou moeten voelen (Moors en Everaerd 1998).

Vanuit deze visie klopt de omschrijving van seksualiteit in Van Dale (13de druk 1999) – *de uiting op het gebied van het geslachtsleven* – zo goed. Deze omschrijving geeft namelijk niet alleen ruimte voor velerlei lichamelijke handelingen, maar ook ruimte voor een grote variatie aan betekenissen die mensen aan seksuele handelingen kunnen geven. Want mensen kunnen bij het woord 'seks' dezelfde handelingen voor ogen hebben, terwijl die handelingen totaal verschillende associaties of herinneringen kunnen oproepen. Voor de een kan seks gemeenschap en klaarkomen inhouden, voor de ander de fijnste manier om intiem te zijn met een geliefde, en voor weer een ander kan het woord 'seks', jammer genoeg, onmiddellijk een nare herinnering oproepen.

Antien (46)
Voor mij is seks aanraken en geraakt worden, opwinding, lekker zoenen, steeds geiler worden, en dan lekker neuken en klaarkomen.

Joke (55)
Seks is voor mij in zijn armen liggen. Zijn armen zijn voor mij de veiligste plek op de hele wereld.

Ruud (50)
Seks is voor mij viezigheid, vernedering en pijn. Ik wil er niks meer mee te maken hebben.

Deze voorbeelden illustreren dat seks voor verschillende mensen dus uiteenlopende betekenissen heeft. Wat die betekenis voor ieder individueel inhoudt is echter weer afhankelijk van wat iemand in zijn of haar leven meegekregen heeft over seks en relaties aan normen en waarden, mythen en verwachtingen, boodschappen over man of vrouw zijn, en niet te vergeten: de eigen seksuele ervaringen.

Ook al is de geestelijke bagage erg gunstig bij het starten van een seksuele relatie en is iemand lichamelijk en geestelijk volkomen in staat een bevredigend seksleven te hebben, toch is het niet realistisch te verwachten dat men een leven lang voor de volle honderd procent tevreden kan zijn over het seksuele aspect van zijn of haar relatie. In elk leven doen zich omstandigheden voor die het libido bij zichzelf of bij die van de partner negatief kunnen beïnvloeden. In de meeste relaties is de frequentie en de intensiteit van het seksleven een op-en-neergaande beweging van pieken en dalen afgewisseld, met stabiele perioden. Een aantal koppels kan echter te maken hebben (gehad) met invloeden die dusdanig doorwerken op het seksleven dat het in het slop raakt (of is geraakt). Welke de invloeden kunnen zijn, zal verderop in dit boek duidelijker worden. Om te beginnen worden in de volgende paragraaf de problemen besproken die zich in de spreekkamer van de seksuoloog, ongeacht de leeftijd, het meest aandienen.

Belemmeringen voor een bevredigend seksueel leven

Nu we weten wat een bevredigend seksueel leven is – je lichaam is in staat te reageren op prikkels van jezelf of een ander en je hebt er (naar verkiezing) ook regelmatig zin in – is het goed om stil te staan bij factoren die dat in de weg kunnen staan.

Een ongunstige seksuele ontwikkeling

We hebben alles moeten leren in het leven: fietsen, zwemmen, rekenen en nog een heleboel dingen meer. Er werd aan van alles aandacht besteed, maar niet aan seks. Sommigen hebben wel voorlichting gehad over hoe kinderen gemaakt en geboren worden, maar wat een man of een vrouw aan deze handelingen kan beleven kwam niet aan de orde. Velen onder ons moesten met vallen en opstaan zelf een weg zien te vinden in de vormgeving van hun seksualiteit.

De ideale ontwikkeling voor een kind – heeft onderzoek uitgewezen – bestaat uit experimenteren met zichzelf en met leeftijdgenoten in een geleidelijke, in alle vrijheid stapsgewijze opbouw van seksuele ervaringen. Daardoor leert het eerst experimenteren met zichzelf via kijken, voelen en masturbatie, en als het verliefd wordt met langzaam toenemende vormen van intimiteit met een ander

HANNIE VAN RIJSINGEN

mens. Dan zal het doorsnee kind gaan zoenen, voelen boven de kleding, voelen onder de kleding, betasten van de geslachtsorganen en uiteindelijk bloot gaan vrijen. Meestal verloopt dat van bloot tegen elkaar aanliggen, via het strelen van elkaars geslachtsdelen, en oraal genitaal contact (elkaar met de mond bevredigen) tot het hebben van geslachtsgemeenschap. Gemeenschap kwam vroeger – nog steeds trouwens – pas aan het einde van de reeks. In de tienerjaren is er doorgaans sprake van een kortere of langere periode van aantrekking tot jongens of meisjes, gefascineerd raken door de ander, en verliefd worden. Deze gunstige seksuele ontwikkeling hebben slechts weinigen van mijn generatie mogen meemaken.

Gerard (60)

Toen ik veertien was werd mijn zusje van zestien zwanger. Het was een schande! Terwijl rondverteld werd dat zij opgenomen was in een sanatorium in Zwitserland – ze had al eerder tbc gehad – zat ze in een tehuis voor ongehuwde moeders ergens in Brabant. Haar post ging via een adres in Zwitserland. Elke zondagmiddag moest ik met mijn ouders bij mijn zusje op bezoek. Daar zag ik alleen maar huilende meisjes met dikke buiken. Toen heb ik me voorgenomen dat ik dat een meisje nooit zou aandoen.

Ik werd dan ook pas verliefd toen ik ver in de twintig was. Tijdens de verkering moest het meisje niets van seks hebben, maar dat vond ik een deugd. Dat zou wel veranderen in het huwelijk, dacht ik. Welnu, het moet nog gebeuren! Als we vijftig keer seks hebben gehad in ons leven, is het veel.

Ook hoor ik vaak dat mensen die in hun jeugd wel de kans hadden om te experimenteren met lichamelijkheid en seksualiteit, dit in het geniep deden. De mogelijkheid betrapt te worden, zwanger te maken of zwanger te raken – anticonceptie was nog geen gemeengoed – lag daarbij altijd op de loer.

Daarnaast beheersten de al of niet uitgesproken – maar wel wijdverbreide – boodschappen waarover ik in het vorige hoofdstuk al sprak, in meer of mindere mate de omgang tussen jongens en meisjes, jongens en jongens en meisjes en meisjes.

Algemeen geldende, beperkende mythen

Mythen zijn ideeën en opvattingen die niet aan de realiteit zijn ontleend, maar desondanks een dusdanige rol kunnen spelen dat zij het seksleven stevig beïnvloeden en op een negatieve manier. De meest gangbare mythen op dit moment zijn nog steeds:

Mannenmythen

1 Wij zijn moderne mensen, zonder seksuele remmingen en belemmeringen.
2 Een echte man moet niets hebben van vrouwen-zaken als 'voelen' en 'communiceren'.
3 Elke lichamelijke aanraking is seksueel en leidt tot seks.
4 Een man heeft altijd zin en kan altijd.
5 Een echte man presteert in seks.
6 Bij seks gaat het om een harde penis en wat je daarmee doet.
7 Seks is hetzelfde als gemeenschap hebben.
8 Een man hoort een perfecte minnaar te zijn, die zijn partner fantastisch kan bevredigen.
9 Bij goede seks hoort een orgasme.
10 Mannen hoeven niet naar vrouwen te luisteren in sekszaken.
11 Goede seks is spontaan, zonder planning en zonder praten.
12 Echte mannen hebben geen seksproblemen.

Vrouwenmythen

1 Wij zijn moderne mensen, zonder seksuele remmingen en belemmeringen.
2 Vrouwen mogen in seks geen doeners zijn.
3 Als je begint met hem aan te raken en hij wordt opgewonden, ben je ook verplicht om het af te maken.
4 Een vrouw masturbeert niet.
5 Seks is altijd mooi, fijn en romantisch.
6 Als hij een erectie heeft, moet je daar als vrouw wat mee doen.
7 Als je geen gemeenschap wilt hebben, moet je het maar helemaal niet doen.
8 Een goede vrouw laat zich leiden in de seks.
9 Een vrouw die aangeeft wat ze wel en wat ze niet wil in seks, is geen echte vrouw.
10 Een goede vrouw zorgt ervoor dat haar partner volop kan genieten.
11 Goede seks is een natuurlijk en spontaan gebeuren.
12 Een goede vrouw heeft geen seksproblemen.

Overgenomen uit Slob en Vink (1998), naar Zilbergeld en Bezemer.

Hoewel we er normaliter niet bij stilstaan heeft ieder mens onbewust op de harde schijf van zijn geheugen beelden en herinneringen opgeslagen over hoe ouderen zich seksueel gedragen – ouderen zelf ook. Als ik naar mezelf kijk, kan ik daar het volgende over vertellen.

In mijn geboorteplaats stond de meisjesschool naast het zusterklooster, en bij dat klooster was ook het bejaardentehuis gevestigd. Als kind mocht ik een tante wel eens vergezellen als zij de bejaarden bezocht. Ik herinner me nog de muffe smaak van de koekjes – Brusselse kermis – uit een trommeltje dat in elke trieste, donkere kamer uit de kast met de glazen deurtjes tevoorschijn werd gehaald

door een vrouw in depressieve, donkere kleding. De bewoners hadden daar één kamer, geen appartement, en als ik het goed heb sliepen veel van de bewoners, zelfs na veertig jaar huwelijk, gescheiden op kleine slaapzalen. Hieruit trok ik toen al de conclusie: *als ik oud ben wil ik zo niet leven.*
Natuurlijk besefte ik als kind niet dat hier al iets aan vooraf was gegaan. Ik vond mijn oma ruiken naar zwart en oud, en mijn opa naar stinksigaren. Elkaar aanraken deden ze nooit, mij ook niet trouwens. Ik moest ze wel eens een kusje geven en ik weet nog dat ik daarvan gruwde. Van seks had ik nauwelijks of niet gehoord, maar op een of andere manier was ik wel geïntrigeerd door mensen die elkaar aanhaalden, omhelsden of kusten. Ik zag dat zo weinig dat ik eindeloos met vriendinnetjes vadertje en moedertje speelde, waarbij de vader en de moeder elkaar een kus gaven als de vader thuiskwam.

Als ik kijk naar wat ik als seksuoloog/therapeut in mijn praktijk tegenkom, denk ik dat veel mensen van mijn leeftijd min of meer dezelfde ervaringen hebben. Ook stel ik vast dat maar weinigen van mijn generatie de overtuiging zijn toegedaan dat onze ouders en hun leeftijdgenoten er een seksleven op nahielden. Mochten ze dat echter wel gedaan hebben, dan kunnen maar weinigen zich voorstellen dat het leuk was. Deze overtuigingen zijn terug te vinden in de volgende mythen over seksualiteit en ouderen:

– Seks hoort niet bij ouderdom en waardigheid.
– Ouderen zijn seksueel niet meer aantrekkelijk.
– Seks is iets voor jonge mensen...
– Je krijgt voor het leven een portie seks mee, en op een gegeven moment is die op.
– Ouderen behoren geen belangstelling voor seks meer te hebben.
– Nieuwe seksuele vriendschappen aangaan doe je niet meer op oudere leeftijd.
– Seks gaat pijn doen...
– Bij ouderen wil het lichaam niet meer...
– Seks verdwijnt, knuffelen blijft...
– Seks verandert vanzelf in andere vormen van intimiteit.
– Je hebt geen seks meer als je geen vaste partner meer hebt.

Ouderlijke boodschappen bij de vijftigplusser

Het fundament voor de verwachtingen die men al dan niet bewust koestert ten aanzien van het leven, relaties en seksualiteit wordt gelegd in de vroegste jeugd. Het gedrag van ouders en andere belangrijke volwassenen en hun al of niet uitgesproken boodschappen, vormen samen met de invloed van de media de normen en waarden, ideeën en verwachtingen die iemand heeft over het leven. Of iemand hierin seksualiteit als lust, als intimiteit, als niet belangrijk of als een probleem ervaart, wordt dus bepaald door de meegekregen boodschappen over seks en de eigen seksuele ervaringen.

Mijn moeder heeft me nooit voorgelicht. Ze vertelde me wel: 'Mannen zijn maar uit op één ding', maar wat dat was moest ik zelf maar invullen. Als ik ernaar vroeg werd ze kwaad.

Ik zat achter de meiden aan die erom bekend stonden dat je 'alles' mocht. Maar ik wilde niet met een van hen trouwen. Mijn vrouw moest een net meisje zijn, geen 'afgelikte boterham' die het met Jan en alleman had gedaan.

Jij moet de verstandigste zijn, want bij de man heeft de natuur de overhand; hij kan zich niet beheersen.

Ik voelde me aangetrokken tot jongens, maar dat kon niet. Ik ging fanatiek achter de meiden aan, in de hoop dat die neiging overging. Zo ben ik getrouwd en heb ik kinderen gekregen. Nu pas, achtentwintig jaar later, ben ik openlijk verliefd op een man.

Vroeger werd niet iedereen voorgelicht. Er werden nog geen sekslessen op school gegeven, en omdat velen het zelf maar moesten uitzoeken, bestond er veel onwetendheid, angst en onkunde omtrent seks. Trudy (63) is daar een voorbeeld van.

Trudy consulteerde mij omdat ze eindelijk wel eens wilde meemaken waar de weekbladen vol over staan: seks is leuk, seks is genieten. Vijf jaar geleden is haar man overleden en sinds kort heeft ze een nieuwe vriend.
'Verliefd?' vraag ik.
'Compleet met vlinders in de buik. Ik had niet gedacht dit nog ooit mee te maken.'
'En de seks?'
'Genieten. Maar er is meer, zegt mijn vriend. Ook ik kan een orgasme leren kennen, volgens hem.' Ze lacht wat verlegen.
Ik vraag naar haar seksuele voorgeschiedenis.
Ze had nooit voorlichting gehad, haar man was vreselijk onhandig in seks en van haar werden geen initiatieven verwacht, dus... had ze hem in het donker maar laten doorwerken. 'Gelukkig was het geen heetgebakerde man,' zegt ze. 'Het was ook een goede man. Maar genieten...? Dat was er niet bij. En toch had er altijd iets in haar geknaagd. Bij haar eerste vriendje had ze wel vlinders in haar buik gevoeld, net als nu.'
'Uw overleden man was niet uw eerste vriendje?'
Ze schudt haar hoofd. De lange, gouden oorbellen accentueren de glans in haar

ogen. Met een schalks lachje zegt ze: 'Ik had al jong vriendjes. Het stelde niet zoveel voor, hoor. Veel kijken, handjes vasthouden, en af en toe een kusje. U kent het wel.'
'Spannend,' antwoord ik.
Ze lacht vergenoegd. 'Dat was het.'
'Hoe oud was u toen u uw eerste vriendje kreeg?'
'Zestien, ik weet het nog goed.'
'Bent u lang met hem omgegaan?'
'Een jaar of twee, denk ik.' Haar bruine ogen kijken peinzend, ze lijkt met haar ge-dachten in het verre verleden te vertoeven.
'Begon u toen aan seks?'
'Nee, we wisten niks. Ons afscheid nemen bestond uit zoenen, urenlang zoenen. Heel soms mocht hij mijn borsten strelen. Verder niks. Maar spannend was het wel.'
'Wilden jullie niet verder?'
'Aan de ene kant wel, maar er was iets in zijn karakter wat mij tegenhield.'
'Karakter?'
'Ja,' zegt ze. 'Ik heb het uiteindelijk uitgemaakt omdat ik hem zo gierig vond.'
'Gierig?'
'Het was waanzin, natuurlijk, maar ik wist niet beter. En u gaat vast lachen als ik het vertel.' Haar blik zoekt mijn gezicht af met een gretigheid alsof ze een garantie wil vinden.
'Ik lach niet,' stel ik haar gerust.
Ze schraapt haar keel en zegt dan: 'Ik vond hem gierig omdat ik bij het afscheid ne-men altijd een harde rol tegen me aan voelde drukken. Altijd. En nooit gaf hij iets van die rol aan mij. Niet één pepermuntje!'

Teleurstellingen en niet uitgekomen verwachtingen

In ieders leven komen teleurstellingen voor over dingen die niet zijn verlopen zoals we hadden verwacht of gewenst – ook tussen partners. We hebben alle-maal onze bewuste en onbewuste verwachtingen gehad toen we gingen samen-wonen of trouwen, waarna we al of niet kinderen kregen. Voor veel mensen geldt dat de werkelijkheid een stuk zwaarder is gebleken dan we ons in onze jonge jaren voorstelden. Hoe we echter op die realiteit reageren is niet voor elk mens hetzelfde. Sommigen lijden eronder, anderen niet.
Er zijn onderwerpen die voor veel mensen 'moeilijk' zijn, en die bij veel koppels onmacht, machtsstrijd, stilzwijgen of anderszins uiteendrijvend gedrag oproe-pen. De meest voorkomende thema's heb ik op een rijtje gezet:

– altijd veel gewerkt en uit huis geweest voor verenigingsleven en hobby's door een of beide partners;

- lichamelijke mishandeling of andere vormen van intimidatie;
- forse financiële uitgaven door een van de partners;
- overmatig drankgebruik door een of beide partners;
- emotionele afwezigheid van de ene partner als de andere die nodig heeft;
- verliefdheid op een ander dan de eigen partner;
- langdurige werkloosheid van een of beide partners;
- problematische omgang met familie en/of schoonfamilie;
- de dood van de ouders van een of van beide partners;
- het hebben ondergaan of het laten ondergaan van een abortus;
- verwerking van een doodgeboren kind/miskraam;
- het overlijden van een kind;
- het hebben van een probleemkind;
- onenigheid over de aanpak van de kinderen;
- ongewilde kinderloosheid;
- een ernstige, langdurige of levensbedreigende ziekte;
- een tijdelijke ziekte, zoals burn-out of een depressie, van de partner(s);
- een ernstige duurzame ziekte bij een van de partners;
- verschil in opvatting over spiritualiteit;
- .... [zelf invullen].

Sta een poosje stil bij bovenstaande thema's en ga voor jezelf na of een dan wel enkele ervan in jouw of jullie leven een rol hebben gespeeld. Neem hiervoor een rustig moment waarop je niet kunt worden gestoord. Zorg dat je een pen en notitieboekje bij de hand hebt en noteer wat je te binnen schiet. In hoofdstuk 7 wordt er verder op ingegaan.

Mogelijke gevolgen van de genoemde negatieve invloeden

Bovengenoemde factoren kunnen zoveel invloed hebben op iemands leven dat er klachten ontstaan op het gebied van seksualiteit en intimiteit. De meest voorkomende klachten passeren hierna de revue.

Het ontbreken of verlies van seksueel verlangen

In mijn praktijk consulteren me nog steeds meer vrouwen dan mannen met de klacht: weinig of geen zin in seks. Hierbij speelt altijd een rol dat het moeilijk is te zeggen wat een 'normale zin' is. Er bestaat namelijk geen objectieve maatstaf voor de frequentie waarin een mens naar seks behoort te verlangen. De ene mens heeft een lager libido dan de andere, maar het verlangen naar seks wisselt in elk mensenleven onder invloed van omstandigheden, levenswijze en levensfase.

Over het algemeen kan men echter stellen dat de seksuele activiteit bij twee mensen afneemt als de relatie langer duurt of als er kinderen komen. Maar vermindering van de seksuele frequentie geeft bij het ene paar wel problemen en bij het andere niet.

Maurice (39 jaar, tweemaal gescheiden en nu drie jaar met Ria)
Sinds een half jaar heeft Maurice weinig of geen zin om te vrijen; hij neemt geen initiatief meer, maar gaat wel zoveel mogelijk in op de avances van Ria uit angst haar kwijt te raken, omdat zijn vorige relaties (een van acht jaar en een van vijf jaar) door gebrek aan seks op de klippen zijn gelopen. Hij formuleert zijn hulpvraag als volgt: 'Ik wil uitzoeken waarom ik telkens als de relatie wat langer duurt geen of weinig zin meer heb om te vrijen.'

Irene (en Jasper, beiden 39 jaar, twee kinderen van drie respectievelijk één jaar)
Sinds de geboorte van het laatste kind heeft Irene geen of nauwelijks zin meer gehad in seks. Ze gaat 's avonds altijd vroeger naar bed dan haar man, omdat zij zoveel slaap nodig heeft.
Jasper tilt er niet zwaar aan. 'Dat zal wel weer overgaan,' zegt hij. 'De kinderen eisen nu ook veel van haar.'

Verschil in seksueel verlangen tussen partners

Deze klacht speelt dikwijls een rol in heteroseksuele relaties. Meestal heeft de vrouw minder vaak zin in seks dan de man, maar de omgekeerde situatie lijkt steeds vaker voor te komen.

Paul (41) en Eefje (40), zoontje van vier
Paul klaagt over het gebrek aan passie van de kant van Eefje. Hij wil dat ze sexy lingerie draagt en hem af en toe de broek van de kont rukt als hij thuiskomt van zijn werk (hij werkt in ploegendienst). 'Maar dat zit er bij haar niet in,' zegt hij met een verongelijkt gezicht.
Eefje klaagt: 'Hij wil dat ik meer doe, en andere dingen doe in seks. Maar ik heb het gevoel dat het nooit goed genoeg is, wat ik ook doe.'

Verschil in behoefte leidt echter niet per definitie tot problemen. Het wordt pas problematisch wanneer er niet goed over gepraat en onderhandeld kan worden. Want als ik doorvraag bij zo'n paar als Paul en Eefje blijkt vaak dat de betreffende vrouw wel zin heeft in knuffelen en intimiteit, maar dit vermijdt teneinde bij haar partner geen nodeloze verwachtingen te wekken (Van Rijsingen 2001).

Het ontbreken of verlies van seksuele opwinding

Bij de vrouw betekent dit een onvermogen om adequate lubricatie/zwelling te krijgen of in stand te houden tijdens de seksuele activiteit.
Bij de man betekent dit het uitblijven van een adequate erectie, of het verlies ervan, tot het einde van de seksuele activiteit.

Het vertraagd of uitblijvend orgasme bij de vrouw

Hiermee wordt bedoeld een aanhoudende of terugkerende vertraging of ontbreken van een orgasme volgend op een normale seksuele opwinding. Hierbij wordt uitgegaan van de veronderstelling dat de vrouw minder vaak of helemaal niet in staat is om een orgasme te verkrijgen, ondanks haar seksuele ervaring en de juiste seksuele stimulatie.

> Helen (58, dochter van 27 en zoon van 25)
> *Helen vindt vrijen met haar echtgenoot meestal bevredigend, hoewel het voor haar wat minder vaak zou mogen. Ze kent wel opwinding, maar geen orgasme. Ze zegt daar echter geen moeite mee te hebben. Het belangrijkste is: 'Als hij maar aan zijn trekken komt.'*

De vaginistische reactie

Aanhoudende of terugkerende onwillekeurige samentrekkingen van de vaginale kringspieren, waardoor afsluiting van de vagina ontstaat en het inbrengen van een voorwerp, vingers of penis onmogelijk of pijnlijk is.
Bij een vaginistische reactie trekken de bekkenbodemspieren onwillekeurig (buiten de wil van de vrouw om) samen. Dit kan zo krachtig zijn, dat de vagina als het ware gesloten wordt. Ook andere spiergroepen (met name billen, buik en bovenbenen) kunnen hierbij onwillekeurig samentrekken. Het lichaam zegt in feite 'nee' tegen dat wat de vrouw, de partner, de arts of iemand anders naar binnen wil brengen. Bij een minder krachtige reactie is de vagina niet helemaal gesloten, waardoor het wel mogelijk is binnen te komen; maar dat veroorzaakt dan pijn.
Er zijn verschillende vormen van vaginisme. De reactie kan zich bijvoorbeeld niet voordoen bij het binnengaan met eigen vingers en een tampon, maar wel bij het inbrengen van de vingers of de penis van de partner (situatief vaginisme). Ook is het mogelijk dat de vingers gemakkelijk naar binnen gaan, maar een voorwerp zoals een tampon of een speculum (of 'eendenbek', een instrument dat gebruikt wordt bij inwendig onderzoek) niet.
Het is van belang op welk moment in de responscyclus de vaginistische reactie

optreedt, in welke situatie en bij welk voorwerp, en het is interessant om te weten of de vrouw in kwestie deze onwillekeurige spierreactie als een probleem ervaart. Dat zal voor elke vrouw anders liggen; bovendien is het afhankelijk van de levensfase waarin zij en haar man zich bevinden. Vaak zoekt een vrouw hulp omdat ze (weer) wil leren iets in haar vagina toe te laten, bijvoorbeeld om een lichamelijk onderzoek te kunnen ondergaan. Maar het komt ook voor dat hun man of vriend geen genoegen (meer) neemt met een seksuele relatie die geen seksuele gemeenschap omvat.

Kees en Ria (twaalf jaar getrouwd, geen kinderen)
'Er heeft nog nooit geslachtsgemeenschap plaatsgevonden, omdat ik er niet in kan komen,' zegt Kees. 'Als we dat willen doen, ligt mijn vrouw gespannen als een boog in bed, en dat hoeft voor mij niet.'
Ria en Kees hebben al snel in hun vrijen de pogingen tot gemeenschap gestaakt. Als ze vrijen doen ze het op andere manieren, waar beiden heel tevreden over zijn. De reden dat zij een seksuoloog bezoeken is hun wens om kinderen te krijgen. 'En dat zou ik toch wel op de "gewone" manier voor elkaar willen krijgen,' zegt Ria.

Pijn bij de coïtus (dyspareünie)

Aanhoudende of terugkerende pijn aan of rond de geslachtsdelen bij man of vrouw voor, tijdens of na seksuele activiteit. De pijn kan optreden in uiteenlopende fasen van de responscyclus en wordt in soort onderscheiden naar de plaats waar de pijn zich voordoet of naar de seksuele activiteit. Bij de vrouw onder andere: pijn aan de vulva, pijn voor in de vagina, pijn diep in de vagina, pijn rond het orgasme, pijn na de coïtus. Pijnklachten kunnen door allerlei redenen ontstaan, maar ook in of tijdens de overgang (zie hoofdstuk 5).
Bij de man kan de pijn zich voordoen bij de ejaculatie, tijdens de coïtus, of bij masturbatie. Hij kan pijn hebben in de eikel, in het toompje, of pijn in de schacht van de penis.

Josje (58)
Als we gemeenschap hebben doet het de laatste tijd altijd pijn in het begin. Daarna heb ik een branderig gevoel in mijn vagina en pijn bij het plassen.

Leo (45)
De seks is in het begin fijn, maar als ik meer opgewonden word gaat het pijn doen. Heel gek. Het is fijn en het doet pijn tegelijkertijd.

Als de pijnklachten aanhouden is het verstandig om met de huisarts te overleggen over de oorzaak en te bekijken of er iets aan gedaan kan worden.

De vroegtijdige zaadlozing

De medische term is ejaculatio praecox en medisch-seksuologisch gezien wordt hiervan gesproken als mannen vrijwel bij elke geslachtsgemeenschap binnen ongeveer één minuut, vaak zelfs binnen dertig seconden (of na een paar stoten), tot een zaadlozing komen (Waldinger 1999).

Uit onderzoek blijkt dat ongeveer 18% van de mannen lijdt aan een voortijdige zaadlozing. Voor betrekkelijk veel mannen is het dus niet zo eenvoudig om hun opwindingsproces van het begin tot het einde onder controle te houden. Toch moet een man zelf bepalen of hij lijdt aan een te snelle zaadlozing. Niemand kan immers uitmaken (of voorschrijven) hoe lang men een stijve behoort te hebben voordat er klaargekomen mag worden.

> Teun (45, getrouwd, geen kinderen)
> *Teun heeft al zo lang als hij zich kan herinneren een vroegtijdige zaadlozing. Hij komt namelijk al klaar bij het binnengaan van de vagina of tijdens de eerste vijf sto-ten. In het verleden heeft hij daar nooit een probleem van gemaakt, en zijn vrouw evenmin. Zij kan op een andere manier dan via de coïtus prima klaarkomen en Teun kent die goed, als een welwillend minnaar. Maar de laatste paar jaren stuit het hem steeds meer tegen de borst. Hij merkt dat hij veel minder zin heeft in seks en zelfs alle lichamelijk contact vermijdt door later naar bed te gaan. Hij houdt heel veel van zijn vrouw en hij weet dat zij vaker wil vrijen dan hij. Zelf zou hij ook wel vaker willen dan die ene keer per maand dat het nu gebeurt, maar dan moet het wel goed zijn, niet meer op die onbeholpen manier, vindt hij.*

Soms is snel klaarkomen iets wat iemand 'als jongen' per ongeluk heeft aange-leerd. Wie heeft er niet zo nu en dan snel gemasturbeerd of gevrijd op een onge-makkelijke plek in de gang, in een portiek, of in de auto, even gauw, gauw? De penis wordt daardoor als het ware getraind om de seksuele opwinding snel en kort te houden, in een soort reflex. Dat is echter wel een reflex die weer afge-leerd kan worden, al vraagt het enige oefening en inzet (naar Slob en Vink 1998).

De laatste jaren heeft men echter ook goede ervaringen met medicijnen die de vroegtijdige zaadlozing remmen. De huisarts of specialist kan een licht verdo-vende zalf voorschrijven die de gevoeligheid van de eikel vermindert. Deze zalf moet voor de geslachtsgemeenschap van de eikel geveegd worden, omdat an-ders ook de gevoeligheid van de vrouw kan verminderen (naar Slob en Vink 1998).

Ook hebben sommige mannen goede resultaten met medicijnen. Iemand die voor gebruik van de zalf of medicijnen in aanmerking wil komen, moet overleggen met de huisarts. Hij of zij kan dan nader met je bekijken wat het beste voor je is.

Erectiestoornissen

Bij een erectie verwijden de slagaders zich, waardoor de sponslichamen in de penis zich vullen met bloed. Na verloop van tijd loopt het bloed terug. De doorsnee man heeft vier- tot zesmaal per nacht een erectie, die soms wel anderhalf uur kan duren. Deze doorbloeding is nodig om de weefsels intact te houden. We spreken van erectiestoornissen als een man regelmatig niet in staat is een erectie te krijgen of te behouden, waardoor geen bevredigende seks mogelijk is. In de volksmond wordt dit ook wel 'impotentie' genoemd; in medische kringen spreekt men van 'erectiele dysfunctie', en de seksuoloog heeft het over 'erectiestoornis' omdat dit woord niet alleen verwijst naar het probleem, maar ook naar de mate van lijden of last die de man zelf en/of zijn partner ondervindt.

Het kan zijn dat de impotentie, erectiestoornis of erectiezwakte optreedt in elke situatie, ook als de man masturbeert, maar een andere mogelijkheid is dat de kwaal zich alleen maar voordoet in één bepaalde situatie.

Harm (42) en Frieda (43)
Harm en Frieda consulteren mij omdat Harm altijd als hij met zijn vrouw vrijt op het moment dat hij bij haar naar binnen wil gaan, zijn erectie verliest. Zijn vrouw is daar zeer verbolgen over, temeer omdat hij wel eens met een andere vrouw seks heeft gehad en bij haar dit probleem niet tegenkwam.

Het omgekeerde kan echter ook het geval zijn: iemand heeft totaal geen problemen bij zijn eigen vrouw, maar wel bij een ander, bijvoorbeeld bij seks met een vriendin of prostituee.

Voor veel koppels is erectiezwakte bij de man een probleem. De man wordt er meestal onzeker van, omdat hij het gevoel krijgt als man te falen en dat knaagt aan zijn gevoel van eigenwaarde. Sommige mannen worden er chagrijnig of depressief van, andere overladen zich (ter compensatie) met activiteiten, waardoor ze 's avonds doodmoe in bed vallen en geen energie meer over hebben om te vrijen.

Fons (44) en Gonnie (39), twee tienerkinderen
Op initiatief van Gonnie komen ze bij mij omdat Fons de laatste jaren geen initiatief meer neemt om te vrijen en lauw of niet reageert op haar initiatieven. Bij doorvragen blijkt dat Fons ongeveer vijf jaar geleden tijdens het vrijen een erectiezwakte kreeg, wat zich in de weken erna nog een paar keer herhaalde. Voor Gonnie was het geen punt – 'Hij heeft zijn handen en zijn mond nog,' zegt ze, 'maar die gebruikt hij nu ook niet meer.'

'Kan ik het helpen?' verweert Fons zich. 'Ik ben 's avonds zo moe dat ik al slaap als ik mijn kussen ruik.'
'Ja,' roept Gonnie boos, 'het lijkt wel of je erom doet. Je kunt toch wel eens gewoon thuisblijven en iets met mij doen, in plaats van dat eeuwige gefiets...'
'Op mijn leeftijd moet je in conditie blijven,' lacht Fons tegen mij.
'Conditie...' Gonnie snuift misprijzend. 'Voor alles wil je in conditie blijven, behalve voor seks. Als ik het woord "vrijen" in de mond neem, is het net of ik Russisch spreek.'

Gonnie is openlijk boos, maar veel vrouwen zijn dat niet. Ik hoor vaak van vrouwen dat ze heel begripvol en voorzichtig zijn als ze het initiatief nemen, uit angst om het ego van hun partner nog meer te kwetsen. Als het af en toe toch tot vrijen komt, wordt er bij het minste blijk van een erectie snel overgegaan tot geslachtsgemeenschap uit angst dat de erectie weer verdwijnt. Daarmee wordt het vrijen veel meer een kwestie van presteren, van kijken of het deze keer wel lukt, dan een genietend met elkaar bezig zijn. En dit is fnuikend, zowel voor de man als voor de vrouw. Soms zit de teleurstelling zo diep, dat beide partners elke lichamelijke aanraking uit de weg gaan. Dit is een verschijnsel dat niet alleen voorkomt bij erectiestoornissen, maar bij vrijwel elk seksueel probleem.

Natuurlijk is het geen wet van Meden en Perzen dat elk koppel waarbij een van deze problemen optreedt, daar ernstige hinder van ondervindt. De mate van lijden wordt bepaald door wat de betreffende partners van seksualiteit verwachten en welke betekenis zij eraan hechten. Sommige mensen vinden andere aspecten van hun relatie minstens zo belangrijk en tillen er niet zo zwaar aan, terwijl anderen er diep onder gebukt gaan. Vaak heeft dat te maken met hun ideeën en verwachtingen over hoe een seksuele relatie hoort te zijn. Als iemand een leven lang heftige passie verwacht met frequente seks op elk moment van de dag en dat gebeurt niet of maar heel kort, zal hij/zij onvrede gaan ervaren. Het omgekeerde kan echter ook het geval zijn. Als iemand veel knuffelseks verwacht, maar die niet krijgt, kunnen er ook problemen ontstaan.

Hoe meer de verwachtingen van iemand met de werkelijkheid overeenstemmen, hoe tevredener die persoon zal zijn. Dat geldt niet alleen voor seksualiteit, maar voor alles in het leven.

Dominique (60), vijfendertig jaar getrouwd met Niels (62)
We knuffelen vaak. We kussen ook heel veel, want dat is nog steeds fijn. Maar de echte seks... daar komt het niet meer zo vaak van. Het is zo'n gedoe, net zoiets als joggen. We zeggen wel eens tegen elkaar: 'Dat zouden we eigenlijk moeten doen.' Maar we komen er niet toe omdat we te veel gesteld zijn op ons gemak. Ik houd er

niet meer van om me lichamelijk erg in te spannen, en mijn man ook niet. En we vinden het best zo. We kunnen goed met elkaar opschieten en we hebben het prettig en comfortabel, wat wil je nog meer?

Monica (42) en Wil (43)

Monica: 'Ik vind vrijen met mijn man heel prettig, ook al kan ik niet klaarkomen. Ik vind de intimiteit fijn en geniet ervan als ik zie hoe hij geniet.'
Wil: 'Ik krijg er steeds meer moeite mee. Ik ben de enige die opgewonden wordt en klaarkomt. Ik voel me hoe langer hoe meer een egoïst. Ik merk zelfs dat ik steeds minder zin krijg in seks, en dat kan toch niet de bedoeling zijn.'

Het zal duidelijk zijn dat de betekenis van seksualiteit in een mensenleven bepaald wordt door allerlei factoren en daardoor aan verandering onderhevig is. In elke levensfase kunnen zich stoornissen en problemen voordoen, waarvoor dan weer een oplossing gevonden moet worden.

Literatuur:

Maurice Yaffe en Elisabeth Fenwick (red. prof.dr. M.W. Hengeveld), *Seks, praktische handleiding voor de vrouw.* Zomer & Keuning, Ede/Antwerpen 1996
Maurice Yaffe en Elisabeth Fenwick (red. prof.dr. M.W. Hengeveld), *Seks, praktische handleiding voor de man.* Zomer & Keuning, Ede/Antwerpen 1996
Rik van Lunsen, *Seks moet je leren. Alles over de lichamelijke en psychologische aspecten van seks.* Prometheus, Amsterdam 1992
Prof.dr. Koos Slob (fysioloog) en drs. Ineke Vink (huisarts), *Mannen, vrouwen & vrijen. Over seksualiteit en potentie.* Elmar, Rijswijk 1998
Hannie van Rijsingen, *Zin in vrijen... voor vrouwen. Wat een vrouw kan doen als hij zin heeft en zij niet.* Aramith, Haarlem 2002
Hannie van Rijsingen, *Zin in vrijen... voor mannen. Wat een man kan doen als zijn vrouw geen zin heeft en hij wel.* Aramith, Haarlem 2002
Website: www.seksualiteit.nl

Samenvatting en vooruitblik

In dit hoofdstuk is beschreven welke seksuele problemen zich kunnen voordoen in een mensenleven. Eerst werd uitgelegd wat een bevredigend seksleven inhoudt, en vervolgens kwamen belemmeringen voor een goed seksleven – ook bij ouderen – aan de orde. Ten slotte zijn de klachten besproken die (mede) door deze belemmeringen kunnen ontstaan.
In het volgende hoofdstuk wordt aandacht besteed aan homoseksualiteit en vijftigplussers.

Hoofdstuk 4

HOMOSEKSUALITEIT EN VIJFTIGPLUSSERS

De populatie in mijn praktijk is een afspiegeling van de maatschappij: ik zie meer heteroseksueel georiënteerde mensen dan lesbische vrouwen en homoseksuele mannen. Maar in de loop der jaren heeft deze minderheidsgroep de weg naar mij wel weten te vinden. Het is een belangrijke groep, waaraan ik een heel hoofdstuk ga wijden. Dat doe ik met opzet, omdat in de weinige publicaties die er zijn over ouderen, de homoseksuele en lesbische leefstijl nauwelijks of (nog) niet zijn terug te vinden. Men gaat er nog te vaak van uit dat iemand wel heteroseksueel zal zijn.

Cultuur, wetgeving en visie ten aanzien van homoseksualiteit in het algemeen

Iemand wordt als homoseksueel beschouwd als zijn of haar seksuele oriëntatie zich voornamelijk richt op iemand van het eigen geslacht. Hoewel dit verschijnsel waarschijnlijk zo oud is als de mensheid, is een openlijke homoseksuele of lesbische leefstijl een tamelijk recent verschijnsel, dat we alleen in onze westerse maatschappij kennen. Er moet hierbij een verschil gemaakt worden tussen homoseksuele handelingen en homoseksualiteit, omdat er pas sprake is van homoseksualiteit als de cultuur waarin men leeft die handelingen ook als zodanig bestempelt. Volgens Schippers (1989) werden bijvoorbeeld in de Griekse cultuur homoseksuele contacten positief gewaardeerd en met een romantisch aura omgeven. Hij noteert: 'Hierbij werd groot belang gehecht aan het verschil tussen de actieve en passieve rol: van de volwassen man verwachtte men dat hij zich actief zou opstellen, van de jongen (of bij heteroseksualiteit: de vrouw) dat hij 'de ontvangende partij' zou zijn. Een dergelijke rolverdeling treft men heden ten dage nog op grote schaal aan binnen de Arabische culturen, waarin homoseksuele contacten veelvuldig schijnen voor te komen, maar nooit als zodanig benoemd worden. De Arabische man verliest zijn mannelijkheid niet door seksuele contacten met andere mannen, mits hij maar de actieve partij is en er verder niet over spreekt.'
De Bruin (2001) schrijft over vrouwen: 'Doordat vrouwen in niet-westerse samenlevingen vaak onderling veel hechtere en intiemere relaties hebben, kunnen zij vanzelfsprekender eventuele liefde voor elkaar ontdekken en consumeren, mits het onbesproken en onopvallend blijft.' Ze merkt ook op dat inmiddels in de Aziatische en Afrikaanse landen openlijk lesbisch zijn als een westerse perversiteit wordt gezien, en die verandering in visie wijt zij niet aan het

importeren van lesbische praktijken uit het westen, maar aan de import van de homofobische veroordeling ervan.

Geschiedkundige terugblik

Na de val van het Romeinse Rijk en de opkomst van het christendom in Europa begon een periode waarin homoseksuele handelingen, anaal heteroseksueel geslachtsverkeer of seks met dieren – sodomie genoemd – beschouwd werden als ernstige zonden. De Middeleeuwen kenmerkten zich over het algemeen door een harde opstelling en tijdens het renaissancetijdperk werden sodomieten vervolgd. De Franse Revolutie brengt een dusdanige kentering dat in een aantal landen, waaronder Nederland, homoseksuele handelingen uit het wetboek van strafrecht verdwijnen (Schippers 1989). Dit bleef zo tot in 1911, onder invloed van de toentertijd machtiger geworden christelijke partijen, het beruchte artikel 248bis in de Nederlandse wetgeving werd opgenomen. Het artikel dat ontucht verbood tussen meerder- en minderjarigen van hetzelfde geslacht was gestoeld op de overtuiging dat verleiding van jongeren door ouderen een belangrijke oorzaak is voor homoseksualiteit. Die overtuiging heeft jarenlang stand gehouden, net als andere vormen van onbegrip voor homoseksualiteit, zoals een citaat uit het boek *Het sexueele vraagstuk* (1930) laat zien. De Duitse professor Forel schrijft hier over de herenliefde:

Hoe dwaas het ook mogen schijnen, dat de gehele sexueele begeerte en de geheele liefde van een mannelijk individu van de vroegste jeugd en voor het geheele leven zich slechts op individuen van hetzelfde geslacht richt, het staat desalniettemin vast, dat dit pathologische verschijnsel ongelukkig veel voorkomt en dat het volgens zijn psychologisch en ethische zijde zoowel door het publiek als door de rechtsgeleerden totaal misverstaan werd, totdat eenige dezer zieken zelf en daarna de krankzinnigenartsen licht in het vraagstuk hadden aangebracht.

Verder zegt hij dat de eerste (kinderlijke) homoseksuele gewaarwordingen zich openbaren doordat mannen zich ten opzichte van mannen als vrouwen voelen en dat beschrijft hij als volgt:

Zij gevoelen zoiets als behoefte aan passieve ondergeschiktheid; zij zijn dweepziek, houden ervan vrouwelijke handwerken te verrichten en zich vrouwelijk te kleden, verkeeren zeer gaarne met vrouwen als met vriendinnen en geesten, die zij begrijpen. Zij zijn gewoonlijk (niet altijd) kleingeestig sentimenteel, hangen gaarne den vrome uit, houden van opschik, van coquetteeren, van alles wat blinkt, van pronk en weelde.

Gelukt het hun een gewillige geliefde te vinden, dan gaan zij gewoonlijk in het begin meestal niet tot de situatie over, die op den bijslaap gelijkt door het lid in den aars te brengen. Hun begeerte drijft hen veeleer eenvoudig tot wederzijdse onanie. In elk geval is het voor de meesten de hoogste wellust als een andere man zijn lid in hun aars steekt en zij hierbij de rol van den zoogenaamden passieven paederast spelen. Velen stellen zich overigen ook met de rol van den actieven tevreden.

Verderop in het hoofdstuk benadrukt Forel met veel klem dat hij de visie van de bekendste Duitse seksuoloog uit die tijd, Krafft-Ebing, onderschrijft die beweerde dat homoseksualiteit ziekelijk is en getuigt van een psychopathische persoonlijkheidstructuur. Een overtuiging die, zover die nog niet bestond in Nederland, tijdens de Duitse bezetting van 1940–1945 verder ingang vond. Homoseksualiteit werd verboden en (in ieder geval in Duitsland zelf) bestraft met internering in een concentratiekamp. Toen de oorlog voorbij was duurde het nog tot 1971 voordat het beruchte artikel 241bis, dat in de praktijk veel aanleiding gaf tot chantagepraktijken, werd geschrapt en homoseksualiteit weer uit het Wetboek van Strafrecht verdween (Schippers 1989). Nog een vooruitgang is te melden: in 1985 wordt homoseksualiteit uit het internationale psychiatrische handboek van ziekten gehaald. Vanaf dat moment werd deze geaardheid niet meer gezien als een psychiatrische ziekte die te verhelpen zou zijn. Daarmee is echter de discriminatie van homoseksuelen in de wereld niet verdwenen. In China kan een homoseksuele man of vrouw in een psychiatrische inrichting verdwijnen en in Texas (VS) loopt iemand die homoseksuele handelingen pleegt gevaar opgesloten te worden in de gevangenis. In vergelijking hiermee kunnen we stellen dat in Nederland een redelijk tolerant klimaat heerst ten aanzien van homoseksualiteit. Homoseksuele mannen en lesbische vrouwen konden al langer hun relatie wettelijk laten registreren, maar voorjaar 2001 trad er een wet in werking waardoor zij net zoals heteroseksuele paren in het huwelijk kunnen treden en ook adoptierecht hebben.

Terwijl de tolerantie ten aanzien van homoseksualiteit toenam, stond de heteroseksuele relatie nog wel steeds model voor het samenleven van homoseksuelen. Men bekeek wie van de twee 'het mannetje' en wie 'het vrouwtje' was. Bij een mannelijk koppel werd degene die zich het meest 'nichterig' gedroeg (vrouwelijke gebaartjes, kleine pasjes en heupwiegend) als het vrouwtje gezien, terwijl lesbische vrouwen bestudeerd werden of zij zich gedroegen volgens het zogeheten butch-femmepatroon. Immers, de een moest de mannelijke lesbienne (*butch*) en de ander de meer vrouwelijke (*femme*) zijn. De butch droeg dan het (mantel)pak, de femme de jurk; de butch beheerde het geld, de femme ontfermde zich over de damestas; de butch hield de deuren galant open, bestelde de drankjes en leidde bij het dansen.

Wellicht gold dit patroon voor de jaren zestig en zeventig, tegenwoordig is dat totaal niet meer het geval. De jongere lesbiennes dragen net zo lief als heteroseksuele vrouwen korte rokjes, hooggehakte schoenen en gedecolleteerde T-shirts, terwijl ook niet homoseksuele mannen op de dag van vandaag hun uiterlijk steeds meer verfraaien. Oorringetjes en paardenstaartjes worden bijvoorbeeld door heteroseksuele voetballers en vrachtwagenchauffeurs gedragen, terwijl kleuren aan het lijf de saaie pakken vervangen en geuren op het lijf de mannelijkheid onderstrepen. Daardoor zijn in het straatbeeld de 'hetero's' en de 'homo's' qua uiterlijk en gedrag niet of nauwelijks meer van elkaar te onderscheiden. Homoseksualiteit lijkt heden ten dage meer een optie geworden dan een geaardheid. Misschien dat er nog ooit een tijd aanbreekt waarin meer mogelijkheden voor variatie aan leefstijlen en relaties gaan voorkomen, die door de maatschappij ook als volwaardig worden gezien en erkend.

Er wordt wel eens gezegd dat de huwelijkswetgeving alleen voor homoseksuelen toegankelijk is geworden omdat het huwelijk vandaag de dag niet meer is wat het vroeger was, dat het is uitgehold. Mensen hoeven immers niet meer te trouwen om met elkaar te kunnen vrijen, een stel te zijn of een gezin te stichten. Het taboe op voorhuwelijkse seks, hokken en buitenechtelijke zwangerschap is al lang verleden tijd.
Naar mijn idee is juist door de invloed van de anticonceptie, en met name die van de pil, het grote verschil verdwenen tussen homoseksualiteit en heteroseksualiteit – vrijen uit lust en niet uit de behoefte tot voortplanting. Seksualiteit heeft daardoor ook in heteroseksuele relatievormen de kans gekregen steeds meer de functie te vervullen van een middel om lust te beleven en intimiteit en liefde tot uitdrukking te brengen. De homoseksuele mens is hiervan – misschien tegen wil en dank – de voorloper geweest. Maar voordat deze vrijheid en openheid een feit was, is er heel wat water naar de zee gestroomd. In de 20ste eeuw veranderde er het een en ander niet alleen in houding en zienswijze ten opzichte van seksualiteit in het algemeen (zie het eerste hoofdstuk), maar ook ten aanzien van de houding en zienswijze van de homoseksuele man en de lesbische vrouw. Elke oudere homo of lesbo kan uit eigen ervaring een verhaal vertellen dat het er vroeger heel anders aan toe ging dan nu.

De cultuur van stilzwijgen in de 20ste eeuw: liefde tussen homomannen

De oudere homo en lesbo hebben wat de homobeweging 'de cultuur van het stilzwijgen' noemt nog meegemaakt. Dit hield in dat het tot kort na de Tweede Wereldoorlog moeilijk was, zo niet onmogelijk, om informatie over homoseksualiteit te pakken te krijgen. Via de krant, de radio en later de televisie viel er niets te vernemen. De meeste bibliotheken verstrekten geen boeken over dit onderwerp. Dit had natuurlijk ook te maken met het sterke taboe dat op seksualiteit lag, maar uiteraard ook met de algemeen heersende visie op het verschijnsel homoseksualiteit. Contacten tussen homoseksuelen vonden in het diepste geheim plaats.

Tinus (68)
Niemand in het dorp wist dat ik op mannen viel. Alleen 'die ene'. Die kwam 's nachts naar me toe. Ik liet de achterdeur open. Dan bedreven we seks. En zonder met elkaar te praten verdween hij weer. Dat is overgegaan toen hij trouwde.

Naast stilzwijgen in de media en in het openbare leven, heerste dit zwijgen ook in de gezinssituaties van die tijd. Emotionele aangelegenheden waren niet of nauwelijks onderwerp van gesprek. Het was *not done* om over zichzelf en emoties te praten, laat staan over zoiets als (homo)seksualiteit. In het gunstigste geval kregen kinderen 'seksuele voorlichting', maar ook dat bleef veelal beperkt tot de uitleg over hoe mensen zich voortplantten. Het juk van de zwijgcultuur was zwaar en het duurde tot de eindjaren vijftig dat de eerste homoseksuelen zich eronderuit wisten te worstelen. Vanaf toen durfde men steeds meer naar buiten te treden, waardoor in de jaren zestig homoseksualiteit echt zichtbaar werd.

Het proces van *coming out* (uit de kast komen) eind jaren zestig en in de jaren zeventig

Willem (67)
Ik ben geboren in een dorpje in Gelderland. Ik wist al jong dat ik anders was dan de andere jongens. Mijn familie wilde dat ik als oudste zoon de zaak zou overnemen – we hadden een meubelzaak – maar gelukkig moest ik in militaire dienst. Ik werd ingedeeld bij de Geneeskundige Troepen, en kwam een andere jongen tegen die ook 'zo' was. Hij kwam uit het Westen en nam me eens een weekend mee naar zijn ouderlijk huis. Op de zaterdagavond bezochten we een homobar, en er ging een wereld voor me open.
Na militaire dienst ben ik niet teruggegaan naar mijn ouders, maar een opleiding als verpleegkundige gaan volgen. Dat paste meer bij mij en ik kon met andere homoseksuele mannen omgaan. Door deze keuze was ik als ik thuiskwam opgewassen tegen vragen als: 'Heb je nog geen meisje?', want ik heb 't het moeilijkste gevonden om mijn familie te vertellen dat ik 'homoseksueel' was. Ik had ze immers al teleurgesteld doordat ik de zaak niet over wilde nemen... Toen ik hen uiteindelijk durfde mede te delen dat ik niet op meisjes viel, was mijn vader woedend. Hij had het maar over 'de schande' die ik bracht over de familie. Het heeft jaren geduurd voor hij weer een beetje normaal tegen me kon praten... Mijn moeder zei vanaf het begin: 'Ik begrijp er niets van, maar je bent mijn zoon en dat blijf je.' Zij was een lief mens.

Willem is niet bezweken onder de druk van de familie. Hij was zo sterk om te kiezen voor iets heel anders dan zijn vader voor hem in petto had. En... hij gaf ook niet toe aan de maatschappelijke druk (en die van de familie) om te trouwen en kinderen te krijgen. Een druk waar vele oudere homoseksuelen wel aan hebben toegegeven.

Carina (58) en Joost (59, eenendertig jaar getrouwd, een zoon van 29)
Carina nam contact met mij op, nadat zij een videoband had ontdekt waarop pornografische handelingen van mannen met mannen waren te zien. Deze vondst bracht haar jarenlange frustratie over hun seksleven naar boven. Tijdens hun verkeringstijd ontplooide Joost weinig initiatieven op seksueel gebied, maar dat vond ze juist in hem te prijzen. Hij respecteerde haar, dacht ze. Na hun trouwdag veranderde dat echter nauwelijks. Als er seks plaatsvond, gebeurde dat op haar initiatief. Ze heeft zich als vrouw nooit begeerd gevoeld door hem en ze heeft hem ook regelmatig gevraagd of hij misschien iets voor mannen voelde. Omdat Joost dit ten stelligste ontkende, heeft zij zich er uiteindelijk bij neergelegd onder het motto: het zit er bij hem niet in. Maar nu ze die video heeft gevonden...

Een belangrijke doorbraak voor de relatievorming voor homoseksuelen was de houding van het weekblad *Vrij Nederland*. Als eerste nam dat advertenties op van homoseksuelen in de advertentierubriek 'Relaties', maar het duurde nog tot ver in de jaren tachtig voordat *NRC* en *Trouw* dit initiatief volgden. Mannen en vrouwen die eind jaren zeventig, of later, voor hun seksuele gerichtheid uitkwamen troffen dus een meer accepterende samenleving aan, waardoor voor hen relaties gemakkelijker konden worden gerealiseerd dan voorheen.

Leo (59)
Leo werd geboren als oudste van vier kinderen, in een gezin in Brabant. Hij heeft een broer en twee zussen. Toen hij klein was speelde hij liever vadertje en moedertje met zijn zusjes dan voetbal met zijn broer en hun vriendjes. Hij had vriendjes en vriendinnetjes genoeg, maar hij hing meer aan de vriendjes dan aan de vriendinnetjes. Zijn ouders noemden dat 'afhankelijk' en ze trachtten hem zelfstandiger te maken door hem naar een middelbare school te sturen in de stad, tien kilometer verwijderd van zijn geboorteplaats. Daardoor raakte hij zijn vriendjes kwijt. Er kwamen wel nieuwe, maar die contacten verliepen moeilijker. Masturbatie en de 'jongenspraatjes' over meisjes ontgingen hem volledig. Hoe kinderen werden geboren las hij in de encyclopedie uit de boekenkast van zijn ouders.
Op diezelfde middelbare school begon hij tijdens de gymnastieklessen gefascineerd te raken door de jongenslijven en hij ging gelegenheden opzoeken waar jongens nog minder kleren aan hadden. Dat vond hij bij de zandafgraving, waar de jeugd 's zomers ging zwemmen. Jongens trokken daar vaak hun zwembroek aan, aan de

rand van het water, waardoor er wel eens iets te zien viel. Hij besteedde vele vakantiedagen aan dit water op plekken waar bloot te genieten viel. Toch dacht hij er niet verder bij na. Toen de sekshormonen door zijn lichaam gierden was hij nog steeds zo groen als gras. In de 'natte dromen' die hij kreeg kwamen steeds blote jongens voor, maar contacten met hen ging hij uit de weg, omdat hij geen ervaringen over meisjes kon uitwisselen.

Op zijn zeventiende ontdekt hij de homoporno en door het lezen ervan raakte hij zo opgewonden dat hij over zijn piemel begon te wrijven en voor het eerst bewust klaarkwam. Door de ontdekking van masturbatie, door de kerk gezien als een gewoonte van slapjanussen en ziekelijke geesten, begon hij een innerlijke strijd van toegeven aan de lusten, en dan weer aan de kuisheid. Die strijd duurde tot hij er met zijn beste vriend over sprak. Die stelde hem gerust door te zeggen: 'Ik doe het ook.'

Vervolgens kreeg hij verkering met Noortje, een zorgzaam meisje, met mooie lange haren. Ze zat op de pedagogische academie en kon goed studeren. Hij wilde graag verkering en zij was verliefd op hem. Heel voorzichtig – het was tenslotte nog maar begin jaren zestig – begonnen ze te vrijen. Zij was enthousiaster dan hij, het bleef bij hem een puur fysieke aangelegenheid. Toen ze na verloop van tijd aandrong op geslachtsgemeenschap maakte hij het uit. Hij ging studeren in Amsterdam, vond een studentenflat, en hij zag relaties om zich heen ontstaan en sneuvelen. Zelf was hij aanhoudend verliefd, maar meer op jongens dan op meisjes en voorzichtig begon hij te denken: ben ik homo, of is het een fase die vanzelf wel weer overgaat? Hij maakte kennis met homostellen en begon ook te verlangen naar 'die ene'. Die kwam in de vorm van Edward, een vijf jaar jongere, blonde god. Hoewel hij een heel ander vak studeerde dan Leo en veel sportte brachten ze hun vrije tijd bijna altijd gezamenlijk door. Ze gingen samen op bezoek bij vrienden en familie, samen naar de soos, en ze voetbalden in hetzelfde team. Ze waren onafscheidelijk. Tot de roddels kwamen... Op een avond vertelde Edward dat hij in de sociëteit had gehoord dat iedereen dacht dat ze wat hadden samen en... dat wilde hij niet. Ze waren geen flikkers. Ze moesten maar wat meer afstand nemen van elkaar, dat leek hem beter.

Toen stortte Leo's wereld in. Hij begon te piekeren en kon er niet mee stoppen. Hij zakte voor een paar tentamens en hij liet zich inschrijven bij een relatiebureau. Het juiste meisje zou hem wel genezen, dacht hij. Maar elke gemaakte afspraak maakte hem wanhopiger... Hij kwam nauwelijks zijn bed nog uit toen een jongen in zijn flat, die er openlijk voor uitkwam dat hij homo was, hem aanraadde om met de studentenpsycholoog te gaan praten. Het duurde maanden voordat Leo zijn hoofd niet meer afwendde als er op straat een leuke jongen voorbijkwam. Toen begon hij ook langzamerhand verder om zich heen te kijken en hier en daar eens een praatje te maken met onbekenden. Ook ging hij uit in homobars. Daar ontmoette hij Erik. Vrijen met die jongen was thuiskomen... hij wist nu wat hij wilde! Erik was

HANNIE VAN RIJSINGEN

geen blijvertje, maar dat deerde Leo niet meer. Hij ontmoette meer jongens met wie hij lekker kon vrijen. De studie ging weer goed... Zijn huisgenoten, die zagen hoe hij veranderde, steunden hem.

In de weekenden bij zijn ouders was hij minder openhartig. Over de psycholoog zweeg hij als het graf, evenals over zijn homovriendjes. Tot Kerstmis 1970. Toen vertelde hij zijn moeder dat hij erachter was gekomen dat hij homoseksueel was. Haar reactie was kort en krachtig: 'Het verbaast me niks; wat je zus te veel heeft, heb jij te weinig.' Zijn zus was nogal jongensachtig.

Geleidelijk aan werden de broer en de zussen ingelicht, en die accepteerden het. Behalve de man van de getrouwde zus – als hij daar op bezoek kwam, stuurde die zijn zoon met een onduidelijke boodschap ver weg. Hij merkte ook dat andere mensen met opgroeiende zonen dat deden. Na verloop van tijd bleef hij maar weg bij die mensen.

Leo was 35 toen hij George ontmoette. Met die man ging hij samenwonen en dat doet hij nog. Ze hebben samen een leuk vriendennetwerk en worden ook wel eens verliefd op een ander. Met die ander hebben ze dan ook seks. Maar... daar blijft het bij. Ze hebben elkaar beloofd samen door het leven te gaan en daar houden ze zich aan. Seks met een ander zien ze meer als een nieuwe stimulans voor hun eigen relatie dan als een bedreiging. Het heeft wel veel energie en praten gekost, evenals afspraken erover maken. Maar het werkt... en ze zijn er tevreden over. Ze hebben het heel goed samen, zeggen ze.

Tina (58)

Ik ben de oudste van vijf kinderen. Mijn vader was huisarts in een Limburgs dorpje. Mijn moeder assisteerde in de praktijk. Wij hebben als kinderen leren zwijgen. We mochten niet praten over de dingen die we zagen als we de deur wel eens opendeden, of als we iets hoorden. Dat zat er dus al vroeg in.

Omdat er geen middelbare school was in de buurt moest ik naar kostschool. Ik vond het daar fijn. Veel meisjes kwamen met hun verdrietjes bij mij, en ik vond het heerlijk. Hoewel ik nog niet besefte dat ik op vrouwen viel, zorgde ik in de vierde klas wel dat ik op een driedaags schoolreisje in hetzelfde bed sliep als mijn lievelingsvriendin. Toen zij ook nog zei: 'Ik zou willen dat je een man was,' kon mijn vakantie niet meer kapot... dat was te gek natuurlijk.

Hoewel ik ook verliefd ben geweest op jongens, vond ik meisjes interessanter en toen ik 'geneeskunde' ging studeren, koos ik voor Amsterdam. Ver van huis, onder het juk van mijn vader vandaan. Hij was een dominante man, bij wie niemand iets had in te brengen, ook mijn moeder niet.

Verder besefte ik dat ik op vrouwen viel en om daar vorm aan te geven leek Amsterdam mij de meest geschikte stad. Maar toch wist ik niet hoe ik dat aan moest pakken. Ik durfde wel naar de kroegen en daar maakte ik uiteindelijk kennis met een jongen, een alcoholist, die me meenam naar een kroeg waar ook lesbiennes *kwamen. Die zagen er echter verschrikkelijk uit, zopen als een ketter en maakten ruzie op een manier waar de honden geen brood van lustten. Zo wil ik niet worden, dacht ik toen, en ik ging er niet meer heen. Maar mijn gevoelens voor vrouwen bleven... Daarna leerde ik de boeken van Andreas Burnier kennen. Een eye-opener! Toen zij in Amsterdam een lezing hield, zat ik dan ook op de eerste rij. Ik werd verschrikkelijk verliefd – op afstand – en zij werd mijn eerste rolmodel.*

Toch had ik nog steeds geen vriendin (gehad) toen ik aan mijn co-schappen begon. Daar werd mij gezegd dat ik een rok aan moest trekken, want door als vrouw een broek te dragen haalde ik de medische stand onderuit en dat was niet toegestaan. Dus ik had me aan te passen... of te verdwijnen. Na lang nadenken heb ik besloten om ze hun zin te geven en die rok maar te gaan dragen. Tenslotte wilde ik dokter worden.

In diezelfde tijd ben ik ook via Vrij Nederland aan contacten met andere lesbische vrouwen begonnen. Mijn eerste vriendin was een studente psychologie. Zij leefde vrij en blij met hasj en andere dingen, en als ik doodmoe van mijn co-schappen daar aankwam, begon het feest. Toen heb ik niet alleen het COC leren kennen, maar ook hasj en LSD. Achteraf gezien was het een behoorlijk gespleten wereld: mijn privé-leven en de wereld van de artsen. En dan heb ik het nog niet eens over: Hoe vertel ik het mijn ouders?

Toen maakte mijn oudste broer een meisje zwanger. In het geniep werd een bruiloft geregeld en de zwangerschap werd verzwegen voor de rest van de familie. Toen wij de avond van de bruiloft als gezin bij elkaar zaten en mijn vader begon te brallen over dat hij niet nog een keer met een dergelijk verdriet geconfronteerd wenste te worden, zag ik mijn kans schoon. Ik flapte eruit: 'Dan moet ik nog iets ergers vertellen: ik ben homoseksueel.'

Mijn vader slikte en zei toen: 'Dat kan wel zo zijn, maar je houdt het maar stil. Als iemand het te weten komt, houd ik je toelage in.'

Ik heb hem nooit beloofd dat ik het stil zou houden. Ik ben wel gaan praten met een vriend van een vriendin, die mij verzekerde dat, als mijn vader zou ophouden met mijn studie te betalen, er een weg bestond om geld te lenen. Dat sterkte me, dat gaf me vrijheid.

Ik ben afgestudeerd en heb ook mijn specialisatie in Amsterdam gedaan. Na die tijd ben ik in een streekziekenhuis gaan werken en voor het eerst gaan samenwonen met een vrouw. Die relatie stak ik niet onder stoelen of banken, omdat ik dacht: ze pikken het maar, ik ga niet langer verwrongen leven. Maar mijn leefstijl heeft nooit problemen gegeven, noch in de buurt waar ik woon, noch in het ziekenhuis waar ik werk. Op de personeelsfeestjes kwam ik met mijn vriendin en iedereen accepteerde het. Momenteel zit mijn relatie in een crisis, want ik heb een paar keer seks gehad met een andere vrouw. Mijn vriendin is erachter gekomen... en is – tijdelijk, hoop ik – uitgehuisd. Ik wil er alles aan doen dat ze weer terugkomt. Alles.

Over de seksualiteit van vrouwen moet ik nog opmerken dat die in de 19de eeuw voor de publieke opinie niet of nauwelijks bestond. Daarom was er ook geen sprake van een lesbische seksualiteit. In de literatuur is deze visie terug te vinden, want men schreef op het einde van de 19de eeuw en in het begin van de 20ste eeuw (tot 1940) over de liefde tussen vrouwen op verschillende manieren.

- Er werden vrouwen beschreven die een seksuele verhouding met elkaar kenden – vanuit een bewuste keuze – die vóór, naast of na een seksuele relatie met mannen bestond. De vrouwen waren gelijkwaardig aan elkaar en gedroegen zich vrouwelijk, waardoor ze niet waren te onderscheiden van andere vrouwen. Ze waren dus ook voor mannen aantrekkelijk.

In feite is dit het biseksuele fenomeen, ware het niet dat dit soort liefde alleen door mannen is beschreven en niet door vrouwen zelf. Je moet je dan ook afvragen of hun waarnemingen berustten op hetgeen ze werkelijk zagen of op iets wat die mannen erg graag wensten te zien.

- In diezelfde periode werden ook meisjesverliefdheden beschreven, die gericht waren op medeleerlingen en leraressen. Maar... in alle gevallen gingen die verliefdheden voorbij als de meisjes zich meer op jongens gingen richten.
- In de jaren twintig kwam er een kentering. De onderlinge verliefdheden bij meisjes waren niet meer zo onschuldig. De beschrijvingen kregen een seksuele kleur en werden daardoor verdacht, ziekelijk, verboden of schuldbeladen.
- In de jaren dertig werden de verliefdheden van vrouwen op elkaar al 'de andersgeaardheid' genoemd. Vanaf die tijd werd de seksuele liefde van vrouwen voor vrouwen jarenlang beschreven als een aangeboren en ziekelijke neiging.

Ook de wetenschappelijke of voorlichtingsliteratuur die toentertijd over de damesliefde werd geschreven had die teneur. In het in dit hoofdstuk eerder genoemde boek *Het sexueele vraagstuk* schrijft professor Forel in 1930 over de liefde tussen vrouwen:

De vrouwelijke homo-sexueele liefde is volstrekt geen zeldzaamheid doch treedt in mindere mate en minder vaak openlijk op dan de overeenkomstige mannelijke abnormaliteit. Men noemt de vrouwelijke homo-sexualiteit amor lesbicus of saphisme. Vrouwelijke homo-sexueelen heeten tribaden. Zij zijn in de geschiedenis maar ook in de steden bekend en bevredigen haar drift door wederzijdse onanie, in het bijzonder evenwel door wederzijdsche cunninglingus. De beslist vrouwelijke homosexueel kleedt zich gaarne als man, voelt zich ook man tegenover andere vrouwen. Zulke vrouwen knippen heur haar kort, rijden en beoefenen in het algemeen het liefst mannelijke beroepen. Zij zijn niet zelden sexueel kolossaal opgewekt en worden zuiver vrouwelijke Don Juans. Ik heb eenige dergelijke gevallen gekend, die wa-

re orgieën vierden en een heele reeks normale meisjes verleidden, resp. tot haar ge-
liefden of vrouwen maakten. Evenals bij de mannen treedt ook hier de behoefte aan
verloving, huwelijk, eeuwige trouw op. Heimelijke, zelfs openbare verlovingsfeesten
(de laatste vooral, als de vrouw zich voor een man uitgeeft en zich als zodanig ver-
kleedt, of zonder zulk een vermomming, maar met gebruikmaking van geheime,
alleen aan de deelnemers bekende symbolen), worden gevierd, ringen gewisseld enz.

De algemeen heersende pathologische en afwijzende visie werkte in de hand
dat veel lesbische vrouwen niet openlijk voor hun seksuele gerichtheid uitkwamen. Om afwijzing en uitsluiting te voorkomen, maakten zij gebruik van on-
zichtbaarheid (Schuyf 1996).
Anneliese, een lesbische vrouw, vertelt in het tijdschrift *Sek* uit 1984 haar verhaal. Zij was geboren in 1898 en een exponent voor de lesbienne uit die tijd.

Anneliese (86)
Ik wist het eigenlijk al op de lagere school. Ik heb altijd een meisje gehad dat ik het
liefste vond. Ik speelde wel met jongens, maar die zag ik meer als kameraden. Met
vriendinnen besprak ik of mijn gevoelens normaal waren. Die wisten het ook niet.
Dus legde ik de vraag voor aan mijn leraar plantenkunde, maar die begon over
zichzelf te vertellen dus dat bracht me geen stap verder. Uiteindelijk ontdekte een
meisje in een leerboek van haar broer, die medicijnen studeerde, dat dergelijke ge-
voelens wel degelijk bestonden, en dat stelde me gerust.
Later kreeg ik een vriendin en ging samenwonen. Het eigenaardige was dat we
naar buiten toe nooit iets gezegd hebben, ook niet tegen onze intiemste vrienden.
En ik weet tot op de dag van vandaag nog niet, of ze er ooit aan gedacht hebben dat
wij iets seksueels hadden met elkaar. Ik denk het niet; ik denk het dorp waar wij
woonden ook niet. Wij waren twee nogal op de voorgrond tredende figuren, met wie
men zoiets totaal niet combineerde, want in het hoofd van de mensen zit het idee
dat lesbisch lelijk en vies is. Begrippen die op ons niet van toepassing waren. Wij
waren hele normale vrouwen eigenlijk.

In de jaren tachtig was Anneliese dus een oude vrouw. Maar ook de lesbische
vrouwen na haar, die nu oud zijn, stammen nog uit de generatie die weinig of
geen openheid over de seksualiteit en seksuele gerichtheid heeft meegemaakt.
Daarom is het voor de meeste vrouwen uit die generatie een tweede natuur geworden om deze gevoelens te verstoppen. De enkelingen die in die tijd wel voor
een openlijk lesbisch bestaan hadden gekozen, bewogen zich vaak in een klein
circuit, waardoor op latere leeftijd – als de vriendinnenkring uitdunt of zelfs
wegvalt – een sociaal isolement kan ontstaan, gepaard aan eenzaamheid, depressies en/of gestagneerde rouwprocessen (zie hoofdstuk 8).
Over hoeveel lesbische vrouwen we in feite spreken is echter moeilijk te zeggen.

HANNIE VAN RIJSINGEN

Schuyf (1996) zegt hierover: 'Omdat ze onzichtbaar zijn, is het onduidelijk hoe groot de groep oudere lesbische vrouwen is. Er zijn hooguit een paar schattingen te maken. Wanneer ongeveer 4% van de bevolking overwegend lesbische gevoelens zou kennen, dan zijn er op dit moment tachtigduizend vrouwen boven de 55 jaar die tot deze groep gerekend zouden kunnen worden. Ongeveer de helft van die groep is ooit getrouwd geweest of is wellicht nog steeds getrouwd. Wellicht heeft de overgrote meerderheid van hen kinderen en waarschijnlijk wonen iets meer oudere lesbische vrouwen in de grote stad dan op het platteland. Dat zou betekenen dat er in de stad ongeveer drie tot vier lesbiennes per vierkante kilometer wonen, terwijl op het platteland er minder dan één per vierkante kilometer zal worden aangetroffen.'

Er zijn in Nederland 88.000 mannen en vrouwen ouder dan 65 jaar met homo- en lesbische gevoelens (en een even grote groep 55–64-jarigen). Omdat er meer oudere vrouwen dan oudere mannen zijn, zal de groep oudere lesbische vrouwen ook groter zijn dan de groep oudere homomannen. Gemiddeld wonen er in Nederland per km2 vijf homoseksuele ouderen boven 55 jaar, de meesten in de steden van de Randstad. Elders is de homodichtheid aanzienlijk kleiner. (Bron: www.homo-emancipatie.nl/ouderen.)

(Seksuele) relaties van oudere homoseksuele mannen en lesbische vrouwen

Homoseksuele mannen besteden over het algemeen veel aandacht aan hun uiterlijk, omdat jong en strak in het vel zitten de belangrijkste homonorm is. Oud en rimpelig worden is een schrikbeeld voor veel homomannen, een reden om veel tijd door te brengen in fitnessruimten. Ouder worden is dan ook voor velen een schrikbeeld dat veel onlustgevoelens veroorzaakt die vaak te lijf worden gegaan met overmatig alcohol- of medicijngebruik. Vooral homomannen die niet op leeftijdgenoten vallen hebben het er moeilijk mee. Als iemand geen vaste partner heeft, is het niet alleen lastig om op oudere leeftijd nog een leuke levensgezel te vinden, maar het wordt ook steeds lastiger om sekspartners te vinden. Sommige oudere homomannen maken dan ook wel gebruik van zich prostituerende jongemannen.

Het onderzoek 'Gevoelsgenoten van zekere leeftijd' van Judith Schuyf geeft aan dat veel oudere homoseksuelen geen vaste relatie hebben, maar dat wel graag zouden willen. Het motief is niet zozeer het seksuele aspect – hoewel dat voor hen wel een prettige bijkomstigheid zou zijn – maar veel meer het gevoel om bij iemand te horen. Oudere homo's hebben ook vaak een gebrek aan contacten doordat ze geen netwerk onder homoseksuelen hebben opgebouwd. Vooral diegenen die zich niet thuisvoelden in het uitgaansleven of bij de sociale activiteiten van bijvoorbeeld het COC (Cultureel Ontspanningscentrum) kunnen nogal geïsoleerd komen te staan. Daarom zijn er in het afgelopen decennium tal van platforms en clubs in het leven geroepen waarin oudere homo's en lesbiennes elkaar kunnen ontmoeten. Eet- en wandelgroepen blijken in staat voor een aantal onder hen het isolement te doorbreken.

Vrouwen die vlak na de Tweede Wereldoorlog opgroeiden, en van wie nog een aantal voorop hebben gelopen in de emancipatiestrijd van de jaren zestig en zeventig, hechten nog sterk aan contacten met andere lesbische vrouwen. Speciaal om die reden is in 1994 een vijftigplusgroep opgericht, want uit (bescheiden) onderzoek was namelijk gebleken dat contact maken met leeftijdgenoten soms moeizaam verliep, terwijl er wel een sterke behoefte aan bestond.

Josee Rothuizen, coördinator ouderenbeleid van de Schorer Stichting zegt over oudere homoseksuele mensen: 'Ouderen, en ik spreek nu over de vooroorlogse generatie, hebben een strikte scheiding gemaakt tussen privé-leven en maatschappelijk leven. Die groep is dus in werk en verenigingsleven niet voor hun geaardheid uitgekomen, een houding die niet voor iedereen even gemakkelijk maar wel als overlevingsstrategie een gewoonte is geworden. Voor de meeste homo's blijkt dat geen problemen op te leveren zolang ze maatschappelijk functioneren. Maar als het dagelijkse patroon zich wijzigt omdat het werk verdwijnt door het bereiken van de pensioengerechtigde leeftijd, verandert er zoveel voor die mensen dat ze er steeds minder goed mee uit de voeten kunnen. Als er dan ook nog dierbaren uit hun naaste omgeving overlijden, ligt vaak het isolement op de loer. Zeker als de mobiliteit afneemt. En hoe afhankelijker iemand wordt van de zorg van anderen, hoe noodzakelijker het is om iets te vertellen over de achtergronden van zijn of haar leven.'

En dat laatste is soms nodig. Want hoewel ook uit onderzoeken blijkt dat het klimaat ten aanzien van homoseksualiteit in de laatste helft van de vorige eeuw duidelijk toleranter is geworden – cijfers geven aan dat in 1968 nog maar 56% (in de grote steden 71%) van de Nederlanders vond dat homoseksuelen vrij moesten worden gelaten, terwijl in 1993 al door 95% (in de grote steden 97%) van de Nederlanders deze zienswijze werd aangehangen (Sociaal Cultureel Planbureau) – wordt een homoseksuele levenswijze niet vaak in verband gebracht met vijftigplussers. Misschien omdat seksualiteit überhaupt te weinig in verband wordt gebracht met ouderen?

Dat kan een reden zijn, maar waarschijnlijk speelt een even grote rol dat de oudere homoseksuele mannen – velen werkten immers in een heterocircuit – hun geaardheid voor de buitenwereld geheim hielden en houden, en dat vrouwen uit deze leeftijdsgroep zich ook niet zo snel lesbisch zullen noemen, omdat ze denken dan ook naar buiten te moeten treden als lesbienne.

Hoe het ook zij, het is goed dat we op de dag van vandaag niet meer zomaar ervan uitgaan dat iemand heteroseksueel georiënteerd is en een dienovereenkomstige leefstijl heeft. Laten we in ons denken en in ons tegemoettreden van mensen de mogelijkheid openhouden dat iemand, ook een ouder iemand, homoseksueel of lesbisch kan zijn.

Seksualiteit bij homomannen en lesbische vrouwen

Er is een groot verschil tussen de seksualiteit bij een mannelijk homopaar en de seksualiteit bij een lesbisch stel. Bij mannelijke homoseksuele paren komen vaker 'open relaties' voor (zie hoofdstuk 2) dan bij hetero- en lesbische koppels. Ook komen homomannen over het algemeen openlijker voor hun lustgevoelens uit; sadomasochisme en leerfetisjisme werden ook het eerst aangetroffen in homokringen. Ondanks hun geëxperimenteer en hun 'open relaties' staan de homomannen erom bekend dat ze over het algemeen langere relaties hebben dan vele hetero- of lesbische koppels – misschien juist door de seksuele vrijheid die de partners elkaar gunnen?

Van lesbische relaties is uit onderzoek bekend dat in een kwart tot de helft er ten minste één seksueel contact 'buiten de deur' heeft plaatsgevonden. Bij homoseksuele mannen loopt dit percentage op tot zo'n negentig procent (Rademaker 1996). Oudere lesbische vrouwen zijn over het algemeen – zoals de meeste (lesbische) vrouwen – serieel monogaam ingesteld. Een instelling die, in veel gevallen waar seks buiten de deur plaatsvindt, bijdraagt tot een crisis waarin ernstige vraagtekens worden gezet bij de fundamenten van de relatie. Niet zelden is overspel van een van de partners een reden of de aanleiding – juist zoals de seksuele ontrouw van de man in een heterorelatie – om de relatie te verbreken of minimaal op losse schroeven te zetten.

Wilma (54) en Ariane (46, twaalf jaar bij elkaar, geen kinderen)
Wilma werkt als hoofd van de huishoudelijke afdeling in een verpleegtehuis en is sinds een half jaar verliefd op een vrouw op haar werk. Het is onschuldig begonnen: samen naar jazzballet, daarna nog wat gaan drinken, leuke gesprekken, elkaar meer opzoeken op het werk. Op een gegeven moment is Wilma met die vrouw naar haar huis gegaan en hebben ze samen gevrijd. Een hemelse ervaring. Het gebeurde vaker. Thuis werd Wilma verstrooid, onattent, in die mate dat het Ariane begon op te vallen. 'Is er iets?' vroeg ze aanhoudend.
Onder de druk van de vragen van Ariane en haar eigen schuldgevoel vertelde Wilma op een gegeven moment dat zij verliefd was op een andere vrouw.
De wereld stortte in voor Ariane. Haar hele toekomstperspectief viel in duigen. Ze moest alles weten en bleef Wilma elke minuut dat ze in elkaars nabijheid waren bestoken met vragen en opmerkingen. Ze sliepen nauwelijks meer en ten einde raad

is Wilma het huis uit gevlucht... uiteraard naar de verliefde vriendin.
Dat was de druppel die bij Ariane de emmer deed overlopen. Ze veranderde onmid-
dellijk de sloten van de voor- en de achterdeur. Toen Wilma terugkwam kon ze er
niet in. Ze belde aan, Ariane deed open, duwde haar een brief in de handen en
gooide de deur voor haar neus dicht.
In de brief stond dat Ariane hun verhouding als beëindigd beschouwde, en dat er
niet meer over te praten viel.
Wilma kon niet meer genieten van haar nieuwe liefde. Ze werd somber en haar nieu-
we vriendin – die veel succes had bij de vrouwen – zocht haar heil bij iemand anders.
Geïsoleerd van de vriendinnen die Ariane en zij samen hadden – want die hadden
voor Ariane gekozen en lieten haar links liggen – raakte Wilma in een depressie.
Het kostte haar een jaar therapie om haar leven weer op de rails te krijgen. En
Ariane? Ze groeten elkaar als ze elkaar toevallig tegenkomen, maar dat is ook alles.

Het krijgen van een homoseksuele relatie na vijftigplus

Is dat nog mogelijk, zul je je misschien afvragen. Maar al in hoofdstuk 2 werd
uiteengezet dat de seksuele gerichtheid in de loop van een mensenleven kan
veranderen of wisselen. Doorgaans houdt iemand daar in zijn of haar leven
geen rekening mee en kunnen alleen sterke prikkels van buitenaf iemand op
het spoor zetten van de eigen sekse, bijvoorbeeld een heftige verliefdheid die
niet is weg te drukken. Onderzoek door dr. Ellen Laan e.a. (1995) naar situaties
die door vrouwen en mannen als 'opwindend' werden ervaren, leverde zeer interessante gegevens op. Het voorschotelen van heterosituaties aan lesbische
vrouwen en aan heterovrouwen veroorzaakte bij beide categorieën dezelfde seksuele opwinding. Maar... het voorschotelen van lesbische situaties aan dezelfde
vrouwen veroorzaakten eveneens bij beiden categorieën dezelfde seksuele opwinding. Dus of vrouwen nu hetero of lesbisch georiënteerd zijn, hun lichaam
registreert dezelfde lichamelijke opwinding bij hetero en lesbische pornografische voorstellingen. Dat had men niet verwacht. Bij mannen is dit niet het geval. Heteromannen werden absoluut niet opgewonden van het zien van vrijen-
de homo's, terwijl homoseksuele mannen nauwelijks opgewonden werden van
heteroporno, maar daarentegen wel uitermate opgewonden van homoporno.
Hieruit mogen we echter niet concluderen dat heterovrouwen even gemakkelijk
met een vrouw kunnen vrijen als met een man of, als vrouwen op vrouwen vallen, even gemakkelijk met een man zouden kunnen vrijen als met een vrouw.
Lichamelijk misschien wel, gezien hun lichamelijke reacties op pornografische
foto's en filmfragmenten, maar – zoals al meermalen is gezegd – het gaat erom
wat de persoon in kwestie bij dit vrijen beleeft, welke betekenis hij of zij eraan
geeft. Echter, onder invloed van bepaalde omstandigheden kan voor iemand de
beleving van een situatie veranderen, en het aangehaalde onderzoek illustreert

dat het lichaam van vrouwen geen onderscheid maakt in het toelaten van seksuele opwinding. Voor het lichaam is bij een vrouw meer mogelijk dan uitsluitend de heteroseksuele omgangsvorm, maar of haar geest dit ook toelaat is natuurlijk een heel ander verhaal. Met deze gegevens in het hoofd valt misschien in overweging te nemen dat er in het leven meer opties zijn dan de ene: de heteroseksuele die een heel leven lang meegaat. Als iemand die visie kan onderschrijven, opent dat wellicht perspectieven voor meer mogelijkheden en minder eenzaamheid.

Terwijl ik dit opschrijf moet ik opnieuw denken aan Woody Allen. Die schijnt eens gezegd te hebben: 'Als elke man en vrouw zichzelf zou toestaan ook eens te denken aan seks met iemand van het eigen geslacht, zouden er veel minder mensen eenzaam zijn op de zaterdagavond.'
Ook al zou het voor sommige mensen een optie kunnen zijn om een intieme relatie te krijgen met iemand van het eigen geslacht, verandering van een heteroseksuele leefstijl naar een homoseksuele leefstijl brengt naast het moeten wennen aan een nieuwe partner (zie hoofdstuk 8) ook met zich mee het wennen aan het leven met een medeman of een medevrouw: de partner is doordat hij of zij van hetzelfde geslacht is onderhevig geweest aan dezelfde culturele opvoedingspatronen. Dat kan naast de voordelen die het geeft, ook wel nadelen met zich meebrengen.

De rol van seksualiteit bij oudere homomannen en lesbische vrouwen

Veel oudere vrouwen, zowel hetero als homo, hebben moeite met initiatief nemen in de seksualiteit. In een heteroseksuele relatie leidt dit misschien niet tot moeilijkheden omdat de man wel genegen is initiatief te nemen, maar in een relatie tussen twee vrouwen kan het aardig wat problemen opleveren. Initiatief nemen wordt namelijk onder oudere lesbische vrouwen nog steeds als mannelijk gedrag gezien en afgekeurd, terwijl het verlangen naar initiatief wel aanwezig is.

Mia (68) en Loes (63)
Mia en Loes hebben sinds vier jaar een relatie. Voor ieder van hen is dit de eerste relatie met een vrouw. Mia had tot acht jaar geleden een traditioneel huwelijk, waarin zij de rol van huisvrouw perfect vervulde en praktisch al haar energie stak in het gezin en de ondersteuning van haar man, die een drukke baan had. Uit dat huwelijk heeft zij twee kinderen, die 40 en 38 jaar oud zijn. Acht jaar geleden is haar echtgenoot overleden en na een rouwperiode besloot Mia nog wat van haar leven te maken. Ze ging theologie studeren, iets wat ze altijd al had willen doen, en haalde contacten aan die op een laag pitje stonden. Ook maakte ze regelmatig reisjes.

Loes had nooit eerder een relatie. Zij werkt als bioloog op de universiteit en is ouderling in de hervormde kerk. Over een paar jaar wil ze stoppen met werken en meer tijd steken in de kerk waarin ze van jongs af aan actief is geweest. Ze vindt het werk niet alleen zeer bevredigend, maar heeft er ook veel leuke contacten. Ze zit bijvoorbeeld met andere feministische vrouwen in een oecumenische gespreksgroep.

Mia en Loes wonen sinds vier jaar bij elkaar. De kinderen van Mia hadden aanvankelijk moeite met de partnerkeuze van hun moeder, maar na verloop van tijd legden zij zich erbij neer en ontstond er een goed contact tussen hen allen.

Via de kerk hebben de vrouwen elkaar ontmoet. Ze voelden zich meteen aangetrokken tot elkaar. Eerst bestond het contact voornamelijk uit praten, maar toen ze ook meer met elkaar gingen doen werd hun vriendschap een relatie waar Loes zich binnen het kerkgenootschap ongemakkelijk over voelt. Ze weten er wel van, want het is een progressieve kerk, maar Loes wil dat soort dingen liever zoveel mogelijk privé houden. Mia is daar heel anders in. Ze is erg open en zou het liefste van de daken schreeuwen hoe blij ze is met de relatie en hoe gelukkig ze met elkaar zijn. Dit verschil tussen hen is af en toe wel lastig, maar ze respecteren elkaar en elkaars standpunten. Ze praten veel met elkaar, over wat hen allebei bezighoudt, en ze praten ook altijd alles uit. Dit praten duurt soms tot diep in de nacht, alleen over seksualiteit wordt niet gesproken.

Loes en Mia komen bij mij op advies van hun huisarts, omdat zij problemen hebben met seksualiteit. Dat vinden ze allebei heel erg, want ze houden veel van elkaar. Ze knuffelen graag en zijn ook lichamelijk graag dicht bij elkaar. Maar... als echte kinderen van hun tijd vinden ze het moeilijk om over hun seksleven te praten.

In het contact met mij wordt duidelijk dat ze er allebei last van hebben nooit eerder met een vrouw te hebben gevrijd. Ze weten ieder voor zich niet goed hoe het aan te pakken en denken dat de ander het wel zal weten. Mia verkeert in de veronderstelling dat Loes alles weet over seksualiteit omdat ze altijd veel met vrouwen heeft opgetrokken. Loes, op haar beurt, denkt dat Mia wel op de hoogte zal zijn; zij is toch degene die jarenlang een seksuele relatie heeft gehad – weliswaar met een man, maar daar moet ze van geleerd hebben wat ze lekker vindt. Bovendien gaan beiden ervan uit dat de ander zonder meer aanvoelt wat de partner graag wil en prettig vindt (een valkuil in lesbische relaties).

Ze hebben allebei veel verdriet over hoe het er in bed aan toegaat, maar dit wordt pas in mijn spreekkamer duidelijk, onder veel tranen.

Op mijn vragen vertellen ze dat ze niet kunnen klaarkomen en dat hun vrijpartijen lang duren. Iets wat op zich niet erg is, maar degene die onder ligt krijgt er wel erge pijn van in haar rug.

'Wat doen jullie dan precies?' vraag ik.

Beschroomd komt er dan uit dat ze, alleen als het volledig donker is in de kamer, op elkaar gaan liggen en hun onderbuiken tegen elkaar aan wrijven, onderwijl zoenend en een beetje strelend. Op die manier hopen ze klaar te komen.

Bij veel vrouwen verdwijnt in de loop van hun leven de seksualiteit naar de achtergrond. In lesbische relaties wordt dit verschijnsel 'beddendood' genoemd (Loulan 1984). Hieronder wordt verstaan dat de vrijfrequentie en de andere manieren om uiting te geven aan seksualiteit en erotiek binnen de relatie in de loop van de tijd sterk vermindert of zelfs helemaal verdwijnt. Dit betekent niet dat de lust niet meer aanwezig is, maar er is geen erotisch contact meer met de partner. Samen erover praten gebeurt net zo zelden als bij heteroparen waarbij de seksualiteit op een laag pitje staat. Praten over de eigen seksuele gevoelens was vroeger moeilijk, is nu nog moeilijk, en blijkt moeilijk te blijven. Als reden tot weinig seks in lesbische relaties wordt aangevoerd dat vrouwen over het algemeen meer gericht zijn op het welbevinden van de ander dan van zichzelf, waardoor ze in een intieme relatie niet voldoende voor zichzelf opkomen en confrontaties en conflicten uit de weg gaan (datzelfde geldt natuurlijk voor vrouwen in heterorelaties).

Het is mijn ervaring dat vrouwenstellen er vaak pas als een van de twee vreemd is gegaan achter komen dat het niet hebben van seks een probleem is. Het lijkt dan wel of de schellen hun van de ogen vallen. Overspel doet vaak de fundamenten van een relatie dermate schudden, dat de totale relatie moet worden herzien – dus ook de seksuele relatie. Vaak blijken er dan al langer onderhuidse irritaties te bestaan die nooit of veel te weinig zijn uitgesproken. Vrouwen zijn niet alleen bang om van de ander te verschillen, maar hebben vaak ook meer moeite dan mannen met het uiten van boosheid. Geen boosheid (mogen) voelen is bij vrouwen vaak een reden om seksuele gevoelens te negeren of weg te stoppen (Van Rijsingen 2002).

Mannen worden daarentegen meer opgevoed tot individuen. Ze leren meer om vanuit zichzelf in de wereld te staan, meer 'gezond' egoïstisch te zijn. Daar hangt echter ook een prijskaartje aan. Mannen hebben door de bank genomen meer problemen met emotioneel intiem zijn met een ander, wat mijns inziens vaak een reden is dat twee mannen die samen een relatie hebben, problemen krijgen.

Overigens wil ik nog eens benadrukken dat seks in een relatie niet per se noodzakelijk is. Het gaat erom wat de partners er zelf van vinden, of zij ermee tevreden zijn. Homoseksuele mannen kunnen tevreden zijn over de relatie met elkaar, ook over hun intimiteit, terwijl seks buiten de deur plaatsvindt. Lesbische koppels zeggen vaak genoeg te hebben aan knuffelen en het samen kunnen genieten van de intieme momenten die ze wel met elkaar hebben. Soms is dat ook overeenkomstig de werkelijkheid, maar lang niet altijd. Als ik doorvraag, stuit ik zowel bij heteroparen als bij homostellen die mij consulteren wegens relatieproblemen, op het feit dat het niet hebben van seks hun meer dwarszit dan ze aanvankelijk dachten.

Literatuur:

Karin A.P. de Bruin en Mike Balkema (red.), *Liever vrouwen*. Schorerboeken, Amsterdam 2001
J. Schippers, *Voorkeur voor mannen*. Sdu/Schorerstichting, Den Haag 1989
Judith Schuyf en Jan Griffioen, *Gevoelsgenoten van zekere leeftijd*. Schorerboeken, Amsterdam 1997
Video: 'Als handen spreken', ouderen en liefde. Van Hemert Video (tel./fax 050-5278006), een band met vijf interviews met ouderen in verschillende situaties (alleenstaanden, homo- en heteroparen) over liefde en seksualiteit. De geïnterviewden zijn gefilmd in hun dagelijkse (liefdes)leven.
Voor België: De roze rimpel, p/a Steenbokstraat 15, 2018 Antwerpen, België
Website: www.derozerimpel.be
Voor Nederland: COC, Nederlandse Vereniging tot Integratie van Homoseksualiteit; landelijk kantoor: Postbus 3836, 1001 AP Amsterdam; bezoekadres: Rozenstraat 8, 1016 NX Amsterdam; website: www.coc.nl (op deze site vind je adressen van alle 25 afdelingen, dus ook van een afdeling bij jou in de buurt)
Schorerstichting, Postbus 15830, 1001 NH Amsterdam; website: www.schorer.nl
Specifieke gegevens voor ouderen zijn voorts te vinden op:
www.homo- emancipatie.nl/ouderen, www.gaysite.nl
Een site voor algemene informatie over homoseksualiteit is ten slotte: www.homo-emancipatie.nl

Samenvatting en vooruitblik

In dit hoofdstuk is homoseksualiteit onder de loep genomen. Er werd gekeken naar cultuur, wetgeving en houding door de eeuwen heen ten aanzien van dit onderwerp, waarbij langer werd stilgestaan bij de tweede helft van de 20ste eeuw, omdat deze periode voor vijftigplussers het belangrijkst was. Ook is gesproken over 'de cultuur van stilzwijgen' van voor en kort na de Tweede Wereldoorlog, en over de eerste 'coming outs' in de jaren zestig en zeventig. Vervolgens is aandacht besteed aan de lesbische liefde omdat het seksuele aspect daarin, in het verlengde van het ontkennen van de vrouwelijke seksualiteit, eveneens werd ontkend of niet gezien. Verder is gesproken over het krijgen van een homoseksuele relatie na de vijftigplusleeftijd, met als slot een korte bespreking van de seksualiteitsbeleving van oudere homoseksuele mannen en oudere lesbische vrouwen en de verschillen daartussen.
In het volgende hoofdstuk zal nader worden ingegaan op de lichamelijke gevolgen van het ouder worden voor mannen en vrouwen.

Hoofdstuk 5

SEKSUALITEIT EN OUDER WORDEN

'Tja.' De gynaecoloog schudde zorgelijk zijn hoofd.
''t Moet toch gebeuren.'
Hanna lag wijdbeens en hoorde het vonnis aan.
'Hoe lang... ik bedoel, hoeveel tijd gaat me dat kosten?'
'U mag wel van de stoel afkomen.' De gynaecoloog stroopte zijn rubberhandschoe-
nen af boven de wasbak. 'U moet rekenen op een volle week in het ziekenhuis.* En
dan moet u zes weken absoluut heel rustig aan doen. Niet tillen, geen zware bood-
schappentassen dragen, anders krijgt u gegarandeerd narigheid.'
Hanna liet zich van de onderzoekstoel glijden en liep op blote voeten naar het ka-
merscherm waarachter haar kleren lagen. Ze voelde haar baarmoeder, dat kreng
dat steeds bezig was uit haar te zakken, weer naar beneden ploppen.
'Enne... gymnastiek?'
Terwijl ze haar ondergoed en panty weer aantrok, probeerde ze nog alternatieven
voor die ellendige operatie te opperen.
'Te laat. De boel is dermate uitgerekt, daar helpt geen gymnastiek meer. Nee... een
operatie. Dan bent u definitief van alle ellende af.'
'Dan zal ik eens kijken hoe ik het met mijn werk kan regelen.'
Een beetje treurig pakte Hanna haar tas.
'Eh... mevrouw Hiemstra, u heeft geen last van incontinentie?'
'Absoluut niet.' Hanna voelde vijandige gevoelens opkomen. Een verzakkende baar-
moeder, oké, dat was één ding. Maar met haar sluitspieren was helemaal niks mis.
Ze hoorde nog de stem van haar ex-echtgenoot: 'Wat kun jij toch lekker knijpen!'
Nu ja, de laatste tien jaar was er weinig meer te knijpen geweest. Maar ze oefende
wel eens. Je wist per slot van rekening niet wat er nog eens langs zou komen.
'Bij de assistente kunt u een afspraak maken voor de volgende controle.'
De gynaecoloog stak zijn hand toe. Die hand, dacht Hanna, die de hele dag in
baarmoeders en vagina's rommelt, die wroet en tast en woelt in de onderkant van
je lijf waar je zelf nauwelijks of geen zicht op hebt. Die hand heeft macht. Die hand
wil straks mijn goeie ouwe baarmoeder slachten!
'Wanneer u een besluit hebt genomen, laat het mij dan bijtijds weten. Dan kan ik
er rekening mee houden met mijn planning.'
Hoewel ze van binnen steeds meer opstand voelde, knikte Hanna dociel.
'Tot ziens, mevrouw Hiemstra.'
(Marjan Berk, *Toen de wereld jong was*)

---

* Inmiddels is de opnametijd voor een dergelijke operatie teruggedrongen naar een paar dagen – HvR.

Door het ouder worden kunnen zich lichamelijke veranderingen voordoen die niet altijd even aangenaam zijn. Er kan overgewicht ontstaan en er kunnen kwalen en kwaaltjes de kop opsteken die bewegingsbeperkingen en fysieke pijn veroorzaken. Hoewel dit alles natuurlijk niet prettig is kan de ernst ervan wel eens worden overdreven. We kennen allemaal mannen en vrouwen die met hun kwalen de wanhoop nabij zijn, terwijl anderen dezelfde soort ellende met gemak schijnen te dragen. Hun houding bevestigt de zienswijze dat de kwaliteit van leven – ook voor de omgeving – wordt bepaald door hoe iemand omgaat met de dingen die hij/zij ontmoet in het leven, en dat geldt ook voor fysieke problemen. Hetzelfde gaat op voor veranderingen in het seksueel functioneren die te maken hebben met veroudering of met een medische aandoening. De houding of de mentaliteit, tezamen met de vaardigheden om met problemen om te gaan, bepalen of er seksuele problemen kunnen worden voorkomen of in de hand worden gewerkt. Lichamelijke veranderingen, aandoeningen en ziekten vereisen aanpassingen. Die geven mensen onzekerheid en veroorzaken visioenen over wat er allemaal mis kan gaan. Dit wordt ook wel anticipatieangst genoemd. Deze angst kan er de oorzaak van zijn dat lichamelijkheid en seks worden vermeden.

Lidwien (42), getrouwd met Antoon (46), twee kinderen van 18 en 16 jaar
Lidwien consulteerde mij zonder echtgenoot. Ze kreeg de laatste jaren steeds meer last van reuma. Ze heeft vrij veel pijn, ook met lopen, en de huishoudelijke taken gaan haar steeds moeilijker af. Seks, vroeger een bron van plezier voor haar, durft ze niet goed meer: ze is bang voor de pijn, bovendien is zij zichzelf steeds lelijker gaan vinden ('met mijn knokige botten en vergroeiingen'). Ze beseft dat ze intiem lichamelijk contact uit de weg gaat. 'Er is toch niks meer aan met zo'n vrouw als ik,' zegt ze, 'Antoon zal me ook wel lelijk vinden.'

Natuurlijk is in haar geval – zoals in veel gevallen – de ziekte debet aan het niet meer of nauwelijks nog vrijen, maar de beschreven neveneffecten zijn misschien een nog grotere oorzaak: zichzelf niet meer aantrekkelijk vinden.
Als iemand te kampen krijgt met een (ernstige) ziekte kunnen de gevolgen niet alleen van invloed zijn op de zin in vrijen, maar ook op het vermogen om nog te vrijen.

Veranderingen bij de vrouw als gevolg van veroudering

Rond de leeftijd van vijftig jaar komen vrouwen meestal in de overgang (ook *climacterium* genoemd). De regelmaat in de menstruaties verdwijnt ten gevolge van het uitblijven van de eisprong of een latere eirijping. De onregelmatigheid kondigt zich bij sommige vrouwen aan door een menstruatie over te slaan, bij anderen blijft hij weg, en bij weer anderen is hij heviger en langduriger dan voorheen. In de eierstokken worden kleine hoeveelheden mannelijke hormonen (androgenen) gemaakt die in de vruchtbare jaren vrijwel teniet worden gedaan door de aanwezigheid van grote hoeveelheden vrouwelijke hormonen (oestrogenen en progesteron). Na de overgang valt de invloed van deze vrouwelijke hormonen weg en kunnen de androgenen meer hun invloed doen gelden. Onder invloed van deze hormoonwijzigingen kunnen vrouwen last krijgen van botontkalking, en ongewenste haargroei op bovenlip, kin en andere delen van het gezicht. Verder kunnen de hoofdharen dunner worden en kan de huid verslechteren en er kunnen gewrichtsklachten en depressiviteit optreden. Door de hormoonwijziging zullen sommige vrouwen bovendien – in vergelijking met hun jonge jaren – minder zin hebben in vrijen, zowel met zichzelf (soloseks of masturbatie) als met een partner. Andere vrouwen kunnen juist, door het uitblijven van de menstruatie en het idee niet langer vruchtbaar te zijn, meer zin krijgen in seks, evenals door het idee dat de kinderen tijdens het vrijen niet meer kunnen storen. Of een vrouw nu minder of meer zin krijgt, het is goed om te beseffen dat de ouder wordende vrouw langere tijd nodig heeft om lichamelijk opgewonden te raken, dat haar vagina minder vochtig wordt en dat het vochtig worden ook meer tijd in beslag neemt. Bij jonge vrouwen bijvoorbeeld duurt het tien tot dertig seconden na seksuele stimulatie voor zij vochtig worden, bij oudere vrouwen (zestigplussers) kan het een tot drie minuten in beslag nemen, en soms nog langer.

De vagina verliest ook iets aan elasticiteit en de vaginabinnenwand wordt dunner (atrofie), terwijl die zich minder uitzet bij seksuele opwinding. Doordat het vaginaslijmvlies dunner is, wordt de vagina gevoeliger voor pijn en er ontstaan ook sneller beschadigingen tijdens de coïtus, waardoor er kleine wondjes kunnen ontstaan die pijn veroorzaken tijdens geslachtsgemeenschap of tijdens het inbrengen van een of meer vingers in de vagina. Ook is het mogelijk dat er klachten ontstaan aan de urinewegen.

Soms heeft een vrouw het gevoel dat de clitoris kleiner is geworden. Dit kan ook werkelijk het geval zijn omdat de geslachtshormonen regelrecht invloed hebben op seksueel gevoelige organen zoals huid, baarmoeder, buiten- en binnenschaamlippen, clitoris, de vagina en de borsten. Met name het hormoon oestrogeen is heel belangrijk voor de gezondheid van deze seksueel gevoelige organen, en doordat een vrouw na de overgang minder oestrogenen heeft, kunnen deze organen iets geringer in omvang en massa worden (atrofiëren) (Slob 2003).

Als je last hebt van een of meer van deze klachten in de geslachtsstreek kun je met een gerust hart naar je huisarts gaan. Vaak worden ter vermindering van de klachten oestrogenen lokaal voorgeschreven, in de vorm van een crème of vaginale zetpillen.

Het kan ook zijn dat door de hormonale veranderingen de clitoris minder gevoelig wordt voor prikkels (verminderde prikkelgevoeligheid) of juist meer gevoelig wordt (verhoogde prikkelgevoeligheid). Maar het aantal keren dat een vrouw klaar kan komen blijft op haar tachtigste bijna hetzelfde als toen zij twintig was. Bijna, omdat bij sommige vrouwen de orgasmen minder intens worden en bij diegenen die meervoudige orgasmen ervaren, kunnen deze geringer worden in aantal. Maar ook het tegenovergestelde kan plaatsvinden: er zijn vrouwen die met het klimmen der jaren juist meer orgasmen krijgen of intensere orgasmen en... nieuwe seksuele gevoelens.

Ook blijft de herstelperiode tussen de orgasmen voor een vrouw nagenoeg hetzelfde – ongeveer één minuut –, maar de duur van een vrouwelijk orgasme kan wat korter worden.

Een van de behandelwijzen in de overgang is toediening van oestrogenen, soms tezamen met progesteron in de vorm van een anticonceptiepil of een van de overgangspillen, maar dit wordt steeds meer ontraden wegens de kans op bijwerkingen.

Oudere vrouwen met een lagere hoeveelheid in het bloed circulerende geslachtshormonen (oestrogenen, progesteron en testosteron) kunnen even goed vrijen als voor de overgang en kunnen er net zo goed van genieten. Anders gezegd: met minder hormonen is er toch een volledige seksuele respons mogelijk.

Urineverlies of vrouwelijke ejaculatie?

Een groot aantal vrouwen heeft gedurende de dag last van urineverlies. Wie kent niet het per ongeluk een drupje verliezen als je verschrikkelijk moet lachen? Er zijn vrouwen die voor dit soort 'ongelukjes' altijd een reserveslipje in hun tas hebben.

Er bestaan twee vormen van onvrijwillig urineverlies (incontinentie). De meest voorkomende vorm heet stressincontinentie en daarvan is sprake als er urineverlies optreedt door drukverhoging (in de buik), bijvoorbeeld bij lachen, hoesten, niezen, springen en persen. Door de overgang wordt de bekkenbodem wat slapper en atrofieert het vrouwelijk geslachtsdeel enigszins. De atrofie beperkt zich vaak niet alleen tot de vagina, maar zit ook wel eens in de urethra (plasbuis), waardoor incontinentie en de andere genoemde klachten kunnen ontstaan of verergeren. Zeker als de vrouw zware bevallingen heeft gehad.

Nanda (54)
Zij heeft op haar 22ste en 24ste jaar een kind op de wereld gebracht, na zware bevallingen. Zowel de zoon als de dochter woog ruim 9 pond. Na die tijd heeft ze altijd wat last gehouden van urineverlies bij lachen, hoesten en sporten. Dat loste ze op

met maandverband en inlegkruisjes. Maar sinds de overgang – ze menstrueert sinds twee jaar niet meer – is het erger geworden. Ze gebruikt nu de helft van de tijd speciaal incontinentieverband en heeft een afspraak bij de huisarts gemaakt om te overleggen welke mogelijkheden er voor haar zijn.

De tweede vorm van urineverlies draagt de naam *urge-incontinentie*. Hiervan is sprake als vrouwen vreselijk moeten plassen en hun urine niet kunnen ophouden. Dan verliezen ze een grotere hoeveelheid vocht dan een paar druppels. Maar het komt vaak voor dat vrouwen last hebben van beide vormen en dat noemt men dan een *gemengde incontinentie*. Voor beide vormen kan gebruik van oestrogenen lokaal en/of andere medicijnen die op de blaas inwerken samen met fysiotherapie een uitweg bieden. De fysiotherapeut zal dan een training van de bekkenbodemspieren aanbieden en/of een blaastraining. Mocht er echter ook een verzakking in het spel zijn (zie het begin van dit hoofdstuk), dan kan een pessarium een oplossing bieden. In veel gevallen wordt er overgegaan tot een operatieve ingreep, wat meestal ook gebeurt als er sprake is van een zeer ernstig ongewild urineverlies.

Ongewild urineverlies en vrijen

Ongeveer 30% van de vrouwen die gedurende de dag ongewild urine verliezen, kan daarvan ook last hebben tijdens het vrijen. Het vochtverlies kan variëren van enkele druppels tot een grotere hoeveelheid en treedt meestal op tijdens de eerste seksuele opwinding (opwindingsfase) of tijdens de penetratie (wanneer de man in de vrouw gaat) of gedurende het klaarkomen (orgasmefase). De meeste vrouwen die lijden aan ongewild urineverlies, raken de urine kwijt tijdens de penetratie.
Maar bij vrouwen die alleen ongewild vocht verliezen bij het vrijen – en nooit op andere momenten – is er waarschijnlijk iets anders aan de hand. Sommigen ervaren tijdens seksuele opwinding een gevoelige plek in de vagina – de zogenoemde G-plek (genoemd naar de heer Gräfenberg) – die vier tot vijf centimeter boven in de vagina (achter de venusheuvel) ligt. Stimulatie van die gevoelige plek kan bij sommige vrouwen niet alleen een geweldig orgasme teweegbrengen, maar ook gepaard gaan met vochtverlies. Waardoor dit vochtverlies ontstaat en hoe dat precies in zijn werk gaat, zijn echter nog steeds vragen waar de wetenschappers het niet over eens zijn. Sommige onderzoekers beschrijven niet een 'plek', maar een 'gebiedje' dat parallel loopt aan de plasbuis, anderen spreken van een prostaatachtig weefsel rond de plasbuis net onder de blaas ofwel 'de vrouwelijke prostaat' (Marijke IJff 2001) en weer anderen beweren dat het een functioneel, erectiel weefsel is dat mogelijk pas bij seksuele opwinding actief wordt en zodanig gestimuleerd kan worden dat het vocht afscheidt dat ook

wel 'de vrouwelijke ejaculatie' wordt genoemd. Vrouwen die dit aan den lijve ervaren, noemen het zelf vaak 'spuiten' of 'sproeien'.

Als jij tot de vrouwen behoort die dit ook kennen, is het goed om te weten dat het vochtverlies niet per se samen hoeft te gaan met een stimulatie van je G-plek. Er zijn vrouwen die G-plekorgasmen ervaren zowel zonder als met ejaculatie. Datzelfde geldt voor de zogeheten clitorisorgasmen. Ook die kunnen worden ervaren met of zonder ejaculatie (Straver e.a. 1998).

Judith (53)
Het 'spuiten' is op mijn 48ste begonnen. Na mijn scheiding van Cor, met wie ik altijd een slechte seksuele relatie heb gehad, leerde ik Ron kennen. Met hem was het heel anders. Hij luisterde naar me, vond me mooi en lief. Ook tijdens het vrijen stak hij dat niet onder stoelen of banken. Er ging een wereld voor me open. Ik was er met mijn hele gevoel bij en op een gegeven moment is het spuiten begonnen. Ik schrok er wel van, want mijn vriend was helemaal nat. Maar hij is zo enthousiast en zo blij als hij mij zo heerlijk klaar ziet komen, dat ik al snel afleerde om me ervoor te schamen.

Judith brengt onder woorden wat veel vrouwen ervaren bij vochtverlies, namelijk schaamte. Het gevolg is dat sommigen het vochtverlies trachten te verhinderen door hun 'plasspieren' extra aan te spannen, anderen pogen de intensiteit van hun seksuele opwinding te temperen, en weer anderen proberen het op te lossen door seks te vermijden. In de jaren negentig behandelde ik bij de regionale radio-omroep eenmaal per veertien dagen een onderwerp uit de spreekkamer. Hoewel de luisteraars niet telefonisch reageerden op het programma, ondanks herhaald verzoek, was er tweemaal een opvallende uitzondering. Beide keren behandelde ik de G-plek en de vrouwelijke ejaculatie. Verscheidene vrouwen belden – weliswaar pas na de uitzending – om me te bedanken. Mijn verhaal betekende een bevrijding voor hen, zeiden ze. Ze hadden namelijk altijd het idee gehad een afwijking te hebben en zich vreselijk geschaamd.

Mocht je als vrouw vocht verliezen tijden het vrijen, praat er dan over met je partner. Bespreek welke gevoelens het bij jou, maar ook bij je partner teweegbrengt. Besef dat vochtverlies tijdens het vrijen lichamelijk niet schadelijk is, noch voor jou, noch voor je partner.

Veranderingen bij de man als gevolg van veroudering

Over het algemeen kun je stellen dat het verlangen bij de man naar seks niet daalt door het ouder worden, maar wel de vanzelfsprekende, spontane zin (als die al bestaat). Dit houdt in dat de aandrang tot een orgasme minder wordt. De wens om te vrijen blijft, maar de behoefte om te ejaculeren is minder dwingend

HANNIE VAN RIJSINGEN

dan bij jonge mannen. Daarbij komt nog dat een man na het vijftigste levensjaar meer tijd nodig heeft om tot een volledige erectie te komen dan tevoren. Door deze veranderingen heeft de ouder wordende man meer directe prikkeling nodig, bijvoorbeeld van zijn eigen hand of van die van zijn partner, en verder wordt de penis minder hard en staat hij ook vaak minder rechtop. Er komt minder of helemaal geen voorvocht meer, de zaadlozing (ejaculatie) is trager en minder heftig, en de herstelperiode, die vroeger tien minuten kon duren, kan oplopen tot een dag of langer. (Onder herstelperiode verstaan we de tijd die nodig is voordat een man opnieuw een erectie kan krijgen.) De algehele zaadproductie neemt geleidelijk aan af, maar gaat wel door tot op hoge leeftijd. Het orgasme kan korter duren en de beleving ervan kan minder intens zijn. Ook nachtelijke ejaculaties (natte dromen) en ochtenderecties treden met het klimmen der jaren minder vaak op, maar verdwijnen niet geheel.

Veroudering en erectiestoornissen

We spreken van erectiestoornissen als een man regelmatig niet in staat is een erectie te krijgen of te behouden, en er daardoor geen bevredigende seks mogelijk is. In de volksmond wordt het ook wel impotentie genoemd, in medische kringen spreekt men over erectiele disfunctie, en de seksuoloog heeft het over een erectiestoornis, omdat met dit woord niet alleen de stoornis maar ook de mate van lijden of last wordt bedoeld van de man zelf en/of zijn partner. Sommige mannen hebben hun hele leven te kampen met erectiezwakte (6%), andere krijgen dit probleem pas op latere leeftijd. Het komt regelmatig voor dat, na verlies van de vertrouwde partner door overlijden of door scheiding, een man in een nieuwe relatie geen of niet voldoende erectie kan krijgen of behouden om de coïtus te volbrengen.

Ton (67)
Ton was dertig jaar getrouwd toen zijn vrouw drie jaar geleden overleed aan kanker. Hij heeft haar tot haar laatste adem bijgestaan. Na haar overlijden heeft hij na verloop van tijd een nieuwe richting aan zijn leven weten te geven en sinds een jaar kent hij een vrouw, een weduwe van 61 jaar, op wie hij verliefd is geworden. Zijn liefde wordt beantwoord en ze beginnen voorzichtig te vrijen met elkaar. Na een jaar lukt het hem nog steeds niet om een erectie te behouden en de coïtus te volbrengen.

Waar Ton aan lijdt, noemt men ook wel 'weduwnaarsimpotentie'. De oorzaak kan liggen in het feit dat iemand eerst voldoende vertrouwen en veiligheid moet opbouwen met de nieuwe partner. En dat pas als de band stevig genoeg is – doordat men elkaar beter heeft leren kennen – de erectiele dysfunctie succes-

sievelijk overgaat. Mocht dit echter niet het geval zijn dan liggen er vaak diepe-re psychische oorzaken aan de erectiezwakte ten grondslag.
Als deze 'weduwnaarsimpotentie' te lang duurt naar iemands zin – bijvoorbeeld drie maanden of langer – is het verstandig om de huisarts te raadplegen.

Een seksuele stoornis wordt meestal veroorzaakt door een combinatie van licha-melijke en psychische factoren, maar de meeste mannen met erectieproblemen hebben het idee dat het in hun situatie enkel lichamelijk is. Of dit ook werkelijk het geval is, moet met een arts – de huisarts is in eerste instantie de juiste per-soon hiervoor – besproken worden.
Helaas blijkt uit een onderzoek van het NISSO (Vroege, Nicolai en Van de Wiel 2001) dat huisartsen niet vaak zelf over seks beginnen in hun spreekkamer. Dat betekent dat je het onderwerp zelf ter tafel moet brengen.

Erectieproblemen zijn voor de meeste mannen lastig en vervelend. Ze beïn-vloeden het vrijen in die mate dat er nauwelijks meer sprake is van genieten, omdat de angst voor een volgende mislukking de boventoon voert. Deze hou-ding heeft niet alleen invloed op het zelfvertrouwen van de man, maar ook op de relatie met de partner.

Medicijnen en erectiestoornissen

Soms hebben medicijnen invloed op de erectie, bijvoorbeeld medicijnen die ge-bruikt worden bij ziekten van de hersenen of zenuwbanen, hart- en vaatziekten, hoge bloeddruk, ziekten van de nieren, urinewegen of geslachtsorganen. Ook medicijnen tegen depressies en maagzweren kunnen invloed hebben op het erectievermogen.
Specifieke vragen over bepaalde medicijnen en erectiestoornissen kun je het beste voorleggen aan je huisarts of behandelend specialist.

Lichamelijke oorzaken van erectiestoornissen

Bij seksuele opwinding stroomt er via de slagaders meer bloed naar de penis, terwijl er tijdelijk veel minder bloed wordt afgevoerd. Hierdoor blijft de penis stijf. Als er echter iets niet in orde is met de bloedvaten, bijvoorbeeld vernauw-de bloedvaten, hart- en vaatziekten of suikerziekte, kunnen soms erectiestoor-nissen het gevolg zijn. Een andere oorzaak kan zijn een operatie waarbij zenu-wen zijn beschadigd – denk hierbij aan bepaalde rugoperaties en radicale pro-staatoperaties wegens kanker aan de prostaat. Hier wordt in het volgende hoofd-stuk op teruggekomen.

Psychische oorzaken van erectiestoornissen

Wie zich zorgen maakt over de lichamelijke veranderingen die horen bij het ouder worden of er moeite mee heeft te accepteren dat het erectiepatroon verandert, kan problemen krijgen met de erectie. Daarom is het goed dat partners van elkaar weten wat er bij de ander verandert op lichamelijk gebied tijdens dit verouderingsproces.

> Roel (56) en Mary (54), dertig jaar getrouwd, drie kinderen
> *Roel consulteert mij omdat zijn erecties al lang niet meer zijn zoals vroeger. 'Ik ben bang dat het binnenkort helemaal niet meer lukt,' zegt hij.*
> *Bij navraag blijkt dat hij altijd de actieve is geweest in hun verhouding. Hij neemt het initiatief en brengt zijn vrouw zover dat zij gemeenschap met hem wil en daarbij klaarkomt. Het is voor haar de enige manier om tot een orgasme te komen. Vingeren, oraal of masturbatie wijst zij volledig af. Dat begint hij als een 'druk' te ervaren. Hij zou ook graag eens op een andere manier vrijen dan 'recht op en neer'. Dit heeft hij echter nooit met zijn vrouw besproken. Als hij het onderwerp seksualiteit te berde brengt, gaat haar gezicht 'op slot' en begint ze snel over onbeduidende onderwerpen te praten. Twee weken geleden heeft hij de coïtus niet kunnen volbrengen. Daar is hij zo van geschrokken dat hij sindsdien niet meer heeft gevrijd en een afspraak met mij heeft gemaakt. Hij is bang dat het weer gaat gebeuren en dat hij zijn vrouw niet meer kan bevredigen.*

Erectiestoornissen en erectieopwekkende medicatie

Recentelijk zijn er erectieopwekkende middelen op de markt verschenen. Men slikt een tablet, die na 25 minuten tot een uur gaat werken en afhankelijk van het middel tot ongeveer 24–36 uur na inname effect heeft. Het werkt echter alleen als er sprake is van seksuele stimulatie of prikkeling: een man moet zichzelf opwinden, of door een partner laten opwinden. Gebeurt dit niet, dan komt er geen erectie. Het is dus geen kwestie van 'slikken en staan' zoals zovelen denken.

Hoe werken deze middelen?

Een erectie ontstaat als bij seksuele opwinding de aanvoerende bloedvaten naar de penis zich ontspannen, zodat de zwellichamen (een sponsachtig weefsel) zich kunnen vullen met bloed. Wanneer iemand last heeft van erectiezwakte kan de oorzaak zijn dat de aanvoerende bloedvaten onvoldoende gaan openstaan, of dat het bloed onvoldoende 'gevangen' blijft in de zwellichamen. Bovengenoemde middelen ondersteunen het proces van vaatverwijding, waardoor de erectie beter kan ontstaan en wordt behouden. De erectie verdwijnt weer als men binnen de tijd dat het middel werkt de juiste stimulatie heeft verkregen en is klaargekomen. Maar ook als de stimulatie stopt, verdwijnt de erectie.

Mannen die lijden aan erectiele dysfunctie waarvoor geen lichamelijke oorzaak is aan te wijzen, hebben voor 80% een positief resultaat na het gebruik van een van deze middelen. Toch moeten we in de gaten houden dat een betere seksuele prestatie op zich niet de genezing bewerkstelligt van een relatie die in seksueel opzicht niet (meer) functioneert.

Erectieopwekkende middelen zijn dus geen oplossing voor mogelijke onderliggende psycho-seksuele problematiek, maar ze helpen om de vicieuze cirkel van telkens mislukkende seks te doorbreken en met elkaar over het seksleven aan de praat te raken.
De middelen mogen niet gebruikt worden als je geneesmiddelen gebruikt die nitraat bevatten, omdat de effecten van die geneesmiddelen erdoor versterkt kunnen worden. Nitraat zit bijvoorbeeld in geneesmiddelen die worden voorgeschreven bij hartproblemen als hartfalen en angina pectoris (pijn op de borst).
De middelen kunnen bij gebruik ook bijwerkingen vertonen; welke dat zijn kun je met je arts bespreken of lezen op de bijsluiter.

Hoewel de middelen niet zonder recept van een arts verkrijgbaar zijn kunnen ze wel worden aangeschaft op de zwarte markt. Dit raad ik echter ten stelligste af. Het zijn geen snoepjes. De middelen hebben invloed op het lichaam, met name op de vaten: ze werken bloeddrukverlagend en daarom moet eventueel gebruik altijd pas na overleg met een arts plaatsvinden. De arts zal dan vragen naar je ziektegeschiedenis en je medicijngebruik.
Het gevaar bestaat dat de medicijnen worden gezien als de oplossing van het probleem in plaats van als ondersteunend bij de aanpak ervan.

Margriet (58) en Ton (62)
Ton en Margriet consulteren mij omdat er al acht jaar geen seks meer plaatsvindt tussen hen. Margriet pikt dat nu niet meer.
'Er gebeurt niks meer in bed omdat hij het niet meer doet,' zegt Ton, wijzend naar zijn geslachtsdeel. De oorzaak is het gebruik van medicijnen tegen hoge bloeddruk. Margriet vertelt dat hij altijd een slechte minnaar is geweest. Het was altijd een kwestie van erop, erin, eruit en eraf – zij had er niets aan.
'Dat geaai is niks voor mij,' sputtert Ton tegen.
Al pratende geeft ook Ton toe dat hun seks, toen die nog wel regelmatig plaatsvond, niet meer dan zeven tot tien minuten in beslag nam, altijd in bed, en eindigde als

HANNIE VAN RIJSINGEN

hij was klaargekomen. 'En dat kan niet meer,' zegt Ton, 'want hij doet het niet meer.'
'Maar daarom heb ik nog wel eens behoefte aan een arm om me heen...' Margriet zegt dit vriendelijk.
Ton spreidt wanhopig zijn armen. Als we doorpraten blijkt dat hij werkelijk denkt dat er niks meer mogelijk is. Bij de eerste aanraking van hun lichamen ligt hij op te letten of 'Sjakie' – zo noemt hij zijn penis – wel wil functioneren. Hij erkent en herkent dat hij in feite uitsluitend bezig is met presteren en niet met lichamelijk contact.
Het kost hem veel moeite (en nogal wat tijd) om deze visie op lichamelijkheid en seksualiteit los te laten, maar als het hem is gelukt, staat hij ervoor open om meer aandacht te besteden aan strelen en gestreeld worden.

Ton moest duidelijk het idee loslaten dat seks een kwestie van presteren is – een vlekkeloos werken van bepaalde organen – en dat, als die organen hun werk niet meer doen zoals vroeger, er dan geen seks meer mogelijk is.
Deze zienswijze trof ik in het begin van mijn loopbaan vaker aan dan nu. Steeds meer mensen, zowel mannen als vrouwen, vinden seksualiteit meer een vorm van uitwisselen van liefde en genegenheid op een lichamelijke wijze dan het najagen van genot. Een zienswijze die 'seksualiteit in engere zin' verruimt naar een seksualiteitsbeleving 'in bredere zin'. In hoofdstuk 11 ga ik hier nader op in.

Samenvatting en vooruitblik

In dit hoofdstuk zijn de algemene gevolgen van het ouder worden op het gebied van lichaamsbeleving en seksualiteit voor man en vrouw aan de orde gekomen. Er werd nader ingegaan op de lichamelijke ongemakken en problemen die hiermee kunnen samenhangen, waarna ook de gevolgen in het algemeen voor de seksualiteitsbeleving bij man en vrouw zijn besproken.
In het volgende hoofdstuk komen veelvoorkomende kwalen en ziekten aan de orde, met hun gevolgen voor de lichaams- en seksualiteitsbeleving zowel voor de persoon zelf als voor zijn of haar partner(s).

Hoofdstuk 6

DE INVLOED VAN KWALEN EN ZIEKTEN OP DE SEKSUALITEITSBELEVING

In mijn praktijk merk ik regelmatig dat de staat van gezondheid invloed heeft op de vrijfrequentie: bij een slechtere gezondheid wordt de frequentie minder. Dit is overeenkomstig de bevindingen van Schiavi en anderen (1994), die hebben geconcludeerd dat een verzwakte gezondheid negatief uitwerkt op de mate waarin men seksueel actief is met een partner of solo (Straver, Cohen-Kettenis, Slob 1998).

Je kunt je goed voorstellen dat bij een acute fase van een ziekte de seksualiteit geen prioriteit heeft. Als iemand te horen krijgt dat hij kanker heeft, is de eerste zorg: Overleef ik dit?

Bij een chronische ziekte ligt dat anders. Dan kan seksualiteit naast de functie van troost, nabijheid en intimiteit soms weer dusdanige lustgevoelens oproepen dat men gaat verlangen naar de ontlading van een orgasme.

In dit hoofdstuk behandel ik de meest voorkomende ziekten en lichamelijke aandoeningen waarmee ik in mijn praktijk als seksuoloog/relatietherapeut direct of indirect te maken heb (gehad). Ook bespreek ik de mogelijke invloed ervan op de seksualiteitsbeleving, eerst die van vrouwen en dan die van mannen.

Een verzakking en seks

Er komen verschillende soorten verzakkingen voor: van de blaas, van de baarmoeder of van de endeldarm. Soms gaat het verzakken van die drie dingen bij een vrouw samen, maar dat is lang niet altijd het geval. Een verzakking ontstaat als de banden en spieren niet sterk genoeg meer zijn om de blaas, de baarmoeder en/of de endeldarm op hun plaats te houden. Daardoor kan een zeurend gevoel in de onderbuik en rug ontstaan, een drukkend gevoel in de schede en het gevoel dat er iets naar buiten komt. De vrouw kan blaasklachten krijgen (ongewild urineverlies) of problemen met de ontlasting. Ook kan fietsen, zitten of vrijen met pijn of andere moeilijkheden gepaard gaan. Een mogelijke oplossing voor deze klachten kan dan een operatie zijn, zoals aan het begin van het vorige hoofdstuk door Marjan Berk beschreven werd, maar er bestaat ook nog een andere mogelijkheid. Ook daarover laat ik haar aan het woord.

'Waarom neemt u niet gewoon een pessarium?'
Hanna knipperde met haar ogen. Een pessarium. Dat was toch iets uit de jaren vijftig. Zo'n rubberflap, die werd verstrekt door NVSH, ook al een club die was opgeheven. Ze herinnerde zich nog de tubes zaaddodende pasta en de enorme irrigator, die je tegelijkertijd met de rubberen voorbehoedmiddelen werden uitgereikt. Seks was in die jaren een soort Russisch roulette, want de lust kwam meestal over je op plekken waar de zaaddodende pasta en de rubberbescherming niet in de buurt waren. Om van de irrigator maar te zwijgen.
'Vindt u dat geen goed idee? Nou ja, een operatie is natuurlijk het meest afdoende. Maar in uw geval... U werkt nog zo hard. En dan een hele week in het ziekenhuis. Bovendien verzeker ik u dat u minstens tot zes weken na de operatie echt niet mag tillen.'
'Eh... ja. Als u denkt dat het probleem daarmee verholpen is.'
De vriendelijke huisarts zocht in de la van zijn bureau, en na enig gerommel kwamen er een paar in doorzichtig plastic verpakte rubberringen te voorschijn.
'Gaat u maar liggen, dan zullen we eens even naar de maat kijken.'
Gedwee trok Hanna haar panty en haar ondergoed uit en ging braaf met de benen wijd liggen. De dokter schoof vaardig het hulpstuk bij haar naar binnen, na het ding eerst heel attent onder de warme kraan te hebben gehouden.
'Perfect!' riep hij enthousiast, haalde zijn hand gehuld in wit rubber uit haar en stak hem in een triomfgebaar in de lucht. 'Dat scheelt weer een operatie!'
'Hoe lang moet dat ding blijven zitten?' vroeg Hanna terwijl ze zich aankleedde.
'Iedere maand huishoudelijk schoonmaken.'
De dokter klonk zo blij, of hij genoot van het feit dat hij zijn collega de specialist een hak had gezet door zoiets eenvoudigs als een pessarium bij Hanna in te brengen.
'Enne... moet het nog gecontroleerd worden?'
'Een keer per jaar.'
'Dokter, als... nou ja, ik bedoel...', ze voelde dat ze een rood hoofd kreeg. De dokter grinnikte. 'U bedoelt als er herenbezoek komt?'
'Eh.... ja!' Jezus, wat voelde ze zich stom.
'Geen punt. Geen passant zal er iets van merken.'
De dokter werd steeds joliger.

Dit fragment is eveneens uit haar boek *Toen de wereld jong was*. Verderop in het boek vertelt Marjan Berk dat ze dat pessarium kwijtraakt. In een interview zegt ze hierover:

De anekdote van het pessarium is ook al uit het leven gegrepen. Zie je me al in de file terechtkomen, terwijl ik enorm nodig moet plassen? De auto wordt in de berm geparkeerd, de broek gaat naar beneden. En floep, daar gaat het pessarium, dat recentelijk werd geplaatst als oplossing voor een baarmoederverzakking. Het is toch om te gillen dat je daar op je oude dag in het gras op zoek moet naar dat stukje rubber?

Een verzakking kan dus op de plaats gebracht worden met een pessarium. Dit pessarium moet niet worden verward met het pessarium occlusivum (zie hoofdstuk I) dat als anticonceptiemiddel nog steeds – zij het zelden – in gebruik is. De Nederlandse naam voor een pessarium zoals Berk bedoelt is 'ring', en er bestaan verschillende maten van ringen die vervormbaar zijn. Na een inwendig onderzoek bepaalt de arts welke maat nodig is. Er bestaat ook een zacht rubberen kubusje in verschillende maten. Dat kubusje zet zich door de vorm vast aan de vaginawand en ondersteunt op deze wijze de baarmoeder. Om de menstruatie zijn gang te laten gaan en geslachtsgemeenschap mogelijk te maken moet dit kubusje wel worden verwijderd, bij een ring hoeft dat niet.

Maar vaak komen vrouwen met een verzakking al niet meer toe aan vrijen, want de verzakkingsklachten werken een negatief lichaamsbeeld in de hand. Het is immers moeilijk om jezelf seksueel aantrekkelijk te vinden als het gebied rond je genitaliën je constant een gevoel van ongemak en irritatie oplevert. Een gevoel van uitzakken is niet erg erotiserend. Maar degene die aan een verzakking lijdt moet goed beseffen dat er als je ligt nauwelijks iets uitzakt. Alles blijft op zijn plaats, er is niets van dat uitzakken te zien, en seksueel contact is op een normale wijze mogelijk. Vrijen met een verzakking kan niets beschadigen of erger maken, een angst waar veel vrouwen en hun partners onder lijden.

Als je iets van de bovenbeschreven klachten herkent en je afvraagt of je ook een verzakking hebt is het raadzaam je huisarts te raadplegen. Bij lichte verzakkingsklachten en urine-incontinentie kan een therapie voor bekkenbodemspieren uitkomst bieden. Tegenwoordig zijn er onder fysiotherapeuten bekkenbodemspecialisten, die je kunnen leren deze klachten te verminderen of onder de knie te krijgen door training. Je huisarts kan samen met jou bekijken of dit ook iets voor je is en zo nodig voor een verwijzing zorg dragen.

Seks na een baarmoederverwijdering (*uterusextirpatie* of *hysterectomie*)

Bij sommige verzakkingen, vleesbomen, kwaadaardige afwijkingen en onregelmatige, heftige bloedingen die gepaard gaan met hevige buikpijnen wordt wel eens besloten om de baarmoeder te verwijderen. Hierdoor kan de beleving van de seksualiteit een verandering ondergaan, maar welke dat is hangt af van de toegepaste operatietechniek, en die is bij elke vrouw anders. Bij bijna iedereen verandert er wel iets. Naast het positieve effect van het verdwijnen van de klachten kunnen er ook veranderingen in negatieve zin optreden, zoals verminderde zin in vrijen en verminderde gevoeligheid van de schede en haar omgeving. Er kunnen echter ook veranderingen optreden bij de beleving van het orgasme,

HANNIE VAN RIJSINGEN

hoewel dat niet bij alle vrouwen gebeurt. Voor sommige vrouwen verandert er niets, bij andere verandert het orgasme duidelijk van aard. Waarschijnlijk omdat zij een zogenaamd 'diep orgasme' hadden en gevoelig waren in het gebied van de baarmoedermond. Het stoten van de penis tegen die plek leidde dan tot een intens orgasme waarbij de baarmoeder samentrekt. Bij de baarmoederverwijdering wordt de reflexboog van dit diepe orgasme aangetast, waardoor deze manier van een orgasme krijgen over het algemeen verdwijnt. Het kan dan langer duren voordat er een orgasme komt, of korter, en het is mogelijk dat het orgasme minder intens is of zelfs dat het helemaal niet meer komt. Maar ik heb mij laten vertellen – door vrouwen die dat 'diepe orgasme' kenden en deze operatie hebben ondergaan – dat ze het in het begin misten, maar dat na verloop van tijd het lichaam zich had aangepast. Dat ze later weer orgasmen kregen die even intens waren als ooit tevoren.

Vrouwen die het meest vertrouwd zijn met een clitoraal orgasme – stimulatie gaat dan vooral via de clitoris – zullen hier geen last van hebben. Voor hen is vooral het samentrekken van de bekkenbodemspier belangrijk, en dat wordt niet nadelig beïnvloed door een verwijdering van de baarmoeder.

Maar ook hier geldt: vrouwen die voorheen al problemen hadden met seksualiteit, kunnen er na de operatie nog meer moeite mee hebben. Dat ligt niet aan de operatie zelf, maar aan de psychische gevolgen ervan. Ze kunnen zich bijvoorbeeld 'minder vrouw' voelen, minder aantrekkelijk, en... oud. Het is belangrijk dat de vrouw en haar partner beseffen dat het laten verwijderen van de baarmoeder een rouwproces met zich meebrengt. Het verdient aanbeveling om er samen over te praten, niet alleen na de operatie, maar ook als voorbereiding op de operatie.

Seks na het verwijderen van een of twee borsten

Als wegens borstkanker een gedeelte van een of beide borsten weggenomen moet worden, of een hele borst, of alle twee – het zijn verminkende operaties – heeft dat zijn effect op de lichaamsbeleving van de vrouw en dus ook op haar seksleven. Velen voelen het niet alleen als een aantasting van hun borst(en), maar van hun hele vrouwzijn, en dat kan weer zijn invloed doen gelden op de wijze van opgewonden worden en de beleving daarbij. Van de vrouwen die een borstamputatie hebben ondergaan ervaart 71% minder goede lubricatie (vochtig worden), krijgt 25% last van pijn bij het vrijen, en 25% problemen rond het klaarkomen.

Maar... ook voor deze vrouwen geldt dat hoe beter iemand zich vóór de behandeling voelt ten aanzien van haar eigen lichaam en haar seksualiteitsbeleving, hoe positiever zij zichzelf ziet en ervaart als seksueel wezen, des te gemakkelijker zij de effecten van de behandeling het hoofd kan bieden en verwerken.

Natuurlijk is de steun van de directe omgeving, zoals partner, kinderen en vrienden, niet te verwaarlozen, evenmin als de mogelijkheid om te rouwen en over het verlies te praten. Sommige ziekenhuizen bieden hierbij hulp, maar lang niet allemaal. Vaak moet er zelf om worden gevraagd.

Mocht het jou of je partner overkomen, dan is het goed om je niet alleen voor te bereiden op de lichamelijke consequenties van de behandeling, maar ook op die voor de seksualiteitsbeleving. Daarbij mag niet over het hoofd worden gezien dat bij iedere vorm van kanker sprake is van een geschonden vertrouwen in het eigen lichaam. Altijd! Iemand die van kanker herstelt zal over het algemeen een zekere mate van angst en wantrouwen blijven houden. Daarnaast is er tijd nodig om schaamte te overwinnen en (weer) een positief lichaamsbeeld te krijgen. Voor de partner geldt hetzelfde. Hij of zij maakt ook een proces door van zorgen en onzekerheid over de vraag: Zal mijn partner het overleven? Hij of zij zal er eveneens aan moeten wennen en tijd nodig hebben om het verminkte lichaam weer als lustvol te kunnen zien en ervaren.

Prostaatvergroting

Over alledaagse problemen met de prostaat praat een man niet snel, terwijl toch veel mannen er vroeg of laat mee te maken krijgen. Het is eenvoudig er iets aan te doen. De prostaat, ook wel voorstanderklier genoemd, ligt vlak onder de blaasuitgang en om de urinebuis heen – op de plaats waar deze uit de blaas komt. Het orgaan is circa 3 cm lang (ongeveer zo groot als een walnoot) en bestaat uit dertig tot vijftig kleine kliertjes, die de vorming van het prostaatvocht en de zaadproductie regelen en vanaf de puberteit gaan groeien onder invloed van hormonen (voornamelijk testosteron). De prostaat produceert prostaatvocht dat dient om de zaadcellen te vervoeren die bij een zaadlozing tezamen met het prostaatvocht naar buiten komen. Maar de prostaat heeft naast een functie in de vruchtbaarheid ook een functie in de seksualiteitsbeleving. Door anale prikkeling kan de prostaat – ook wel eens de mannelijke G-plek genoemd – dermate gestimuleerd worden dat mannen een zeer intens orgasme kunnen ervaren. Tijdens de zaadlozing worden de zaadcellen naar de prostaat gestuwd en vermengd met het prostaatvocht, waarna de prostaat zich samentrekt en het sperma door de plasbuis naar buiten wordt geperst terwijl de blaashals tegelijkertijd inkrimpt. Het sperma kan dan niet de blaas in stromen.

Het is een heel normaal verschijnsel dat rond het vijftigste levensjaar de prostaat begint te groeien. Sommige mannen hebben er geen last van, andere krijgen plas- en pijnklachten doordat de vergrote prostaat de plasbuis gaat beknellen. In dat geval is er sprake van benigne prostaathyperplasie, ofwel een goedaardige zwelling, die het moeilijker maakt om de plas door de vernauwde plasbuis te persen, waardoor de blaaswand verslapt. Na kortere of langere tijd krijgt de man niet alle urine meer weg en blijft er steeds een beetje in de blaas achter, wat de klachten verklaart: (erg) vaak naar het toilet moeten (ook 's nachts), terwijl er weinig urine per keer komt, het niet goed op gang komen van het plassen, de minder krachtige urinestraal – soms komt de plas slechts druppelsgewijs. Vaak heeft de man een branderig gevoel tijdens het plassen en het gevoel dat de blaas maar niet leeg wordt (residugevoel).

Of een man zich voor een vergrote prostaat moet laten behandelen is afhankelijk van de ernst van de klachten. Als de klachten meevallen wordt er doorgaans niet behandeld; de patiënt moet wel regelmatig terugkomen voor controle. Als er wel wordt overgegaan tot behandeling dan gebeurt dit door medicijnen of operatief ingrijpen. De meest voorkomende operatie is de TURP (TransUrethrale Resectie van de Prostaat).

Wil je meer weten?

De polikliniek Urologie van het ziekenhuis in je eigen regio beschikt over (gratis) brochures over de prostaat. Je kunt echter ook informatie opvragen bij de Nederlandse Vereniging voor Urologie, Postbus 20061, 3502 LB Utrecht.
Geef je de voorkeur aan snuffelen op internet, dan kan ik de volgende sites aanbevelen: www.prostaat.nl en www.urolog.nl.

Gevolgen voor de seksualiteitsbeleving

Na operatieve behandeling van een goedaardige prostaatvergroting waarbij de wand van de prostaat behouden blijft, kan impotentie optreden. *Dit is echter tijdelijk.* Een blijvend gevolg is vaak wel een beschadiging van de inwendige sluitspierfunctie van de prostaat, met als effect dat de zaadlozing niet meer naar buiten wordt gedreven maar binnenwaarts of achterwaarts plaatsvindt. Het sperma gaat dan naar de blaas en wordt later op een normale manier uitgeplast. Dit verschijnsel komt voor bij 55 tot 100 procent van de mannen. Mannen die vóór een transurethrale prostaatresectie nog seksueel actief zijn, zullen na de ingreep over het algemeen geen erectiestoornissen vertonen (Moors-Mommers en Vink, 1998).
Hoewel een retrograde ejaculatie (achterwaartse zaadlozing) voor iedere man wennen is, hoeft dit 'droge orgasme' in principe zijn seksuele plezier niet te verminderen. Dus het seksleven hoeft er niet onder te lijden, alleen zijn er geen voortplantingsmogelijkheden meer. Dit zal echter niet zo vaak problemen geven, omdat de meeste mannen die geopereerd worden voor benigne pros-

taathyperplasie geen kinderwens meer hebben. Toch is een goede voorlichting over en voorbereiding op de operatie aan te raden. Er bestaan namelijk veel misverstanden die nodeloos kunnen leiden tot erectieproblemen.

Prostaatkanker (prostaatcarcinoom)

Prostaatkanker kan een dodelijke ziekte zijn: in Nederland overlijden jaarlijks 1750 mannen aan deze vorm van kanker. Maar er zijn veel meer mannen met prostaatkanker die er niet aan sterven. Dat is gebleken bij een onderzoek onder zestigplussers die aan iets anders overleden; bij sectie werd bij één op de drie een kwaadaardige prostaattumor ontdekt, terwijl zij aan iets anders overleden waren, bijvoorbeeld hart- en vaatziekten.

PSA (Prostaat Specifiek Antigeen) is momenteel de belangrijkste substantie in het bloed om prostaatkanker vast te stellen. Via een bloedonderzoek kan het PSA-gehalte worden vastgesteld omdat PSA een eiwit is dat wordt gevormd in het klierweefsel van de prostaat – zowel in een gezonde als in een zieke prostaat – en dat normaal in geringe mate in het bloed aanwezig is. Hoe hoger het PSA, hoe groter de kans op prostaatkanker. Maar bij het ouder worden kan het PSA-gehalte in het bloed stijgen zonder dat er afwijkingen aan de prostaat worden gevonden. Bovendien is bij niet alle vormen van prostaatkanker het PSA verhoogd en gaat ook niet elke verhoging gepaard met kanker. De test is dus niet honderd procent betrouwbaar.

Recent onderzoek heeft aangetoond dat de meeste prostaattumoren langzaam groeien. Hierdoor stijgt het PSA ook geleidelijk. De invloed van prostaatvergroting en -ontsteking op de test is zo groot dat het vermogen om agressieve tumoren te voorspellen aan de hand van een verhoogd PSA-gehalte slecht is. Mede daardoor is er in Nederland nog steeds geen consensus bereikt over de vraag of het verstandig is om regelmatig te screenen op prostaatkanker met een bloedtest. Tot nu toe heeft men besloten niet te screenen (bron: www.prostaat.nl).

Wordt er prostaatkanker vastgesteld dan zijn verschillende soorten behandeling mogelijk. De meest ingrijpende behandeling is de verwijdering van de gehele prostaat (radicale prostatectomie). Verder kan de groei van kankercellen worden afgeremd door de productie van het mannelijk hormoon testosteron te verminderen of stil te zetten. Testosteron wordt aangemaakt in de zaadballen en kan stilgezet worden door de zaadballen operatief te verwijderen. Maar de productie van testosteron kan ook gestopt worden door toediening van medicijnen.

Er kan ook bestraling worden toegepast om kankercellen te vernietigen. Hierbij kunnen de omringende gezonde cellen tijdelijk worden beschadigd. Op het einde van de bestralingsperiode, of kort erna, kunnen bijwerkingen optreden, zoals misselijkheid, verminderde trek in eten, vermoeidheid, vaker plassen, branderig gevoel bij het plassen, diarree of bloed bij de ontlasting.

HANNIE VAN RIJSINGEN

Verder bestaat nog de mogelijkheid van chemotherapie. Die wordt toegepast wanneer een hormonale behandeling niet meer werkt (de PSA gaat stijgen of er ontstaan pijnklachten). De medicijnen bestaan uit stoffen die tot doel hebben de snelgroeiende (kanker)cellen te doden.

Gevolgen voor de seksualiteitsbeleving

De operatietechnieken bij een radicale prostatectomie zijn de laatste jaren dermate verbeterd dat, indien mogelijk een van de twee vaatzenuwstrengen (neurovasculaire banen) die essentieel zijn voor de erectie gespaard kan worden. Daardoor kan ongeveer de helft van de mannen na de operatie hun potentie behouden.

Als de productie van testosteron via medicatie wordt stilgezet – om de kankercellen tot staan te brengen – is het over het algemeen niet meer mogelijk om erecties te krijgen, en ook kan het verlangen naar seks aanzienlijk minder worden of volledig verdwijnen.

Bij een inwendige of uitwendige bestraling kunnen nog ongeveer 50% van de mannen na verloop van tijd weer een erectie krijgen.

Hoewel ik het de hele tijd heb gehad over actief zijn in seksualiteit kan ik me voorstellen dat seks in veel gevallen geen prioriteit meer heeft. Dat is me ook gebleken toen ik een jaar of twaalf geleden voor een zaal van ongeveer zestig mensen, de effecten op de seksualiteitsbeleving belichtte, nadat een uroloog een lezing had gehouden over het medische gedeelte van prostaatkanker. Na zijn verhaal kwam ik aan de beurt. Hij was ver over zijn tijd gegaan, waardoor voor mij maar een derde van de tijd overbleef die mij oorspronkelijk was toegemeten. Tijdens zijn presentatie werden er meerdere geïnteresseerde vragen gesteld, tijdens mijn verhaal niet één. Ik sprak over intimiteit en het delen van gevoelens, ook al voor de operatie. Over hoe moeilijk het voor veel mensen is om met elkaar te praten over seks. Ik benoemde de gevolgen van geen erectie meer kunnen krijgen en brak een lans voor alternatieve manieren van vrijen buiten de coïtus. Ik heb zelfs over steuncondooms en andere kunstmiddelen gesproken, terwijl het publiek me zat aan te kijken met een blik van waar-hebt-u-het-over. En er bleek uit niets dat iemand zich betrokken of aangesproken voelde door mijn verhaal. Ik kreeg dan ook het gevoel 'Wat doe ik hier? Ben ik de enige die seks belangrijk vind?'

Toen ik naar huis reed besefte ik dat waarschijnlijk alle mannen in de zaal, zelf op een of andere manier te maken hadden (gehad) met prostaatkanker en dat de vrouwen in de zaal hun partners waren. Mannen en vrouwen van boven de zestig, opgegroeid in het restrictieve klimaat dat ik al eerder in dit boek heb geschetst, met duidelijke ideeën over hoe seks hoorde te zijn: voorspel, coïtus, naspel. En die 'normale manier' kon niet meer of zou niet meer gaan lukken. De (meeste) mannen in de zaal konden geen erectie meer krijgen of zouden die in de toekomst niet meer kunnen krijgen. Hoewel ik dit tevoren 'met mijn hoofd' wist, had ik dit niet voldoende in mijn hart gesloten. Ik had op dezelfde manier als de uroloog een 'medisch' verhaal gehouden. Ik had keurig gesproken, maar hen niet bereikt. Ik had niets aangereikt om iets van een gesprek tussen de partners op gang te brengen. En dat was nu juist wel mijn taak geweest. Als seksuoloog moet je mensen helpen samen aan de praat te komen over dit onderwerp, zodat ze als koppel een voor hen bevredigende oplossing kunnen vinden. Op elk moment dat zich problemen voordoen in het leven, dus ook bij of na kanker. Ik had jammerlijk gefaald en mocht god wel danken dat ik niet nog meer tijd had gekregen om over de hoofden van de mensen heen te praten.

Seks en hoge bloeddruk (hypertensie)

Hoge bloeddruk komt bij zeer veel mensen voor. Als de bloeddruk zo hoog is dat hij een risico oplevert (we spreken van hypertensie) schrijft de huisarts vaak medicijnen voor, bloeddrukverlagende middelen die antihypertensiva worden genoemd. Sommige, met name de betablokkers en de thiazide-diuretica (plastabletten), kunnen de seksuele opwinding negatief beïnvloeden.
Tegenwoordig zijn er antihypertensiva ontwikkeld met minder negatieve bijwerkingen. Overleg met je huisarts welk bloeddrukverlagend middel bij je past. Desondanks kan een man die dergelijke medicatie gebruikt en die tevens een paar keer erectieverlies ondervindt, of de vrouw die deze medicatie gebruikt en die af en toe pijn heeft bij de gemeenschap, veranderen in een persoon die seks liever vermijdt. Hierdoor wordt het opwindingsprobleem nog erger. Of dit dan aan de medicatie is te wijten, is dan maar de vraag. De wijze waarop iemand met seks omgaat (in dit geval vermijden van seks) zal dus invloed hebben.

Seks na een hartinfarct

Als er iets met je hart gebeurt, heeft dat meestal niet alleen lichamelijke maar ook emotionele gevolgen. Niet alleen wordt de dagelijkse regelmaat totaal in de war geschopt, maar er ontstaat ook het gevoel 'mijn lichaam laat me in de steek'. Emoties als onzekerheid en angst gaan vaak de boventoon voeren in het leven, wat gevolgen heeft voor de *seksualiteit* en de intimiteit in een relatie. Twijfels, vragen en onzekerheid staan immers een onbezorgd seksleven in de weg.
Volgens Moors-Mommers e.a. (1998) beginnen vrouwen die een hartinfarct hebben meegemaakt gemiddeld elf weken na een infarct weer te vrijen met hun partner. Ze vrijen echter minder frequent dan voor het infarct. Vrouwen die niet meer vrijen laten dit vanwege gebrek aan zin, uit angst of als gevolg van angst van

HANNIE VAN RIJSINGEN

hun partner. Sommigen zouden het hartinfarct als excuus aangrijpen om niet meer te hoeven vrijen, anderen laten het om andere redenen. Driekwart van de vrouwen die het vrijen weer oppakken heeft klachten tijdens de coïtus, pijn op de borst, hartkloppingen, zweten, kortademigheid en moeheid. Een groot aantal vrouwen met deze klachten wordt daar angstig en/of depressief van.

Maar ook bij mannen kan zich het probleem geen of weinig zin voordoen. De man kan seks uit de weg gaan uit angst voor herhaling, en de partner kan dit eveneens doen uit bezorgdheid. Echter, een plotselinge hartdood tijdens seksuele gemeenschap in het echtelijke bed komt slechts zelden voor. Als het al plaatsvindt, gebeurt dit over het algemeen tijdens seksuele handelingen in een buitenechtelijke relatie. De psychische stress ten gevolge van iets doen wat eigenlijk niet is geoorloofd, en het nuttigen van te veel verkeerd voedsel en alcohol vóór de vrijpartij, worden doorgaans als oorzaak voor de plotselinge dood genoemd.

Seksuele opwinding kan dus na een hartinfarct een bron van angst en onzekerheid gaan betekenen, want de kenmerken van seksuele opwinding – sneller kloppen van het hart en een veranderende ademhaling, zeker als dat gepaard gaat met enige pijn op de borst (wat niet verontrustend hoeft te zijn) – kunnen dan tot angst en paniek leiden.

Wanneer bij mannen na een infarct de zin in vrijen niet is afgenomen, maar de erectie wel problemen oplevert, kan er sprake zijn van perifere doorbloedingsstoornissen (Moors-Mommer e.a. 1998). De oorzaken van het infarct kunnen immers ook aanleiding zijn tot vaatveranderingen in bijvoorbeeld de bloedvaten van het bekken. Het is dan ook raadzaam als een man na een infarct pijn in de benen krijgt na een stukje te hebben gelopen, een onderzoek te laten doen naar vaatstoornissen. Doe dat overigens niet alleen na een hartinfarct: als je deze klacht krijgt moet je het altijd laten onderzoeken!

Over het algemeen kunnen na een infarct, de oorzaken voor klachten op seksueel gebied gezocht worden in psychosociale factoren, zoals angst van de patiënt en/of partner voor herhaling, onvoldoende kennis over wat wel en niet meer mag, en faalangst als het een keer niet lukt. Daarbij komt het feit dat veel mensen moeilijk kunnen praten over hun angsten en hun onzekerheden.

Seksuele gemeenschap waarbij de man actief is vraagt wel enige lichamelijke inspanning, maar niet meer dan het oplopen van twee trappen in huis of in een flink tempo een blokje omgaan. De meeste infarctpatiënten zijn na een week of vier zover dat ze weer kunnen vrijen zonder klachten (Moors-Mommers e.a. 1998).

Mochten er vragen en twijfels blijven bestaan, dan is het raadzaam je huisarts of specialist te raadplegen. Bereid je hierop goed voor door met je partner te bespreken wat je aan de arts wilt vragen. Neem hem of haar mee, en schrijf desnoods op een briefje wat je van de arts wilt weten. Krijg je geen bevredigend antwoord, dan kun je je wenden tot een seksuoloog (zie het laatste hoofdstuk).

Seks bij suikerziekte (diabetes mellitus)

Veel mensen denken dat iedere man die aan suikerziekte lijdt op den duur een erectiestoornis krijgt. Dat is niet het geval, ongeveer 23% ontwikkelt erectieproblematiek. Dat komt doordat de ziekte problemen met de bloedvaten met zich mee kan brengen, evenals hoge bloeddruk en beschadiging van de kleine zenuwbanen. In een enkel geval kunnen er problemen met het klaarkomen ontstaan: men voelt wel een orgasme terwijl er geen zaadlozing plaatsvindt, het sperma verdwijnt dan in de blaas (retrograde ejaculatie).
Wetenschappers zijn er nog niet helemaal van overtuigd dat bij alle mannen met diabetes de oorzaak van erectieproblematiek is gelegen in de suikerziekte. Bij velen is er slechts sprake van een minimale beschadiging van de vaten in de penis, waardoor ze nog wel in staat moeten zijn tot een gedeeltelijke erectie. Maar angst om te falen voor of tijdens de seksuele gemeenschap kan leiden tot een volledige erectiestoornis (anticipatieangst). Als een man echter spontane, nachtelijke erecties heeft en een erectie tijdens masturbatie, is hij technisch in staat om volledige geslachtsgemeenschap te hebben; voor penetratie is een keiharde erectie niet per se noodzakelijk.

In het algemeen kan men stellen dat de kans op seksuele problemen hoger wordt naarmate:

• de diabetes langer duurt;
• de diabetes slecht is ingesteld;
• er meer andere risicofactoren zijn, zoals hoge bloeddruk en hart- en vaatafwijkingen.

Als vuistregel geldt dat een man die lijdt aan erectiele disfunctie met suikerziekte die goed is ingesteld en geen ernstige zenuw- of bloedvatbeschadiging heeft, geen erectiestoornis heeft vanwege de diabetes, maar dat daar andere oorzaken aan ten grondslag liggen, namelijk relationele en/of psychische.
Medicatie tegen diabetes, zowel de tabletten als de insuline, hebben geen invloed op de seksualiteit.
Vrouwen die aan diabetes lijden en medicatie gebruiken, wijken in hun seksuele opwindbaarheid niet af van vrouwen die geen medicatie gebruiken (Slob e.a. 1991). Maar suikerziekte kan bij vrouwen, als ze niet goed zijn ingesteld, de

kans op vaginale infecties verhogen en daarmee de kans op pijn bij het vrijen.

Opnieuw aan seks beginnen

Als je te maken hebt (gehad) met een ernstige ziekte, is het niet eenvoudig om het leven weer op te pakken. Toch is het zinloos om je alsmaar af te vragen: Stel dat het erger wordt, stel dat het terugkomt, stel dat... Het meest verstandige is te accepteren dat je de ziekte hebt, of hebt gehad, of dat hij tot staan is gebracht. Concentreer je op je huidige situatie. Besef dat jij, net zoals ieder ander mens, de vrije keuze hebt om de tijd die je rest in het leven door te brengen op een manier die voor jou het aangenaamste is. (Je kunt immers morgen overreden worden door een auto en sterven.) Een mens heeft geen invloed op het tijdstip van de dood en op de manier van sterven, maar wel op hoe hij of zij het leven vormgeeft. Helaas heeft een aantal mensen de overtuiging dat ze niet van het leven mogen genieten, dat het leven lijden en ongelukkig zijn met zich mee-brengt, een overtuiging die bevestiging vindt als iemand een ernstige ziekte krijgt. Dan zal het helemaal niet meevallen om er positief tegenover te staan en de overtuiging te gaan aanhangen dat je ondanks deze tegenslag gelukkig mag zijn. Als er bij jou een ernstige ziekte wordt vastgesteld, besef dan goed dat jij de keuze hebt welke houding je ertegenover inneemt: positief of negatief.

Dat geldt ook voor de houding ten aanzien van seksualiteit. Wil iemand na de diagnose en/of behandeling van een ziekte opnieuw kunnen genieten van seks, dan moeten eerst de emoties rondom die ziekte een plaats krijgen. De manier waarop dat gebeurt zal voor iedereen anders zijn. Sommigen vinden het prettig om te praten over alles wat hen bezighoudt, hun angsten en onzekerheden, an-deren willen dat juist niet. Deze laatsten zijn geen praters; zij vinden het soms gemakkelijker om via het lichaam contact te zoeken met hun partner. Vast-houden, knuffelen en strelen kunnen dan manieren zijn om angsten en onze-kerheden te laten merken. Het is belangrijk dat je weet (of erachter komt) welke manier voor jou en je partner de beste is. Als partners daarnaar luisteren en daaraan toegeven, draagt dit niet alleen bij tot de verwerking, maar ook tot een gevoel van verbondenheid: een reuzenstap op de weg naar intimiteit die moge-lijk op langere termijn weer kan leiden tot het opnieuw vormgeven aan de sek-suele relatie.

In een verwerkingsproces is het heel normaal dat er allerlei emoties naar boven komen, ook tranen en verdriet. Dat zijn logische emoties, waarvoor niemand zich hoeft te schamen. Emotionele labiliteit is een normaal gevolg van wat ie-mand heeft doorgemaakt; het is het beste om die emoties gewoon tot uiting te laten komen. Neem er de ruimte en de tijd voor. Het is met emoties net zo als met een houtvuur. Het brandt heftig, maar dan dooft het langzaam uit; de as is geen vuur meer, slechts de herinnering aan dat vuur. Als je dit toepast op emoties, dan zul je zien dat die eerst heftig zullen oplaaien en dan langzaam uitdoven. Als laatste blijven alleen de herinneringen over, en met herinneringen zonder lading (de heftige emoties) kun je prima je leven weer oppakken.

Verwerking van de emoties rondom ziekten gaat – als je leeft binnen een duurzame relatie – het snelste als je die met de partner kunt delen. Dan gaat het niet meer alleen om het toestaan van je eigen emoties, maar ook om het (leren) openstaan voor de emoties van de ander. Als het voor jou een heftige en moeilijke tijd is geweest, besef dan dat dit ook geldt voor je partner. Praat met elkaar volgens de communicatieregels van hoofdstuk 7. Vertel elkaar wat die tijd voor jou heeft betekend, en welke gevolgen het naar jouw mening heeft (gehad) voor jou en jullie relatie. Praat over wat je wilt of verwacht van de nabije toekomst. Immers, mensen die gedachten kunnen lezen zijn zeldzaam, en waarschijnlijk kan je partner dat evenmin. Alleen door met je partner te praten kan hij of zij weten wat je bezighoudt, wat je wel of juist niet wilt op het gebied van lichamelijkheid, en wat je wel of niet kunt en durft. Jij bent de enige die dat kan aangeven, niemand anders. Je mag daar openlijk voor uitkomen. Als je dat doet, kan de ander rekening met je gaan houden.
Voor de gezonde partner geldt hetzelfde; die zal zijn/haar seksuele behoeften beslist anders beleven dan de 'zieke' partner, en dat is iets wat praten vereist, overleg en aanpassing.

Door ziekte of de gevolgen van ziekte of kwalen is er een grote kans dat de partners op zoek moeten naar manieren van vrijen die anders zijn dan zij tot nu toe gewend waren. Het is goed om daarbij te beseffen dat seks geen regels en wetten kent.
Bij sommige hartklachten, bijvoorbeeld bij pijn op de borst na een infarct, kan het nodig zijn om voortaan in een andere houding te vrijen dan voorheen. Het makkelijkst is dan een houding waarbij iemand zich het minst hoeft in te spannen. Sommige houdingen laten meer bewegingen en strelingen toe dan andere. Het is belangrijk om als koppel daarover te praten, want waarschijnlijk verandert niet alleen de houding, maar ook de rolverdeling. Als iemand bijvoorbeeld gewend was om een wat passieve rol bij het vrijen te vervullen, kan het behoorlijk ingrijpend zijn als hij/zij moet overstappen naar een meer actieve rol. Zo wordt een paar door de omstandigheden gedwongen over te stappen op een andere manier van vrijen. Er moet (opnieuw) gezocht worden naar mogelijkheden, waarin de behoeften van beide partners voldoende ruimte krijgen. Over smaak valt niet te twisten, maar wel te praten. Sommige mensen vinden het bijzonder opwindend en plezierig om bij het aanraken en strelen ook de mond en de tong te gebruiken. Anderen vinden dat vies of abnormaal. Ook hier geldt dat erover praten met elkaar de beste manier is om erachter te komen

welke wijze van vrijen het beste past bij de nieuwe omstandigheden.

Maar omdat veel mensen dit niet – of maar gebrekkig – doen, zal ik in het volgende hoofdstuk behandelen op welke wijze het beste over moeilijke onderwerpen, zoals seks, en veranderingen door kwalen en ziekten hierin, gesproken kan worden.

Literatuur:

M.W. Hengeveld, *Willen maar niet kunnen. Zelfhulp en behandeling bij erectiestoornissen*. Kosmos–Z&K, Utrecht/Antwerpen 1994

J. Vink, *Wat vrouwen betreft. Over afscheiding, menstruatie, blaasontsteking en andere vrouwenproblemen*. Bohn Stafleu van Loghum, Houten 1992

H. Wiel en W. Schultz, *Houvast. Over seksualiteit, ziekte en handicap*. Boom, Meppel 1993

Video: 'Seks, je lust en je leven' (van Movies Select Video *Als je ouder wordt...*); presentatie: Goedele Liekens (seksuologe) en dr. Michael Perring

Samenvatting en vooruitblik

In dit hoofdstuk werd beschreven welke gevolgen ouder worden en het krijgen van medische aandoeningen en ziekten kunnen hebben op de seksualiteitsbeleving; ook werd in dat licht ingegaan op veelvoorkomende aandoeningen en ziekten. Ten slotte is er gepleit voor het zoeken naar een zo nodig andere wijze van het beleven van lichamelijke intimiteit met elkaar. In het volgende hoofdstuk wordt aandacht besteed aan een goede manier van communiceren en aan wat een effectieve wijze van communiceren in de weg kan staan.

Hoofdstuk 7

COMMUNICATIE OVER MOEILIJKE ONDERWERPEN

De media zijn dol op het woord 'communicatie': 'communicatiemedia', 'het is een kwestie van communicatie', 'we moeten de communicatie tussen de afdelingen beter op elkaar afstemmen...' of 'de communicatie is niet optimaal verlopen'. Maar ook ieder bedrijf en elke politieke partij lijkt ermee bezig te zijn. In mijn praktijk valt het woord communicatie vaak op de volgende manier: 'We houden wel van elkaar, maar we kunnen niet met elkaar communiceren en daarom roepen wij uw hulp in.' Ieder mens lijkt op zijn of haar manier het belang van een goede communicatie te onderschrijven, alleen is niet iedereen even gemotiveerd om die in de praktijk ook werkelijk na te streven. Degenen die dat wel doen kunnen veel hebben aan het volgende.

Een goede verstandhouding tussen mensen kenmerkt zich door het vermogen om naar elkaar te luisteren, om rekening te houden met elkaar en respect te hebben voor elkaar. Daardoor voelt iemand zich van betekenis voor een ander en is tevredenheid over en weer een logisch gevolg. Een dergelijke vervullende relatie ontstaat echter niet vanzelf, daar moet moeite voor worden gedaan. De partners moeten bereidheid tonen om zich in te zetten en ze moeten de vaardigheid bezitten – of zich die willen eigen maken – om effectief te communiceren met elkaar, ook als het over moeilijke of gevoelige onderwerpen gaat.

Wat is effectieve communicatie?

Effectieve communicatie is er als een boodschap zo overkomt op de andere partij als hij oorspronkelijk bedoeld werd. Het klinkt eenvoudig, maar in de dagelijkse omgang bij veel mensen levert communicatie meer misverstanden, wreveligheid en ruzie op, dan dat het hen dichter bij elkaar brengt. Het gevolg is dat heikele onderwerpen vermeden worden om ruzie of een gespannen sfeer te voorkomen. Soms zijn de mensen die me consulteren als partners zover uit elkaar gedreven dat ze alleen nog over de hoogstnoodzakelijke zaken met elkaar praten, over de huiselijke ditjes en datjes. Samen iets ondernemen gebeurt niet of nauwelijks meer.

Als jij in jouw situatie ook een betere communicatie wilt verkrijgen, is het op de eerste plaats noodzakelijk dat jij en je partner *tijd vrij maken voor elkaar*. Jullie moeten letterlijk elkaars gezelschap opzoeken. Dit gaat in het begin niet vanzelf, het moet worden gepland. Besef dat het hierbij niet alleen gaat om de lijfelijke aanwezigheid van beiden in huis, maar dat het de bedoeling is dat jullie samen iets doen. Wat dat is kan variëren van samen televisiekijken, een spelletje of een klusje doen, samen praten met een kop koffie over van alles en nog wat, tot uit eten, naar het theater of samen op vakantie gaan. Het belangrijkste hiervan is dat jullie weer bij elkaar betrokken raken, zodat er als het ware vanzelf weer aandacht voor elkaar ontstaat; de aandacht en attentheid die in de beginperiode van jullie relatie zo vanzelfsprekend was.

En om weer deel te kunnen gaan uitmaken van elkaars (innerlijke) leven is het nodig dat jullie ook weer echt met elkaar gaan praten – niet op een manier die tot misverstanden leidt, maar op zo'n manier dat je elkaar bereikt: een effectieve manier dus.

Maar tijd vrijmaken is niet genoeg; zorg er ook voor dat de telefoon en de televisie uitstaan, en dat jij en je partner elkaar kunnen aankijken.
Vervolgens ga je oefenen in actief luisteren naar elkaar, en dat is heel moeilijk. Vooral als je partner dingen zegt die je liever niet wilt horen, bijvoorbeeld op- of aanmerkingen op jouw gedrag. Ieder mens heeft dan de neiging in de verdediging te gaan door de ander onmiddellijk van repliek te dienen of door in het hoofd het antwoord voor te bereiden terwijl de ander nog niet is uitgepraat. Uiteraard ben je dan niet meer in staat om te luisteren.
Bij actief luisteren moet je alle (voor)oordelen ten aanzien van je partner opzijzetten. Je moet als het ware je hoofd leegmaken, zodat je in staat bent datgene wat de ander zegt ook werkelijk in je op te nemen. Dat is onmogelijk als je in gedachten bezig bent met te oordelen of te verzinnen welk antwoord je gaat geven. Onbevooroordeeld luisteren is echter een van de moeilijkste vaardigheden in de dagelijkse omgang tussen partners, en om die reden leg ik je enkele oefeningen voor.

Oefening 1
Lees je partner een stukje voor uit de krant en vraag dan aan haar of hem te herhalen wat je hebt voorgelezen. Luister nauwgezet of de ander het goed weergeeft. Zo niet, vul dan aan en vraag opnieuw aan de ander om dit weer te geven. Doe dit net zo lang tot je het gevoel hebt dat er goed naar je is geluisterd. Wissel dan van rol.

Oefening 2
Doe nu de oefening op een andere manier. Vertel je partner iets dat je prettig vond in de afgelopen week in zijn of haar gedrag, en vraag opnieuw om je woorden weer te geven. Doe ook dit net zo lang tot je het gevoel hebt dat je partner goed naar je heeft geluisterd.
Wissel daarna opnieuw van rol.

Oefening 3

Doe dezelfde oefening nu door je partner iets te vertellen wat je niet leuk vond in zijn of haar gedrag. Let daarbij op dat je datgene wat je wilt zeggen zo zorgvuldig mogelijk formuleert. Maak de ander geen verwijten, maar formuleer wat je dwarszit als een wens.

Tanja (55)

Tanja ergert zich er al jaren aan dat haar partner smakt bij het eten. Om hem niet te kwetsen heeft ze er tot nu nooit iets over gezegd. Toen ze samen deze oefeningen deden om beter te leren communiceren met elkaar, zei ze op een gegeven moment het volgende.

'Ik heb er last van dat je niet met je mond dicht eet, als je eet. Ik heb er zelfs zo'n last van dat ik soms van tafel opsta en maar iets in de keuken ga doen. Daarom zou ik je willen vragen om vanaf nu daar rekening mee te houden en te eten met je mond dicht. Dat zou het eten voor mij in jouw gezelschap een stuk aangenamer maken.'

Mark (56) reageerde als volgt:

'Waarom heb je daar nu ineens last van? Mag ik hier in mijn eigen huis niet meer eten hoe ik zelf wil...?'

Bekijk je dit in het licht van effectieve communicatie, dan is het een foutieve reactie. Mark gaat in de verdediging door de aanval in te zetten... Het was beter geweest als hij had gezegd:

'Ik had niet in de gaten dat ik zo zit te smakken en dat je daar last van hebt. Ik zal mijn best doen om er rekening mee te houden.'

Met die woorden had Mark niet alleen laten merken dat hij had gehoord wat Tanja zei, maar had hij ook meteen te kennen gegeven dat hij met haar wens rekening wilde houden. Als iemand op zo'n manier reageert, voelt de ander zich serieus genomen.

Vervolg oefening 3

Pas als er goed door de luisteraar op de kritiek is gereageerd – dus zoals boven is beschreven: dat er niet wordt verdedigd of aangevallen –, mag er door de partners van rol worden gewisseld.

Als je effectief wilt zijn in je communicatie moet je, als je over jezelf praat, het woordje 'ik' gebruiken, en niet de woorden 'je' of 'jij', want dat schept afstand en verwarring. Ook moet je je best doen om je boodschap zo kort en bondig mogelijk te formuleren. Natuurlijk is de een langer van stof dan de

HANNIE VAN RIJSINGEN

ander, maar als je wilt dat er echt naar je wordt geluisterd moet je zijpaden vermijden en je houden bij de kern van je mededeling.

Ook is het belangrijk dat je je onthoudt van kritiek op wat de ander zegt. Geef als luisteraar kort weer wat de ander heeft gezegd (zie luisteroefening). Als je iets niet goed begrijpt mag je wel uitleg vragen, maar geen kritiek geven, noch op de inhoud, noch op de wijze waarop de ander iets heeft gezegd.

Voorbeeld van hoe het niet moet:
Vrouw: 'Ik wil graag morgen de auto als ik naar muziekles ga.'
Man: 'Wat ben jij een slappeling, zeg! Je zou toch meer gaan fietsen?'

Wil je je communicatie effectief laten zijn, dan is het zinvol om na de samenvatting van de woorden van je partner te formuleren wat jijzelf verwacht.

Man: 'Dus jij wilt met de auto naar muziekles. Verwacht je dan dat ik ga fietsen?'
Vrouw: 'Ik had gedacht om jou naar je werk te brengen. Misschien kun je met een collega terugrijden. Als dat niet lukt, kom ik je halen.'
Man: 'Prima, maar dan moet je wel vroeger je bed uit.'
Vrouw: 'Dat heb ik er wel voor over.'

Onderbreek de ander niet en neem ook het stuur niet over.

Veel mensen beginnen over zichzelf als de ander iets aan het vertellen is. Dit gebeurt vaak ongemerkt. Het accent van het gesprek wordt dan verlegd naar degene die het overneemt. Let maar eens op als je in een gezelschap bent: je zult versteld staan hoe vaak dit fenomeen zich voordoet.

Man: 'Ik had vannacht zo'n buikpijn dat ik maar ben opgestaan. Toen ik een poos op het toilet had gezeten ging het wel weer. Maar ik heb nog steeds een nare buik.'
Vrouw: 'Dat heb ik nou al de hele week, maar ik ben niet zo'n klager. Toch had ik zondagnacht zulke buikkrampen dat ik jou bijna wakker had gemaakt en...'

Wil je dat de communicatie ook op langere termijn effectief blijft, dan is het noodzakelijk dat de afspraken die uit een gesprek voortvloeien ook worden nagekomen.

Je niet houden aan afspraken zaait onherroepelijk, ook al wil je dat niet, wantrouwen, onzekerheid en ongeloof. De ander voelt zich niet gewaardeerd.

Communicatieregels voor de luisteraar:

• Ga zo zitten dat je de ander kunt aankijken.

- Onderbreek 'de prater' niet.
- Vat in je eigen bewoordingen samen wat je partner heeft verteld.
- Vraag vervolgens of het klopt wat zij/hij je heeft verteld.
- Als je het moeilijk vindt wat de ander je heeft verteld, zeg dit dan gewoon, maar oordeel en interpreteer niet.
- Overleg bij jezelf of je aan de verwachting van de ander wilt of kunt voldoen.
- Als je er niet aan wilt voldoen, onderhandel dan over een onderdeel waar je wel aan wilt voldoen.
- Houd je aan de toezegging die je doet of de afspraak die je maakt.
- Als je je niet aan afspraken wilt houden, kom er dan op terug.

Communicatieregels voor de prater:

- Verwacht niet dat de ander altijd jouw mening deelt of hetzelfde wil als jij.
- Zeg kort en bondig wat je te zeggen hebt.
- Als je over jezelf praat, gebruik dan de ik-vorm; gebruik geen 'je' of 'jij'.
- Praat vanuit je hart, vanuit wat je voelt. Zeg niets over de ander.
- Luister of de ander je goed heeft begrepen, en geef waar nodig toelichting (geen kritiek).
- Zeg wat je van de ander verwacht.
- Luister of die ander aan die vraag wil of kan voldoen.
- Vraag uitleg als de ander niet aan jouw verwachting wil voldoen.
- Zeg vervolgens wat dit voor jou betekent, wat jij voelt.
- Maak geen verwijten, ga geen discussie aan.

Literatuur:

Hannie van Rijsingen, *Zin in vrijen... voor mannen.* Aramith, Haarlem 2002
Marshall B. Rosenberg, *Geweldloze communicatie.* Lemniscaat, Rotterdam 1998

Praten over moeilijke onderwerpen en verborgen pijn

Seks is iets voor jonge mensen

'Ze wil nooit meer,' zegt de 72-jarige, dunne man, met brilletje en zuinige mond terwijl hij beschuldigend naar zijn echtgenote kijkt.

De moederlijke, mollige vrouw, met gepermanente grijze haren en een bril waarvan de ronde glazen in een licht montuur groot op haar kleine neus staan, kijkt gelaten voor zich uit. Ik schat haar achter in de zestig.

'Ze doet ook niets aan haar conditie,' gaat de man verder. 'Ik wel. Ik doe elke dag yoga-oefeningen, ik fiets een paar uur, maar zij... het enige waarvoor ze de deur uitgaat zijn de boodschappen en het zangkoor.' Verontwaardigd haalt hij zijn neus op.

'Uw vrouw heeft dus hele andere interessen dan u,' vat ik samen.

Ze knikken beiden.

'Was dat ook al zo, toen jullie jonger waren?' vraag ik aan de vrouw.

'Toen werkte hij,' zegt ze, 'en dat doet-ie natuurlijk niet meer.'

'Maar de tijd dat hij vrij was, waren er toen wel meer dingen waar jullie samen belangstelling voor hadden?'

'Och, toen hadden we de kinderen.' Ze sluit haar mond en zwijgt.

'Daar ging natuurlijk veel aandacht naartoe,' zeg ik begrijpend. 'Maar de seks? Hoe ging het met de seks toen de kinderen nog thuis waren?'

De man gaat recht zitten, en kijkt me aan of hij een heel verhaal wil gaan vertellen, maar zijn vrouw is hem te vlug af. 'Toen was alles normaal. Heel nor...'

'Wat jij normaal noemt,' onderbreekt de man haar bits. 'Ik heb altijd veel meer behoefte gehad dan jij.' En tegen mij: 'Maar ja, je past je aan, hè?' Teleurgesteld lacht hij een zuur lachje.

Zijn vrouw wrijft haar handen, die in haar schoot liggen, over elkaar en kijkt naar buiten. Ook aan het trekken van haar linkermondhoek kan ik zien dat de man haar met zijn woorden diep heeft geraakt.

'Bedoelt u dat jullie vroeger wel regelmatig seks hadden?' richt ik me tot de vrouw. Ze draait haar hoofd langzaam terug in mijn richting en kijkt me donker aan. Dan knikt ze.

'En was de seks ook bevredigend voor u?'

Ze keert zich weer af. Op bezwerende toon zegt ze: 'Alles was normaal. Heel nor...'

'Alleen veel te weinig,' valt de man haar voor de tweede keer in de rede. 'En dat kunnen we nu inhalen. Geen kinderen meer over de vloer, we hebben alle tijd...'

'Je vergeet mijn artrose,' zegt zijn vrouw.

Hij zucht diep. 'Daar begin je nou altijd over. Maar als je meer aan je conditie zou doen, zoals ik, dan zou je ook minder last van die kwaal hebben bij het vrijen.'

'Wat jij wilt, daar zijn we veel te oud voor,' zegt ze met de rug half naar hem toe, nog steeds met haar blik naar buiten gericht.

'Dat bedoel ik nou.' De man kijkt triomfantelijk mijn richting uit, terwijl hij beschuldigend zijn hand uitsteekt. 'Mevrouw kan alleen maar aan zichzelf denken. Nooit denkt ze aan mij.'

'En jij wilt niet accepteren dat je oud bent. Seks is iets voor jonge mensen.' Steunend met haar handen op de leuning van de stoel helpt de vrouw zichzelf moeizaam overeind.

'Wilt u weer gaan zitten...,' zeg ik met enige autoriteit.

Aarzelend laat ze zich weer zakken. De man heeft inmiddels zijn handen in de lucht geheven, terwijl hij vertwijfelt mompelt: 'Is ze nou helemaal gek... "Seks is iets voor jonge mensen..." '

Ik besluit om dat te negeren en alle aandacht aan zijn vrouw te geven. 'Denkt u echt dat seks alleen maar iets is voor jonge mensen?' vraag ik haar.

Ze knikt obstinaat.
'Seks kan tot op hoge leeftijd plezierig zijn,' zeg ik met klem. 'Echter, er zit één grote "maar" aan.'
In de blik van de vrouw ontstaat een sprankje interesse.
'De seks moet in iemands leven wel overwegend aangenaam en prettig zijn geweest.' Ik ben me ervan bewust dat mijn toon een belerende klank heeft.
Vergis ik me of stokt haar adem werkelijk even als haar mond een weinig openvalt?
'Ik krijg de indruk,' ga ik verder, 'dat seks nauwelijks of niet plezierig voor u is geweest in uw leven. Is mijn indruk juist?'
Er springen tranen in de ogen van de vrouw. Vervolgens glijden ze langzaam over haar wangen naar beneden.
Er is een heleboel onuitgesproken gebleven tussen deze twee mensen.
(Als column geplaatst in *GezondheidsNieuws*, augustus 2003)

Als met het klimmen der jaren seks voor een van de partners wegens lichamelijke ongemakken moeilijk of pijnlijk is geworden, is het noodzakelijk dat erover wordt gepraat. Wellicht valt er een oplossing te vinden in andere manieren van vrijen dan de oude vertrouwde (zie hoofdstuk 6). Helaas kom ik nogal eens tegen dat dit niet gebeurt. Het is voor de meeste mensen moeilijk om met hun eigen partner over seks te praten. Waarschijnlijk komt dat ook omdat men niet weet hoe het anders kan.

Ik heb ook gemerkt dat paren hun relatie vaak ondermijnen. Mijnen zijn in mijn ogen onderwerpen die spanningen oproepen en reacties teweeg kunnen brengen als boos de kamer uitlopen, woedende uitvallen, pijnlijke stiltes, tranen, snel van onderwerp veranderen, beschuldigende of verontschuldigende blikken, grappen, en zo zou ik nog wel even door kunnen gaan. Dit gedrag ontstaat dikwijls naar aanleiding van moeilijke of pijnlijke dingen die tijdens een huwelijk voorvallen en die partners niet voldoende hebben verwerkt. Natuurlijk kent elk huwelijk moeilijke en pijnlijke gebeurtenissen. Sommige paren weten daar prima mee om te gaan, terwijl andere ze opslaan in een mijnenveld, waarin best iets tot ontploffing kan komen als iemand dicht in de buurt komt.

Henk (60) en Nieske (54)

Henk en Nieske zijn al 33 jaar bij elkaar. Ze consulteren mij omdat er al drie jaar niet of nauwelijks meer gevrijd wordt, en Henk daar niet langer tegen kan. Nieske vertelt mij dat seks nooit zo belangrijk voor haar is geweest als voor Henk, maar dat ze het sedert haar blinde darmoperatie helemaal niet meer kan opbrengen. Die operatie was drie jaar geleden. In die periode, toen ze zich erg beroerd voelde, ondervond ze meer steun van haar twee dochters dan van Henk. Hij klaagde alleen maar dat hij zichzelf moest zien te redden en steeds naar het ziekenhuis moest. Het werd hem al snel te veel. Toen drong het tot haar door dat Henk haar bij moei-

lijkheden en emotionele momenten altijd al in de steek had gelaten. Hij werd dan snel moe of soms zelfs ziek, niet ernstig maar wel voldoende om haar alleen voor alles te laten opdraaien.

Zij had het heel gewoon gevonden een therapie te regelen voor hun moeilijke jongste dochter, nachtdiensten te draaien in het verzorgingstehuis waar ze werkte, het huishouden te doen en zijn moeder te bezoeken toen die bedlegerig was geworden. Ze had het allemaal met liefde gedaan. Maar toen zijzelf in het ziekenhuis terechtkwam en Henk met een lichte verkoudheid thuis het bed in dook, een actie waar zelfs de kinderen hun beklag over deden, was er bij haar iets geknapt.

'Ik kan niks goed meer doen,' zegt Henk.

'En hij kan alleen maar praten over dat ik niet meer wil vrijen, over dat andere niet. En dat is veel belangrijker,' zegt Nieske.

'Wat valt er over te zeggen?' reageert Henk. 'Ik heb al gezegd dat het me spijt, maar ik kan de klok toch niet terugzetten... Of wel soms?' Hij richt zich vragend tot mij.

Als er met emoties over bepaalde gebeurtenissen niet goed wordt omgegaan, kunnen er wrok en verstilde woede ontstaan, die in veel gevallen leiden tot een verwijdering tussen de partners.

In het derde hoofdstuk heb ik een aantal thema's genoemd die bij veel mensen emotioneel gevoelig liggen. Zij kunnen telkens terugkerende spanningen veroorzaken als de huwelijkspartners niet leren om er op een constructieve manier mee om te gaan. In het volgende onderdeel licht ik deze thema's een voor een toe.

Fysieke afwezigheid door werkzaamheden, verenigingsleven, hobby's

Bij de oudere generatie, vooral bij diegenen die voor 1940 zijn geboren, is de mannelijke partner, overeenkomstig de toen heersende rolpatronen, het meest afwezig geweest. Eenmaal gewend aan deze manier van doen is het voor een man vaak moeilijk te veranderen als hij de pensioengerechtigde leeftijd bereikt. Vaak staan de aanbiedingen al te wachten op het moment dat hij meer tijd ter beschikking krijgt. De besturen van de plaatselijke verenigingen, scholen, ziekenhuizen enzovoort, kunnen altijd wel ervaren leden gebruiken.

Francien (66) en Albert (68; zes kinderen, vijf kleinkinderen)
Francien heeft Albert mee naar de therapeut gesleept, omdat ze ontevreden is over hun omgang. Ze had uitgekeken naar zijn pensionering, maar in de dagelijkse praktijk merkt ze er niets van. Hij is nog steeds veel te weinig thuis, vindt ze, en ze doen nog steeds ontzettend weinig samen.

Albert lacht haar bezwaren wat ongemakkelijk kijkend weg met: 'Maar je hebt toch

een auto, je kunt toch weg wanneer je wilt...'
'Het was niet de afspraak dat je wethouder zou worden...'
'Maar ik ben gevraagd.'
'Je had nee kunnen zeggen,' antwoordt Francien. 'Maar dat is een woord dat je
alleen tegen mij en de kinderen gebruikt. Voor de rest zeg je ja tegen alles wat op je
afkomt.' Ze kijkt voor zich uit, maar de gepijnigde uitdrukking op haar gezicht
geeft aan dat de pijn al jarenlang bestaat.

Lichamelijke mishandeling of andere vormen van intimidatie

Volgens een Nederlands onderzoek naar huiselijk geweld in 1997 komt in bijna
43% van de bestaande relaties geweld voor. Dus bijna de helft van de bevolking
is ooit persoonlijk slachtoffer geweest van huiselijk geweld, een percentage
waarin de zogenaamde 'incidenten' niet zijn meegeteld. Onder een incident
verstaat men geweld dat geen lichamelijk letsel of verder geen noemenswaardi-
ge andere gevolgen had (volgens het slachtoffer zelf), en niet langer dan een jaar
duurde en niet vaker dan maandelijks voorkwam. In alle andere gevallen
spreekt men van huiselijk geweld. Ook bleek dat veel mensen geestelijk worden
geterroriseerd (*de Volkskrant*, 23 oktober 1997).
Huiselijk geweld komt voor in alle lagen van de bevolking, en vrouwen en mannen zijn in ongeveer gelijke mate slachtoffer ervan. Het geweld tegen vrouwen
is echter vaak ernstiger en vaker seksueel van aard dan het geweld tegen mannen. Bovendien worden mannen meestal op jeugdige leeftijd slachtoffer, terwijl
vrouwen in elke leeftijd slachtoffer kunnen worden. De daders zijn meestal
mannen (zo'n 80%). Bijna een derde van de Nederlandse bevolking ziet zijn of
haar leven als gevolg van huiselijk geweld fors veranderen (bijvoorbeeld echtscheiding, angstgevoelens, problemen met intimiteit).
Als in een relatie regelmatig uitbarstingen van geweld voorkomen, is het onmogelijk om veiligheid, wederzijds vertrouwen en respect te verkrijgen, een klimaat dat nodig is voor een gezonde, wederkerige, respectvolle, (seksuele) relatie. Om een geweldsspiraal (gedragspatroon) te doorbreken is over het algemeen
professionele hulp noodzakelijk.
Ook al is de mishandeling (of andere vormen van intimidatie) gestopt, dan zijn
de wonden nog niet geheeld. De lichamelijke wonden misschien wel, maar de
geestelijke wonden blijven aanwezig als er geen poging is ondernomen om ermee in het reine te komen.

Een verschillend uitgavenpatroon van de partners

Over het algemeen levert het ongenoegen of problemen op als een van de partners te veel geld uitgeeft en regelmatig over het beschikbare budget heen gaat.

HANNIE VAN RIJSINGEN

Een aantal koppels lost dit op door de partner die géén gat in de hand heeft het inkomen te laten beheren. De andere partner moet zich dan wel houden aan de gemaakte afspraken.

Overmatig drankgebruik door een of beide partners

'Drank maakt meer kapot dan u lief is' – we kennen allemaal de slogan die mensen waarschuwt tegen onverantwoord drankgebruik. Maar we weten ook allemaal dat er desondanks door veel mensen regelmatig tot vaak te veel wordt gedronken en dat de meerderheid er dan niet leuker op wordt. De positieve uitzonderingen zijn vaak matige drinkers die na twee of drie glaasjes wijn of bier plotseling spraakzaam worden en geestig uit de hoek komen. Dat zijn de mensen tegen wie je met plezier zegt: 'Toe, neem er nog eentje.' Maar in de meerderheid van de gevallen heeft alcoholinname niet dat effect, en zeker niet bij mensen die hun grenzen niet kennen. Bij hen slaat (geforceerde) vrolijkheid vaak om naar een zeurderige en zelfs agressieve stemming, waarin dingen gezegd worden die beter ongezegd hadden kunnen blijven. Als de partner daar dan later op terugkomt, wordt het vaak afgedaan met de opmerking: 'Ach, daar moet je niet zo zwaar aan tillen... Ik had een borrel op.'
Maar kwetsingen zijn kwetsingen, met of zonder borrel, en woorden kunnen psychische wonden slaan die langer sporen nalaten dan lichamelijke wonden doen.

Annie (62) en Ad (65; drie volwassen kinderen)
Annie en Ad consulteerden mij omdat het vrijen in de laatste tien jaar steeds minder was geworden. 'Als het nog zes keer per jaar gebeurt, is het veel,' monkelt Ad. Hij wil dat dit verandert, want als hij straks thuis zit en ze meer tijd voor elkaar krijgen, zou hij het op prijs stellen als er ook weer wat meer 'lichamelijkheid' tussen hen zou kunnen plaatsvinden. 'Want het is altijd goed geweest.'
Annie beaamt zijn verhaal, maar in een gesprek met haar alleen vertelt ze dat er een periode is geweest, toen het niet zo goed ging met de zaak, dat Ad dronk. Zij was toen in de overgang en hij drong als hij een slok te veel op had, altijd aan op seks. Omdat ze een enorme hekel had aan zijn drankgebruik, ging ze nooit op zijn avances in. Op een avond werd Ad door haar afwijzing zo nijdig dat hij uitriep: 'Het kan me eigenlijk ook geen reet schelen... het lijkt de laatste tijd toch of ik hem in een bloempot stop.' Daarna was hij in de logeerkamer gaan slapen.
De volgende dag was Annie erop teruggekomen, maar dat werd een frustrerende ervaring. Niet alleen omdat Ad zich het incident niet meer kon herinneren, maar vooral omdat hij het afdeed met: 'Maak je toch niet zo druk, iedereen zegt wel eens wat als hij een borrel op heeft.'
Ze kreeg tranen in haar ogen toen ze het vertelde.

Emotionele afwezigheid van de partner

In de jaren dat ik als therapeut werk heb ik vaak van vrouwen te horen gekregen dat ze op zeer belangrijke momenten hun partner misten. Ook al was deze lijfelijk wel aanwezig, ze ondervonden geen enkele steun van hem.

Joke (49) en Johan (50)

Joke: 'Toen ik beviel van onze dochter, die op het laatste moment in de baarmoeder gestorven bleek te zijn, was dat verschrikkelijk. Tijdens de bevalling stond nog niet vast of ze dood was of niet, maar ze werkte totaal niet mee. Hij,' ze wijst met haar hoofd naar haar man, 'ging een kop koffie drinken.'
Johan: 'Wat moest ik doen? De dokters en verpleegsters liepen om je heen te springen... Ik stond alleen maar in de weg.'

Zich emotioneel afsluiten voor de partner

Ook kom ik regelmatig tegen dat mannen zich (nog meer) afsluiten als ze het op een of andere manier moeilijk krijgen. Veelal beseffen ze dat zelf niet (Van Rijsingen 2002) en als ze het wel in de gaten hebben zeggen ze dat het een bewuste keuze is. Ze denken er goed aan te doen hun partner niet lastig te vallen met hun sores.

Jan (62)

Jan consulteert mij omdat hij al acht jaar totaal geen behoefte meer heeft aan seks. Op zijn 57ste is hij met de VUT gegaan, terwijl zijn vrouw bleef werken. Onlangs is zij echter ook met pensioen gegaan en op de dag dat zij van haar werk afscheid nam zei ze tegen hem: 'Ik mis de seks ontzettend. Doe er wat aan, of ik ga alleen verder.'
Voor hemzelf hoeft de seks niet meer zo, maar de gedachte dat zijn vrouw hem zou kunnen verlaten... 'Daarom ben ik hier,' besluit hij zijn introductie met een verdrietig gezicht.
Ik vraag hem zijn levensloop te vertellen.
Hij komt uit een gezin van acht kinderen. Het kind boven hem, een jongen, was kort na zijn tweede jaar gestorven en heette ook Jan. 'Ik heb altijd moeten concurreren met mijn dode broertje,' zegt hij. 'Als ik iets uitgevreten had werd mij voorgehouden dat Janneman — zo noemden ze hem — zoiets nooit gedaan zou hebben, en als ik iets goed deed zou hij het beter gedaan hebben. Nooit was het goed wat ik deed. Ik werd altijd, maar dan ook altijd, vergeleken met mijn dode broertje Janneman.'
Via Jeugdwerk kwam Jan op de sociale academie terecht en nadat hij ook nog een voortgezette opleiding had voltooid, kreeg hij een baan bij de Stichting Thuiszorg. Daar werd hij na verloop van tijd personeelsfunctionaris en deskundigheidsbegelei-

der. Het ging goed tot er een nieuwe directeur werd benoemd. 'Met die man kon ik totaal niet door één deur, die heeft me van het begin af aan dwarsgezeten. Misschien omdat ik meer werkervaring had dan hij...?'
De conflicten tussen Jan en zijn directeur liepen hoog op. Jan sprak er niet over met zijn vrouw. 'Werk en privé houd je gescheiden,' was zijn devies. In diezelfde tijd had hij af en toe last van erectiezwakte tijdens het vrijen, en al snel nam hij geen initiatief meer. Om initiatieven van zijn vrouw te ontwijken ging hij later naar bed dan zij. Ook dronk hij meer dan voorheen. Piekeren deed hij meer dan praten. Daar begon hij pas mee in mijn spreekkamer. Toen bleek dat hij zich vanaf het moment dat hij zich kan herinneren moest waarmaken. Hij was immers niet goed genoeg... Janneman zou alles beter gedaan hebben.
Datzelfde gevoel kwam in alle hevigheid terug toen de nieuwe directeur bij de Thuiszorg in dienst trad en hem met kritiek begon te bestoken. Jan zat zijn tijd uit, maar alleen omdat hij met 57 in de VUT kon. Hij heeft het echter wel ervaren als het verlaten van een zinkend schip – een kapitein had mee ten onder horen gaan! Hij knokte alle problemen alleen uit, want met gevoelens liep je niet te koop. Met die houding had hij zijn vrouw van zich af gedreven.

Verschil in opvatting over de aanpak van de kinderen

Cora (45) en Harry (47; kinderen van 22, 20 en 16)
Cora en Harry beschrijven hun relatie als 'totaal uit elkaar gegroeid', maar omdat de jongste nog thuiswoont willen ze niet scheiden. Als reden van verwijdering noemt Cora de strengheid van Harry: 'Hij zit altijd op de kinderen te vitten.'
'Dat is helemaal niet waar,' werpt Harry tegen. 'Jij vindt alles maar goed. Als het alleen aan jou had gelegen, waren het verwende krengen geworden, slapjanussen waar de maatschappij niks aan heeft.'
'Alleen omdat jij een moeilijke jeugd hebt gehad, heb jij ze altijd alles willen verbieden... En daar was ik het niet mee eens, dat weet je. Ik vind dat onze kinderen hetzelfde moeten kunnen doen als andere kinderen.'

Verschil in opvatting over de aanpak van de kinderen geeft altijd spanning in een huwelijk en soms kan die spanning zo escaleren dat er een sfeer ontstaat van toenemend geweld. Als de partners geen oplossing zien, moet vaak een scheiding uitkomst bieden.

Marita (51)
Ik ben gescheiden van mijn eerste man toen ik besefte dat ik zo meer rust voor mijn kinderen kon creëren. Mijn zoon kon nooit iets goed doen bij hem. Nou was het geen gemakkelijk kind, dat weet ik wel, maar toch. Elke keer als mijn eerste man hem te lijf ging stierf mijn liefde een beetje, en dat gebeurde steeds vaker. Toen mijn

zoon twaalf was, was de rek eruit. Toen ben ik weggegaan. Achteraf heb ik vaak tegen mezelf gezegd: Waarom heb je het niet eerder gedaan? Eindelijk hadden we de rust die wij – en vooral mijn zoon – broodnodig hadden.

Omgang met familie en/of schoonfamilie

Dit onderwerp komt in mijn spreekkamer vaak ter tafel. Hoe iemand met zijn familie van herkomst omgaat kan een bron van irritatie zijn voor de ander.

Mariska (45) en John (46; twee zonen van 17 en 15)
Mariska: 'Wat me zo mateloos stoort is dat John nooit uit zichzelf contact opneemt met zijn ouders. Nou zijn het niet de leukste mensen, dat weet ik ook wel, maar er zijn ergere mensen en het zijn tenslotte zijn ouders. Bovendien zijn ze wel leuk tegen de kinderen. Daar kan hij best rekening mee houden, maar dat doet hij niet. Hij laat die dingen altijd door mij regelen. En ik... ik heb er onderhand schoon genoeg van.'

Meta (36) en Hans (38)
Hans: 'Meta heeft altijd commentaar als ik bij mijn ouders ben geweest. Ik durf bijna niet meer te vertellen dat ik er even langs ga, als ik voor mijn werk toch in de buurt ben.'
Meta: 'Je moet er wel bij vertellen waarom dat zo is.'
Hans kijkt enigszins schaapachtig voor zich uit.
Meta: 'Je ouders hoeven maar te kikken en je springt al in de auto. Laatst nog. Op een zaterdag. Je zou de schommel van de kinderen repareren. De telefoon gaat, je vader vroeg je iets en je zat alweer in de auto... Vervolgens ben je de hele middag weg gebleven. En de kinderen maar aan mij vragen wanneer die schommel nou gemaakt werd.'
Hans: 'Mijn vader heeft geen verstand van elektriciteit en daar ging het over. Dat heb ik je al wel honderd keer verteld. Het is mijn vak, ik kan die man niet laten prutsen. Je weet hoe eigenwijs hij is; straks gebeurt er iets met hem... En ik heb de schommel zondag toch gemaakt?'

Deze terugkerende woordenwisselingen tussen Meta en Hans lossen niets op, ze leiden alleen tot irritatie bij beiden en... tot verwijdering. Het zijn herhalingen van zetten – geen probleemoplossende acties –, waarbij beiden blijven strijden om hun gelijk. Dit veelvoorkomende verschijnsel is energieverslindend en gaat ten koste van de harmonie in het gezin.
Als je zelf ook in zo'n strijd verwikkeld bent, besef dan dat er iets anders onder verborgen ligt, dat die strijd in feite gaat om acceptatie over en weer van de verschillen tussen jullie beiden, over het anders zijn van elkaar.

Laat het besef tot je doordringen dat ieder mens uniek is. Stop ermee om de verschillen tussen jou en je partner te verdoezelen door te trachten hem of haar te laten passen in het beeld dat jij hebt van 'de ideale partner'. Vergeet niet dat die ander een eigen persoonlijkheid is met een eigen karakter, eigen opvattingen, verlangens en strevingen. Net zoals jij. Accepteer deze feitelijkheden en steun je partner in de dingen die moeilijk zijn voor hem of haar, zoals je zelf graag gesteund zou willen worden.

Het hebben ondergaan of laten ondergaan van een abortus

Pieter (61, bijna gepensioneerd)
Pieter consulteert mij omdat hij afstand ervaart in zijn huwelijk. 'We zijn vrienden, maar niet meer dan dat.' Er wordt bijvoorbeeld nooit meer gevrijd. Als ik hem vraag wat zijn aandeel geweest zou kunnen zijn, antwoordt hij naast opgaan in het werk het volgende: 'Mijn vrouw heeft vijfentwintig jaar geleden op mijn aandringen een abortus ondergaan. We waren het er zogenaamd over eens, maar ik weet heel goed dat ik op haar ingepraat heb. Ik heb altijd beter kunnen argumenteren dan mijn vrouw, toen ook. En als ik heel eerlijk ben, is eigenlijk daarna de afstand begonnen.'

De dood van een kind

Ali (52), vrouw van Teun (55)
Toen ons dochtertje vijf maanden na de geboorte overleed, heeft Teun zich als een bezetene op z'n werk gestort. Hij praatte nergens over. Als ik erover begon, verstrakte hij en vond hij onmiddellijk een smoes om weer aan het werk te gaan. Algauw praatte ik niet meer over haar.

Ongewilde kinderloosheid

Steven en Trea (beiden 45)
Ik denk dat het niet hebben kunnen krijgen van kinderen ons uit elkaar heeft gedreven. Er was niets mis met ons, het moest lukken, zei de dokter. Ik heb me eerlijk gezegd wel eens een fokstier gevoeld. En achteraf gezien heb ik het toen goed gevoeld. Nu ze te oud is om nog kinderen te krijgen, taalt ze niet meer naar seks. Ik mag haar nauwelijks meer aanraken.

Een levensbedreigende ziekte bij een van de partners

Evelien (50), getrouwd met Gerrit (55)
Evelien consulteert mij omdat ze zich ontzettend eenzaam voelde, nadat er bij

haar een jaar geleden een borst was verwijderd wegens borstkanker. Vanaf het mo-
ment dat de ziekte bij haar geconstateerd werd, stond ze er emotioneel alleen voor.
Haar man begeleidde haar trouw naar de artsen en het ziekenhuis, maar over het
onderwerp zweeg hij als het graf. Als zij het zelf te berde bracht, zuchtte hij diep en
haalde hij zijn schouders op. Toen ze terugkwam uit het ziekenhuis had hij de ech-
telijke slaapkamer voor haar in orde gemaakt, maar zelf had hij zijn intrek geno-
men in de logeerkamer, waar hij nog steeds slaapt. Hij vroeg nooit naar de ver-
minking – want zo ervaart Evelien haar operatie –, noch heeft hij haar nadien nog
naakt bekeken. Sterker nog, hij heeft haar niet meer aangeraakt, zelfs niet met een
knuffel of even een arm om haar heen. En dat steekt haar het meest – dat hij totaal
geen blijk geeft van belangstelling voor iets dat zo'n ingrijpende verandering voor
haar is, en dat hij haar geen enkele troost en opvang biedt door woorden of aanra-
kingen.

Gelukkig zijn niet alle mannen zo onhandig in het omgaan met een dergelijke ramp. Ik ken ook mensen bij wie de man na een borstamputatie samen met de vrouw kijkt hoe haar lichaam eruitziet en geduldig volhoudt tot de vrouw het zelf kan accepteren.

De meeste vrouwen die een of andere verminkende operatie hebben ondergaan en getrouwd zijn, zullen echter een partner hebben die ergens tussen deze twee uitersten inzit. Het zal voor de meeste paren hoe dan ook tijd vergen voor zoiets een plaats krijgt, en men in de nieuwe situatie weer een weg heeft gevonden. Praten met elkaar, elkaar steunen, is hierin erg belangrijk, maar of men dit gemakkelijk doet is afhankelijk van hoe men gewend was om vóór die tijd met elkaar over gevoelige en moeilijk liggende onderwerpen te communiceren.

Misschien denk je nu: maar praten maakt de ziekte niet ongedaan, en daar heb je gelijk in. Praten kan echter wel ertoe bijdragen om de situatie gemakkelijker te maken en een zekere kwaliteit van leven te behouden.

Verliefd op een ander

In mijn spreekkamer krijg ik vaak te horen dat mensen tijdens hun huwelijks- of samenwoonrelatie minstens toch wel één keer verliefd zijn geweest op een ander, maar omwille van hun bestaande relatie niets met deze verliefdheid hebben gedaan. De verliefdheid wordt dan niet geconsumeerd, zou je kunnen zeggen. Sommigen vertellen hun partner zelfs niets over die verliefdheid om geen onrust te zaaien en laten hun gevoelens langzaam wegebben, anderen moeten er wel over praten omdat ze hun verliefdheid als een vorm van ontrouw ervaren en de hulp en steun van hun partner nodig hebben om het een plek te geven. Dat zijn vaak mensen die vastomlijnde (vaak onbewuste) opvattingen, ideeën en verwachtingen hebben ten aanzien van liefde, genegenheid, kameraadschap en trouw.

HANNIE VAN RIJSINGEN

Het zijn mensen die zich niet of nauwelijks konden voorstellen, toen ze aan een duurzame relatie begonnen, dat hen zelf ooit zoiets zou kunnen overkomen. Hun verliefdheid op een derde doet hun wereld op zijn grondvesten trillen, zelfs als geen haar op hun hoofd eraan denkt de verliefdheid om te zetten in daden. Maar er zijn natuurlijk mensen die dat wel doen, en in die gevallen spreekt men van vreemdgaan of overspel – woorden die inhouden dat iemand geslachtsgemeenschap heeft met een ander dan zijn of haar vaste partner.

Jany Rademakers zegt over overspel: 'In de meeste gevallen is het sekscontact buiten de relatie een incidentele gebeurtenis. Men vrijt een of twee keer met elkaar. Meestal kennen de partners elkaar uit de vrienden- of kennissenkring. Bij ongeveer een op de vijf contacten is sprake van een 'tweede relatie', in de zin dat men vaker met elkaar vrijt, veel voor elkaar voelt en hoopt dat het contact zal blijven duren. Een klein deel van de contacten vindt plaats in het buitenland (bijvoorbeeld op zakenreizen) of in het kader van prostitutie.'

Overspel of vreemdgaan wordt door een aantal mensen gezien als incidentele seksuele ontrouw die niet gelijk staat aan emotionele ontrouw. Ik heb vaker vrouwen aan het woord gehoord over dit thema dan mannen, en van hen leerde ik dat sommigen een bezoek van hun man aan een prostituee of een ander incidenteel slippertje nog wel kunnen tolereren, terwijl een goed vriendschappelijk contact met een vrouwelijke collega gezien wordt als een ernstige bedreiging voor hun relatie. Weer een ander kan er uiteindelijk best mee leven dat haar echtgenoot een seksuele relatie buiten de deur heeft, maar het schiet haar echt in het verkeerde keelgat als hij zijn liefje zwanger maakt. Dat is dan de aanleiding tot het aanvragen van een echtscheiding.

Hieruit valt af te leiden dat seks met een derde niet altijd de oorzaak is van (of de aanleiding tot) het stuklopen van een relatie. Slechts een op de vijf gescheiden mensen noemt (een) buitenechtelijk seksuele relatie(s) als hoofdoorzaak voor de mislukking van hun huwelijk. Of dit dan ook werkelijk de hoofdreden is of eerder een symptoom van andere problemen binnen het huwelijk, is moeilijk vast te stellen (Rademakers 1996).

Ondanks het feit dat de seksuele moraal de laatste decennia ruimer is geworden vinden de meeste mensen, zowel mannen als vrouwen, seksuele ontrouw een van de meest pijnlijke kwetsingen die men kan ondergaan. Dat heeft mijns inziens te maken met het feit dat de meeste mensen de band met de huwelijks- of levenspartner zien als een unieke, exclusieve band die ze met niemand anders hebben. Een derde persoon is een ongewenste 'inbreker'. De exclusiviteit moet beschermd worden, en ontrouw door een van beiden wordt door de andere partner dan ook ervaren als verraad aan de eigen inzet en moeite om het huwelijk te laten slagen. Verder wordt ontrouw gezien als gebrek aan inzet en slapheid van karakter. Naast gevoelens van wantrouwen, verlies van eigenwaarde, zekerheid en zelfrespect, steken vragen de kop op als: Wat betekent onze relatie voor jou? Wat beteken ik voor jou? Waar kan ik nog zeker van zijn bij jou? Toch valt het me telkens weer op dat veel mannen op een andere wijze reageren op de ontrouw van hun partner dan vrouwen. Waarschijnlijk is dat een gevolg van het feit dat mannen en vrouwen hun huwelijk verschillend ervaren. Voor vrouwen bestaat er over het algemeen een verband tussen seks en 'houden van', terwijl dat voor veel mannen in mindere mate geldt. Zij kunnen, gemakkelijker dan vrouwen, seks hebben 'om de seks'. Daarom denken mannen ook vaak als hun vrouw of vriendin seksueel ontrouw is, dat ze een betere minnaar hebben getroffen, een concurrent als het ware. Zij bestoken hun ontrouwe partner dan ook vaak met vragen als: Kan hij het langer volhouden dan ik? Heeft hij een grotere? Beft hij beter?

Vrouwen daarentegen stellen meestal vragen die met de exclusiviteit van hun relatie te maken hebben: Heb je hetzelfde met haar gedaan als je met mij doet? Doe je bij haar wel uit jezelf waar ik altijd om moet vragen? Waarover praat je met haar? Waar ben je met haar geweest? Wat doe je allemaal met haar wat je niet met mij doet?

Verder kunnen mannen de seksuele ontrouw van hun vrouw of vriendin ervaren als het ontstelen van hun voorrecht (seksuele exclusiviteit).

Martin (35)

Ik wist dat zij niet zo verliefd op mij was als ik op haar. Ik wist dat haar reden om bij me te blijven mijn betrouwbaarheid was – ik droeg haar immers op handen. Ik dacht echter de enige te zijn wie ze het toestond haar vagina af en toe te bezitten. Die gedachte maakte me gelukkig, gaf me kracht om alle hobbels die ons huwelijk met zich meebracht te nemen. Tot ze me bekende dat ze was vreemdgegaan, en met wie. Het idee dat ik ook nog een 'kutmaatje' had, maakte me des duivels. Zelfs haar vagina was niet meer exclusief iets van haar en mij.

Martin ontleende kracht aan het idee dat zijn vrouw van hem was. Hij was de enige man die geslachtsgemeenschap met haar mocht hebben. Dat voorrecht werd vermorzeld toen hij hoorde dat zij vreemd was gegaan. En dat maakt hem woedend.

Seksuele ontrouw van een van de partners maakt dat de andere partner de controle verliest over wat er gebeurt in de relatie. Dat maakt per definitie onzeker, omdat de veilige geborgenheid die men dacht te hebben is weggenomen. Wil een relatie tussen twee partners leuk en boeiend blijven, dan vraagt dat betrokkenheid en een blijvende inzet van beide personen. Men moet in staat zijn voor zichzelf op te komen zonder het belang van de ander te schaden. Daartoe moet men zichzelf kennen, kunnen onderhandelen en in staat zijn de eigen behoefte uit te stellen als dit nodig is voor de relatie. Immers, het fundament van een relatie is dat beide partners aan hun trekken komen.

Nu kan overspel en ontrouw voortkomen uit het feit dat een van beiden (of beiden) een tekort binnen de relatie ervaart. Dat kan een tekort aan seks zijn, maar meestal is dat niet de reden dat men een relatie buiten de deur gaat zoeken. Het is eerder dat men een tekort of een gebrek aan spanning ervaart, aan ruimte en communicatie, aan aandacht, erkenning en bevestiging.

Overspel kan echter ook een compensatie zijn voor iets wat niet direct binnen de partnerrelatie ligt, maar in het karakter, in hoe de overspelige partner in elkaar steekt en/of problemen aanpakt. Die persoon kan bijvoorbeeld een overdreven behoefte hebben aan aandacht van de andere sekse, of alsmaar moeten bewijzen dat hij/zij aantrekkelijk is. Dat heeft niets met de partner van doen, maar ligt besloten in de psychologische constellatie van die persoon. Natuurlijk heeft iedereen wel min of meer behoefte aan waardering en aandacht. Maar een onschuldige manier van flirten – flirten in de zin van de ander een goed gevoel geven of zelf krijgen (Heskell 2002) – kan een ervaring zijn die een rotdag goed kan maken.

Overspel kan ook een boodschap naar de partner inhouden. Bijvoorbeeld: er moet iets veranderen, want zo kan ik niet met je verder leven. Een vrouw past deze manier wel eens toe als alle andere middelen hebben gefaald om haar hardwerkende, afwezige echtgenoot te laten merken dat ze geen comfortabel meubelstuk is waarop hij naar believen kan plaatsnemen, maar nog steeds een aantrekkelijke vrouw. Door hem jaloers te maken hoopt ze vaak hem wakker te schudden.

Mannen kunnen vreemdgaan als ze er niet in slagen hun behoeften aan aandacht en genegenheid rechtstreeks te uiten. Dat is toch al een vaardigheid die redelijk wat mannen niet goed afgaat, omdat ze hun eigen wensen en verlangens niet duidelijk onderkennen en voor ogen hebben, laat staan dat ze er openlijk om kunnen vragen. Ze proberen de nodige aandacht vaak te krijgen door toenadering te zoeken op het seksuele vlak. Maar dat stoot veel vrouwen in een vaste relatie af, omdat ze daardoor het gevoel krijgen: Zie je wel, ik ben maar voor één ding goed, en dat is het bed.

Maar als seksuele ontrouw onderkend wordt als signaal van ontevredenheid of ongelukkigheid, is dat voor koppels vaak de aanleiding om professionele hulp te zoeken.

Samen verder na geschokt vertrouwen

Als je hoort of ontdekt dat je partner ontrouw is (geweest), kun je dit waarschijnlijk eerst niet geloven. De wereld staat op z'n kop en de vragen buitelen door je hoofd: Wie? Waar? Wanneer? Waarom?, afgewisseld met gevoelens van boosheid en haat – niet alleen ten aanzien van je partner, maar ook jegens de persoon met wie hij of zij de affaire is begonnen. Dit zijn natuurlijke emoties, die elk mens heeft als hem of haar onrecht wordt aangedaan. Bij deze emoties kan onderscheid gemaakt worden tussen *passieve* woede en *agressieve* woede. Passieve woede wordt binnengehouden en kan gemakkelijk omslaan in wrok, die altijd sluimerend aanwezig is. Iemand die hieraan lijdt, zal niet nalaten om elk moment waarop het maar enigszins kan de ander zijn of haar escapade onder de neus te wrijven. Dat verziekt alle aspecten van de relatie, maar de overspelige partner kan er niets tegen inbrengen: hij/zij was immers fout? Passieve woede zal zich vaak uiten in een onderhuidse strijd, die de dagelijkse omgang bevuilt met een langzaam werkend gif.

Agressieve woede uit zich op een heel andere manier. Er volgen explosieve ruzies, waarbij deuren knallen en soms ook klappen vallen. Haatgevoelens zijn, vreemd genoeg, het vaakst gericht op personen die ons het meest na staan – er wordt niet voor niets gesproken van een haat-liefdeverhouding. Haat is echter niet hetzelfde als boosheid. Boosheid is een bruisende energie – agressie betekent in feite kracht – die een persoon aanzet tot actie, een actie die op haar beurt weer tot verandering kan leiden. Haat is daarentegen gestolde boosheid, een beweging die niet van de plaats afkomt, maar rondtolt in zichzelf en regelmatig gifpijlen afschiet.

Als je hoort dat je partner overspel heeft gepleegd, heb je waarschijnlijk niet alleen het gevoel dat je onrecht is aangedaan, maar ook dat het vertrouwen tussen jullie is verraden en geschonden. Misschien kun je je nog de pijn herinneren die je toen ervoer. Misschien was die zo intens dat je hem nog steeds kunt voelen als je eraan terugdenkt – en dat is de reden waarom je dit zomin mogelijk doet.

Veel mensen die het overkomt, of is overkomen, leren zichzelf aan om er niet meer aan te denken en het als een gegeven te aanvaarden. Maar... diep in hun hart weten ze dat de kloof die toentertijd is ontstaan, nooit is overbrugd.

Lieke (48) en Ed (49)
Lieke en Ed consulteren mij omdat Lieke al een aantal jaren geen zin meer heeft te vrijen. Ze doet het nog wel eens voor Ed, maar op die manier hoeft het voor hem niet meer. 'Dan kan ik het net zo goed zelf doen,' zegt hij.
In het ontrafelen van hun gemeenschappelijke verleden komt naar voren dat ze vijftien jaar geleden met een bevriend burenstel aan partnerruil hebben gedaan. Ze hadden daarover de afspraak gemaakt dat er alleen tegelijkertijd van partner geruild werd, onderonsjes mochten niet plaatsvinden. Ongeacht de afspraken veranderde er van alles. Lieke moest met lede ogen aanzien dat Ed meer aandacht

besteedde aan de buurvrouw dan aan haar. 'Ze waren verliefd op elkaar,' zegt ze, 'maar dat ontkende Ed. Op een gegeven moment heb ik hem voor het blok gezet: het was zij of ik. Toen werd het moeilijk. Zij wilde bij haar eigen vent weg, want ze was strontverliefd op Ed. Het bleek, wat ik altijd al had vermoed, dat ze wél onderonsjes hadden gehad. En toen sloegen bij mij de stoppen door. Ik had me aan de afspraak gehouden, hij niet. Ik was alle vertrouwen in hem kwijt. En nog... Ik ben er nog steeds pissig over dat hij zich niet aan de afspraak gehouden heeft.'

'Gebeurd is gebeurd,' reageert Ed. 'Ik heb het fout gedaan, dat weet ik wel, maar ik kan de klok niet terugdraaien. Zij kan niet vergeten... dat is het probleem.'

De functie van vergeving

Besef dat datgene wat is voorgevallen of je is overkomen niet veranderd of uitgewist kan worden. Het is niet terug te draaien en behoort tot je (jullie) geschiedenis. Wat je echter wel kunt veranderen is de manier hoe je ermee omgaat. Je kunt ervoor kiezen om er de rest van je leven onder te blijven lijden, maar je kunt ook het besluit nemen om ter wille van het geluksgehalte in je leven je niet langer vast te klampen aan je negatieve gevoelens, want je hebt er *zelf* op de eerste plaats last van. Besef dat negatieve gevoelens niets anders zijn dan tekenen van gekwetstheid, angst, schuld, verdriet of teleurstelling (McGraw 2000).

Span je dus in, ter wille van je eigen levensgeluk, om de negatieve gevoelens kwijt te raken en geef jezelf daartoe ook ruimschoots de tijd.

Oefening 1 om negatieve gevoelens kwijt te raken
Neem de tijd om bij al je pijn, woede, verdriet en teleurstelling stil te staan. Ga daarvoor op een rustige plek zitten en sluit je ogen, zodat je je volledig kunt concentreren. Ga met je gedachten naar de situatie die deze gevoelens opriepen of oproepen. Als je bij die gevoelens terecht bent gekomen doe je het volgende. Maak ze sterker en sterker, om ze onmiddellijk daarna via je voeten weg te laten vloeien in de grond. Doe dit een keer of drie en je zult merken dat de intensiteit van je gevoelens al iets is verminderd. Herhaal deze oefening op andere dagen zo vaak je nodig vindt, tot je merkt dat je negativiteit aanzienlijk minder is geworden.

Zeg vervolgens tegen jezelf dat je beseft dat je geen invloed hebt op de gebeurtenissen die buiten jou om gebeuren, maar wel kunt sturen hoe je zelf op situaties en gebeurtenissen reageert. Dat je zelf volkomen in staat bent om te besluiten of je leven gelukkig en waardevol is, ondanks alles wat je nog op je levenspad zult ontmoeten.

Oefening 2 om negatieve gevoelens kwijt te raken
Schrijf alles op wat je moeilijk vindt en vond en wat je gekwetst heeft. Schrijf

over je pijn, je woede, je verdriet en teleurstelling. Doe dit zoveel dagen als nodig is, tot de intensiteit van je gevoelens minder zijn geworden. Schrijf ze dan nog eenmaal op een los papier. Vervolgens verbrand je dat papier. Verstrooi de as tijdens een wandeling terwijl je zegt: Ik accepteer dat het leven mij pijn heeft gedaan, maar ik weet dat ik zelf verantwoordelijk ben voor hoe ik op situaties en gebeurtenissen reageer. Ik ben volkomen in staat om te besluiten of mijn leven gelukkig en waardevol is, ondanks alles wat ik nog op mijn levenspad zal ontmoeten.

Als mensen bij mij in therapie zijn, kan ik ze helpen bij dit proces. Bij Lieke en Ed ging dat als volgt.

In een van de vervolgsessies vraag ik hun tegenover elkaar te gaan zitten, waarna ik Lieke uitnodig om tegen Ed te zeggen hoe ze zich voelde en wat ze voelde, toen ze moest aanzien hoe hij steeds meer interesse voor die andere vrouw begon te vertonen. Ed krijgt de opdracht goed te luisteren, maar niets te zeggen.

Lieke doet het, hoewel het niet gemakkelijk voor haar is. Ze maakt voor het eerst na al die jaren geen verwijten, maar vertelt hem hoe waardeloos ze zich voelde toen ze zag hoe verliefd hij was op die ander, hoe bang ze was dat hij bij haar weg zou gaan, vooral toen ze hoorde dat de buurvrouw haar huwelijk wilde opofferen... Ze wist dat hij de seks leuker vond met haar. Dat gaf haar juist dat waardeloze gevoel, dat gaf haar dezelfde pijn als de pijn die ze voelde toen de verloofde van haar dochter verongelukte. Als ze dit zegt, jankt ze als een hond, een geluid dat snijdt door merg en been. Ook bij Ed, zie ik. Met tranen in zijn ogen pakt hij haar hand. Zo zitten ze een poosje, terwijl Lieke hartverscheurend huilt.
Op een geven moment vraagt Ed: 'Mag ik iets zeggen?'
Lieke knikt.
'Ik heb je nooit pijn willen doen,' zegt hij, 'dat moet je geloven. Als ik had gezien, wat ik nu gezien heb, was mijn verblindheid, want dat was het, zeker doorbroken. Ik heb nooit van die vrouw gehouden zoals ik van jou hield en nog houd. Het spijt me echt dat ik je deze pijn heb aangedaan.'
Als antwoord legt Lieke haar hand over de zijne en slikt.
De heling heeft plaatsgevonden en de vergeving is begonnen.

Hoewel het waarschijnlijk wat gemakkelijker gaat met hulp, kun je zelf ook een heel eind komen door de oefeningen 1 en 2 nauwgezet uit te voeren. Deze oefeningen kunnen toegepast worden voor de thema's ontrouw of overspel, maar ze kunnen ook gebruikt worden voor andere thema's die heftige emoties oproepen of teweeg hebben gebracht.

Als je na het doen van de oefeningen merkt dat een groot deel van je negatieve gevoelens zijn gesmolten, is het tijdstip aangebroken voor acceptatie en vergeving. Vergeving kan je namelijk weer een stap verder helpen op de weg naar vervulling en levensgeluk. Vergeven is echter niet hetzelfde als begrip hebben voor verzachtende omstandigheden. Begrip hebben is uiteraard een goede zaak, maar pas nadat de eigen emoties zijn gevoeld en uitgedoofd.

Bert (48) en Lia (46; drie kinderen van 21, 19 en 16, de laatste twee thuiswonend)
Sinds drie maanden weet Lia dat Bert een verhouding heeft gehad met een vrouw die hij via zijn werk heeft leren kennen. Ze is er toevallig achtergekomen toen ze iets opzocht in zijn computer en een e-mail zag die er niet om loog.
Lia maakte verschrikkelijk stampij en Bert verbrak de verhouding. Als reden van zijn vreemdgaan geeft hij op dat Lia zo weinig aandacht voor hem had. Ze was of bezig voor haar werk of met de kinderen, en 's avonds lag ze altijd al om tien uur in bed. Hij miste al jaren hun specifieke samenzijn van vroeger... en de seks.
Lia wist vroeger al dat Bert veel aandacht nodig had. Dat heeft ze altijd geweten aan het feit dat Berts moeder vroeger weinig aandacht voor hem had. In het begin van hun huwelijk, ook na de geboorte van de kinderen, heeft ze gepoogd zo goed mogelijk aan de behoefte van Bert te voldoen. Maar ze moet het toegeven: toen alles wat gecompliceerder werd met de jongste zoon en ze ook nog last kreeg van haar schildklier – het duurde lang voor ontdekt werd dat hij te traag werkte –, bracht ze die aandacht niet meer op.
Voor haar gevoel heeft ze hem toen in de armen van die ander gedreven.

Lia ziet hierbij over het hoofd dat Bert verantwoordelijk is voor zijn eigen daden. Door de houding aan te nemen van: 'Hij heeft het zo moeilijk gehad en dat is mijn schuld,' vermijdt ze haar eigen gevoelens van pijn, boosheid, en misschien zelfs haat. Bert heeft daardoor niet te maken met een partner met eigen gevoelens en emoties, maar met een vrouw die de moederrol inneemt. Er is meer sprake van een moeder-zoonrelatie, dan van een gelijkwaardige verhouding tussen twee volwassenen waarin men elkaar aanspreekt op de eigen verantwoordelijkheid.

Als begrip voor de ander ten koste gaat van het voelen van eigen pijn, boosheid en teleurstelling schept dit automatisch afstand. Door die pijn en woede heen gaan – jezelf trouw zijn – deze erkennen als echt en oprecht, is noodzakelijk om je emoties een plek te kunnen geven en de relatie met je partner emotioneel 'onbesmet' te laten.

Oefening voor vergeving van jezelf, je partner of een ander belangrijk persoon
Zoek een rustige plek op. Sluit je ogen om je te concentreren op de persoon die je vergiffenis wilt schenken. Ben je dat zelf, neem dan een recente foto in gedachte. Zet de persoon in gedachte tegenover je neer op een bankje of een

stoel. Spreek in gedachte nogmaals uit waarin die ander je heeft gekwetst, teleurgesteld of verdriet heeft gedaan, maar zeg er meteen achteraan: Het heeft een plek gekregen en ik vergeef het je. Doe dit zo vaak (op verschillende dagen) als je dit nodig hebt.

Het is natuurlijk prettig als je de vergeving ten opzichte van je partner of een ander belangrijk persoon ook kunt uitspreken tegen hem of haar. Het zou fijn zijn, maar het is niet per se noodzakelijk dat die ander ook een eigen proces heeft doorgemaakt, zodat hij of zij ook inzicht heeft gekregen in zijn/haar eigen handelen en daarover met jou van gedachten kan wisselen. Daardoor is het mogelijk dat je hem/haar beter leert kennen en inzicht krijgt in zijn/haar motieven tot handelen. Vergeet echter niet dat inzicht niet hoeft te betekenen dat je die handelswijze ook goedkeurt; dat is absoluut niet nodig. Maar inzicht kan wel bijdragen tot een juistere inschatting van die persoon, zodat je hem of haar niet (meer) op een voetstuk plaatst of perfectie verwacht. Anderen hebben net als jij, leerpunten in het leven.

In het voorbeeld van Bert en Lia zou het heel goed zijn als Bert zich bezighield met de vragen:

– Waarom heb ik gehandeld zoals ik heb gedaan?
– Wat ging ik uit de weg? En waarom?
– Had ik behoefte aan de aandacht van die ander omdat ik me bij mijn eigen partner niet voldoende gezien voelde?
– Geeft (seksuele) aandacht me een goed gevoel over mezelf?
– Wat deed ik zelf om een goed gevoel te krijgen?
– Wat heb ik gedaan om de aandacht van mijn partner te krijgen die ik hebben wilde?
– Was het egoïsme dat een rol speelde?
– Had ik behoefte aan streling van mijn ego?
– Welke keuzen bepaalden dat ik ben geworden zoals ik ben, en welke van mijn keuzen hebben bijgedragen tot de ontstane situatie?

Als Bert de moed zou hebben hier in alle rust naar te kijken en daar met Lia over te praten stonden ze gelijkwaardig tegenover elkaar, als feilbare mensen met sterke en zwakke kanten. Daar kunnen afspraken over worden gemaakt. En dat is belangrijk na geschokt vertrouwen: afspraken maken en je eraan houden.

Als partners dat doen, is er een grote kans dat ze opnieuw tot intimiteit kunnen komen met elkaar, en zelfs tot een diepere intimiteit dan voorheen. Deze aanpak is echter niet pe se noodzakelijk om met elkaar verder door het leven te kunnen. Ieder mens heeft de vrije keuze hoever hij/zij hierin voor zichzelf en samen met de ander wil gaan.

Ik sluit dit hoofdstuk af met het volgende citaat van Kahlil Gibran over vreugde en smart.

Je vreugde is onthulde smart.
En je bron waaruit je lach ontspringt, werd vaak gevuld met je tranen.
Hoe kan het anders zijn?
Hoe dieper de smart in je wezen kerft, hoe meer vreugde je kunt bevatten. Is niet de beker die je wijn bevat dezelfde beker die in de oven van de pottenbakker werd gebakken?
En is niet de luit die je geest kalmeert hetzelfde hout dat door mensen werd uitgehold?
Wanneer je blij bent schouw dan diep in je hart, en je zult zien dat enkel wat je smart gegeven heeft, ook vreugde brengt. Wanneer je verdrietig bent blik dan opnieuw in je hart en je zult zien dat je weent om wat je vreugde schonk.
Sommigen zeggen: 'Vreugde is groter dan smart,' en anderen: 'Neen, de smart is groter.'
Maar ik zeg je: ze zijn onafscheidelijk.
Zij komen tezamen, en wanneer de een met je aanzit aan je tafel, moet je bedenken dat de ander slaapt in je bed.
Voorwaar, als een weegschaal hang je tussen je smart en je vreugde.
Alleen wanneer je ledig bent, sta je stil en ben je in evenwicht.
Wanneer de schatbewaarder je opneemt om zijn goud en zilver te wegen, moet je vreugde of smart rijzen of dalen.

Samenvatting en vooruitblik

In dit hoofdstuk is stilgestaan bij wat effectieve communicatie inhoudt en hoe er gecommuniceerd kan worden over moeilijke onderwerpen. Vervolgens hebben de onderwerpen van hoofdstuk 3, die in veel relaties barrières opwerpen tussen partners, meer gedetailleerd de revue gepasseerd. En als laatste is aan de hand van het thema ontrouw tussen partners besproken hoe er met een dergelijk moeilijk onderwerp omgegaan kan worden en hoe die een plek kunnen krijgen, zodat ze niet langer een wezenlijke intimiteit tussen de partners in de weg hoeven te staan.
In het volgende hoofdstuk wordt ingegaan op wat iemand door moet maken als de levenspartner wegvalt.

Hoofdstuk 8

ALS JE PARTNER JE ONTVALT

I eder mens heeft in het leven te maken met verlies. De een wordt er al op zeer jeugdige leeftijd mee geconfronteerd, de ander later. Er zijn verschillende manieren soorten verlies: een ernstige en/of levensbedreigende ziekte (verlies van gezondheid); de dood van een familielid of dierbare vriend; maar ook de dood of scheiding van de levenspartner.

Verlies van de levenspartner

Als iemand zijn of haar levenspartner door een echtscheiding of door de dood moet afstaan, is niets meer hetzelfde. Van de ene dag op de andere verandert alles. Ideeën over het eigen leven moeten worden herzien en toekomstverwachtingen moeten worden bijgesteld. En dat kost tijd! Iemand komt in een emotionele chaos terecht en moet daarin een weg zien te vinden voordat weer opnieuw vormgegeven kan worden aan het leven. De tijd die iemand daarvoor nodig heeft, wordt ook wel rouw- of verwerkingsproces genoemd.

Kristien Hemmerechts beschrijft in haar boek *Taal zonder woorden* haar gevoelens rondom de plotselinge dood van haar man Herman de Coninck als volgt:

Er valt zo weinig te zeggen over verlies, rouw, pijn. Dat het pijn doet. Soms letterlijk lichamelijke pijn, zodat je een pijnstiller zou willen slikken. Ergens in een interview naar aanleiding van I.M. noemt Connie Palmen haar verdriet een hond die in haar woont en haar gezelschap houdt. Nu eens gromt hij, dan weer likt hij haar hand, maar hij is er altijd. Jij bent zo'n hond in mijn lijf.
Na je dood had ik vreselijke behoefte om met iemand anders naar bed te gaan. Iemand die leefde moest zich mijn lijf toe-eigenen. Het was niet moeilijk om een vrijwilliger te vinden. Een leuke man. Je zou hem aardig hebben gevonden. Maar eigenlijk kan ik je over die eerste maanden niet veel vertellen; veel herinner ik me slechts vaag. Ik liep er verdwaasd bij alsof iemand me met een voorhamer een enorme klap had toegediend. Mensen belden, brachten cadeautjes, namen me mee uit eten, legden me net niet in mijn bed. Jacqueline kookte voor me, Bie bleef dikwijls slapen, dronk eindeloos kopjes thee met me. Ik herinner me vooral hoe naakt ik me voelde en hoe ik de blik van anderen niet verdroeg, en nu nog altijd niet goed verdraag. Bij de eerste lezing die ik gaf, barstte ik in snikken uit, moest me beheersen om de mensen niet te smeken weg te gaan. Kort na je dood tikte iemand op mijn schouder terwijl ik de haag stond te snoeien. Ik gilde het uit, liet de haagschaar val-

len, schermde mijn gezicht met mijn handen af, riep: kijk niet naar me, kijk niet!
Lange tijd zette ik een zonnebril op als ik het huis uit ging. Je dood had me van
mijn huid beroofd. Bij het geringste, iets hardere woord was ik volkomen van slag.
Die overgevoeligheid was een vloek. Nu eens lachte ik, dan weer barstte ik in tranen
uit. Ik was het noorden, oosten, zuiden en westen kwijt, had de neiging om me aan
mensen vast te klampen. De vaas die jij en ik met de scherven uit jouw en mijn
leven listig bij elkaar hadden gelijmd, lag gebroken en vertrappeld op de grond.

Ik hoef geen woorden toe te voegen aan haar verdriet, haar wanhoop en haar
pijn. Want rouwen doet pijn. Zo'n pijn dat veel mensen er niet of maar ten dele
toe komen om aan het rouwproces te beginnen.

Ineke (48)

Ineke heeft een vader van 78 jaar. Haar moeder leeft al twaalf jaar niet meer, maar
elk jaar op de dag dat ze jarig geweest zou zijn worden alle kinderen door hem ver-
wacht in het ouderlijk huis. De gordijnen zijn dan dicht en er staat een grote foto
van moeder op de tafel, omringd door brandende kaarsen en taart. Vader draait
moeders lievelingsmuziek en steevast moeten er foto's worden bekeken. Er mag over
niets anders worden gepraat dan over moeder en het liefst zou hij ook nog hebben
dat Ineke en haar zusje in rouwkleding kwamen. Zelf draagt vader sinds de dood
van hun moeder niets anders meer dan zwarte en antracietgrijze pakken. Hij leeft
alleen met de dode. Hij koestert moeders kleding en heeft geen andere sociale con-
tacten dan zijn kinderen. Ineke maakt zich zorgen over haar vader, want hij be-
gint dement te worden.

Het verwerkingsproces

Om een rouwproces goed te laten verlopen is het beter om de pijn en het verdriet om het verlies niet uit de weg te gaan of te ontkennen, maar onder ogen te
zien. Meestal dringt het besef de geliefde persoon nooit meer te zullen zien
slechts geleidelijk tot iemand door. Tussendoor zijn er gedachten als 'het is niet
waar' of 'ik kan het niet geloven'. Vaak wordt de overledene in de dagelijkse
gang van zaken of in gebruiksvoorwerpen teruggezien, wat zulke pijnlijke momenten kunnen zijn dat het voelt als zout in een open wonde. En dat kan een
tijd duren. Er moet eerst een korst op die wond komen, en die moet weer plaats-
maken voor littekenweefsel. Het genezingsproces is niet voor iedereen gelijk en
duurt ook niet voor iedereen even lang. Dat is met psychische wonden hetzelfde. Elk mens heeft zijn eigen manier van genezen. Sommigen kunnen tijdens
dit proces absoluut niet alleen zijn, anderen trekken zich juist terug in zichzelf.
Bij de een verloopt de verwerking rustig en traag, bij de ander neemt het een
korte periode in beslag die heftig verloopt.

Verlies van een partner is een ongewilde en geforceerde breuk

Een breuk veroorzaakt altijd pijn, verdriet en andere nare gevoelens, zeker als de breuk niet vrijwillig is ontstaan. In het laatste geval zullen de emoties die voortvloeien uit dit verlies wanordelijk en veelzijdig zijn. Verdriet, boosheid, opstandigheid, angst, somberheid en schuldgevoelens zullen elkaar afwisselen. Soms zijn de emoties dagenlang alleen als achtergrondmuziek aanwezig, dan weer kunnen ze als een solopartij alle aandacht opeisen. Het allerbelangrijkste hierbij is dat je je er niet voor afsluit, maar voelt en ervaart. Dat is niet altijd hetzelfde als praten over emoties. Sommige mensen kunnen uitstekend praten over wat hen overkomen is, terwijl ze er niet of nauwelijks iets bij voelen. Anderen hebben juist woorden nodig om bij hun emoties te komen, dus voor hen is een luisterend oor heel belangrijk. En weer anderen zijn slechts in stilte en afzondering in staat iets van hun emoties te ervaren. Maar hoe iemand het ook doet, de valkuil van vermijding ligt altijd op de loer. Want de psyche gaat bij pijn net zo te werk als het lichaam. Hebben we bijvoorbeeld last van onze schouder, dan gaan we die automatisch ontzien en minder gebruiken. Als dat langere tijd duurt, raakt hij 'bevroren' en moet er fysiotherapie aan te pas komen om hem weer optimaal te leren gebruiken. Met dit voorbeeld voor ogen is het goed om te beseffen dat het verbreken van een band tussen mensen – ook al gaf die band meer ellende dan vreugde – altijd gepaard gaat met pijn.

Verwachtingen ten aanzien van de toekomst moeten worden bijgesteld

Rouwen betekent behalve het doorvoelen van de gevoelens die bij verlies horen ook een zich aanpassen aan een leven zonder de partner. Het vertrouwde patroon van de dag, de week, de maand, het jaar, de verjaardagen, de vakanties... alles wordt anders. Het zal nooit meer zijn zoals het was. In alles zal de achtergeblevene een nieuw toekomstperspectief moeten zien te vinden. Plotselinge veranderingen zoals in een leeg huis komen, zelf de financiën moeten doen, moeten koken, poetsen of wassen, worden aangevuld met veranderingen in relationeel opzicht. De achtergeblevene is van het ene moment op de andere niet meer de vrouw of man van, maar de gescheiden man of vrouw, weduwe of weduwnaar. Het toekomstperspectief is grondig door elkaar geschud: alle verwachtingen, dromen, ideeën waarin de overleden (of weggegane) persoon een rol speelde, moeten worden herzien.

De overledene moet een plekje krijgen in het leven van de achtergeblevene(n)

Of een mens nu in een rouwproces terechtkomt door verlies van gezondheid, verlies van een partner door een scheiding of verlies van een dierbare door de dood –

we gaan allemaal door een scala van gevoelens heen, zoals ik al eerder aangaf. Elisabeth Kübler-Ross heeft de gevoelens tijdens een rouwproces beschreven als een doorgaand, cyclisch iets, een proces waarin de bovengenoemde gevoelens afwisselen in intensiteit, duurzaamheid en volgorde. Ze kunnen zich tegelijkertijd voordoen – dus naast of door elkaar heen – maar ook na elkaar en in verschillende volgordes. En ook zij geeft aan dat het onmogelijk te zeggen is hoe lang een rouwproces duurt. Rouwen is voor ieder mens anders, zowel in beleving als in tijdsduur. Hierin speelt niet alleen het karakter en de individuele voorgeschiedenis een rol, maar ook hoe iemand wordt gesteund door de omgeving.

Hoe je iemand in een rouwproces kunt steunen

Vroeger werd wel gezegd dat het rouwproces pas voltooid is als iemand zich heeft kunnen losscheuren van de overledene. Vandaag wordt daar anders over gedacht, menselijker, vind ik. De band met een overledene blijft bestaan, hoewel die natuurlijk (noodgedwongen) wel anders wordt. De meeste mensen blijven daarom naar een manier zoeken om de dierbare overledene deel van hun leven te laten uitmaken, terwijl ze het leven weer op de rails zien te krijgen. Rituelen kunnen helpen, zoals een foto in de kamer die op de verjaardag van de overledene een kaarsje krijgt, of een bezoek aan het graf op die datum, of het laten lezen van een heilige mis. Weer anderen gedenken op een andere vaste dag de overleden persoon.

Maar voor het zover is, heeft iemand de verschillende fasen van het rouwproces doorstaan. Een proces waarin je iemand als volgt tot steun kunt zijn:

• Luister – zo vaak als nodig is – als over de dood en de dode (de ziekte, de gescheiden man of vrouw) verteld wordt.
• Let erop dat niet alleen over de feiten wordt gesproken, maar dat ook de emoties die erbij horen getoond worden (schuld, angst, boosheid, verdriet).
• Laat ook zelf, als luisteraar, je gevoelens zien door over jouw gevoelens te praten die ermee te maken hebben.

Nabijheid, aandacht, betrokkenheid en medeleven zijn voor iemand in een rouwproces erg belangrijk, zo niet noodzakelijk.

Verlies van de levenspartner door scheiding

Een rouwproces treedt niet alleen op als je een dierbaar persoon verliest aan de dood, het doet zich ook voor bij een echtscheiding. De gevoelens die daarbij horen zullen voor veel mensen min of meer dezelfde zijn als die waaraan iemand ten prooi valt bij verlies door sterven.

Margreet (52)

Margreet was bijna dertig jaar getrouwd met Karel. Ze woonden sinds zes jaar in een ruim, gerieflijk huis en hadden twee dochters, die respectievelijk 28 en 26 jaar oud waren. De jongste woonde nog thuis, in afwachting van een woning die gebouwd werd voor haar en haar vriend, de oudste werkte en woonde (ook samen met haar vriend) in een andere stad. Margreets leven had al die jaren in het teken gestaan van zorgen voor haar man, het huis en de kinderen, en af en toe invallen op een school. Een vaste baan als onderwijzeres had ze nooit willen hebben, zij wilde beschikbaar zijn. Karel had gedurende hun huwelijk veel tijd aan studie en aan werken besteed. Voor Margreet was dit heel gewoon geweest. Het had haar geen enkele moeite gekost om altijd voor hem klaar te staan. Over seks zegt ze: 'Ik ben niet zo'n seksueel dier, maar als we het deden was het goed.' Op zekere dag hoorde Margreet dat Karel een verhouding had met iemand op zijn werk en toen zij hem hiermee confronteerde ontkende hij dit niet. Ze wilde het begrijpen en stelde hem allerlei vragen, maar praten was nooit een sterke pijler onder hun verhouding geweest. Ze kreeg geen antwoorden, wel de mededeling dat hij tijd nodig had voor zichzelf en orde op zaken ging stellen door alleen te gaan wonen. Hij vertrok naar een zomerhuisje. Margreet hoorde weinig van hem, alleen een e-mail van tijd tot tijd om zakelijke dingen te regelen. Na twee maanden stond hij plotseling op de stoep met de mededeling: 'Ik blijf bij jou.' Om zijn woorden kracht bij te zetten liet hij haar twee tickets zien voor een lang weekend Rome, een stad die ze altijd nog samen wilden bezoeken.

Margreet geloofde hem maar al te graag en ontving hem met open armen. Het weekend in Rome werd een succes – ook doordat ze niet over zijn escapade spraken. 'Het was voorbij,' zei hij, en dat bewees hij door bij haar terug te komen.

Margreet vergaf hem de affaire, onder het motto: liefde overwint alles. Ze had altijd samen met hem oud willen worden en dat leek nu bewaarheid te worden. Het leven lachte haar weer toe.

Veertien dagen later kwam Karel thuis van zijn werk en zei zonder blikken of blozen tegen haar: 'Ik hou toch meer van haar. Ik ga...' Hij pakte zijn kleren in en vertrok.

Aanvankelijk kon Margreet het niet geloven. Ze wilde hem van alles vragen, maar hij weigerde antwoorden te geven. Of zij het wilde of niet, voor Margreet begon toen het rouwproces. Ongeloof en ontkenning, verdoving, verbijstering en protest wisselden elkaar af.

Eerst kon Margreet niet geloven dat Karel met zijn koffer en kleren was vertrokken. Hij had toch voor haar gekozen, vertelde ze keer op keer aan haar vriendinnen. Toch hoopte ze dat hij na een paar weken weer met koffers en al in de gang zou staan en opnieuw zou zeggen: 'Ik heb voor jou gekozen.' Ze hadden immers toch zoveel goede jaren samen gehad. Hoe kon hij die zomaar weggooien?

Inmiddels liet ze onder druk van haar vriendinnen een echtscheidingsconvenant opstellen, waarin de financiële zaken geregeld werden – iets waar ze nooit spijt van heeft gehad –, maar ze kon nog steeds niet geloven dat haar huwelijk 'over' was.

Maar toen ze een half jaar later hoorde dat Karel een hypotheek had genomen om het huis waar hij met zijn nieuwe geliefde en haar twee kleine kinderen was ingetrokken te verbouwen, staken schuldgevoel en boosheid de kop op.

Margreet was boos over het feit dat hij opnieuw begon met een vrouw met kinderen, terwijl hij zich nooit met de opvoeding van hun eigen dochters had bemoeid. Tegelijkertijd vroeg zich af wat die vrouw wél had wat zij blijkbaar miste. 'Wat heb ik verkeerd gedaan?' spookte het door haar hoofd, afgewisseld met de boosaardige gedachte dat hij het toch niet lang zou volhouden; hij had immers al bewezen dat hij niet tegen kleine kinderen kon...

Hij kwam niet terug. En toen bij haar het besef doorbrak dat ze niet langer de helft van een paar was, maar een alleenstaande vrouw van inmiddels drieënvijftig, werd ze depressief. Ze twijfelde aan alles in zichzelf. Omdat ze hier niet in wilde blijven steken zocht ze professionele hulp.

Na het aanhoren van haar verdrietige verhaal lukte het mij om Margreet niet alleen in wezenlijk contact te brengen met haar woede over de gang van zaken in haar huwelijk en de manier waarop hij haar behandeld had, maar ook met haar intense verdriet en pijn over het verlies van haar levenspartner, de man met wie ze oud had willen worden. Toen de heftigheid van haar gevoelens iets verminderde, was ze in staat om na te denken over wat ze met de rest van haar leven wilde gaan doen.

Margreet besloot een herintredingscursus als onderwijzeres te gaan volgen. Ze had vroeger met veel plezier als onderwijzeres gewerkt, maar met evenveel plezier haar baan eraan gegeven om voor man, kinderen, huis en haard te zorgen. Hoewel ze er wel een beetje bang voor was, zette zij met behulp van de therapie door.
Het duurde in totaal drie jaar voor ze haar leven opnieuw vorm had gegeven. Op dit moment heeft ze er vrede mee dat ze een alleenstaande vrouw is. Ze sluit een nieuwe relatie in de verre toekomst niet meer uit, maar een huwelijk...?
'Trouwen doe ik nooit meer,' zegt ze.

Een vastzittend rouwproces

Sommige mensen kunnen de verloren persoon niet loslaten. Bij gescheiden mensen zie je dan dat de strijd zich voortzet over van alles en nog wat. In het ergste geval blijft een van de partners de ander tot in het extreme lastigvallen: stalken. Het kenmerkende van stalkgedrag is dat men die ander niet los kan laten, dat men het leven van die ander wil blijven beheersen of er deel van wil blijven uitmaken. En als dit niet goedschiks kan, dan maar kwaadschiks. Hoewel hier ongetwijfeld vele redenen voor aan te voeren zijn, is relationeel gezien één belangrijke reden dat de stalker zichzelf niet kan zien als een autonoom iemand die met de pijn – door het verlies van die ander – in het reine moet zien te komen.

Gerda (46)

Gerda consulteert mij omdat ze haar leven niet meer op de rails krijgt sinds haar vriendin Trijntje haar heeft verlaten voor een andere vrouw. Trijntje en zij waren al vijftien jaar bij elkaar en deden alles samen. Trijntje deelde haar plompverloren van de ene op de andere dag mede dat ze verliefd was op een ander, pakte haar koffers en vertrok. Een onverteerbare zaak voor Gerda. Het is nu twee jaar geleden, maar Trijntje heeft nooit meer met haar willen praten over het waarom. Elke poging om met haar in contact te komen werd en wordt afgehouden. Gerda heeft alle zelfvertrouwen verloren. Als ze voor de eerste keer bij me komt kan ze geen theedrinken zonder te knoeien, zo erg beeft haar hand. Ook is ze niet meer in staat te werken, en thuis is ze alleen maar bezig met vragen als: Wat heb ik fout gedaan dat ze naar die ander is gegaan? Had ik soms dit... of had ik toch niet beter dat...?

Beide totaal verschillende geschiedenissen geven weer hoe een rouwproces kan stagneren. Gerda en de vader van Ineke (eerder in dit hoofdstuk) zijn elk op hun beurt blijven steken in de gevoelens van ontkenning. Bij Gerda spelen ook verbijstering en protest een rol. Dit gebeurt natuurlijk niet met opzet. Het komt het meeste voor bij mensen die in de loop van hun leven de gewoonte hebben ontwikkeld om heftige emoties buiten hun bewuste leefwereld te houden (afsplitsen of onderdrukken). En omdat verlies van een dierbare onherroepelijk heftige emoties met zich meebrengt zal men hier op de oude vertrouwde wijze – de manier die men altijd heeft toegepast – mee omgaan.
Maar als een rouwproces goed wordt afgerond krijgt iemand over het algemeen weer interesse in andere aspecten van het leven. Sommige mensen gaan zich zelfs toeleggen op activiteiten die ze tevoren nooit hebben gedaan.

Fien (67; verliest na 42 jaar huwelijk haar partner)

Na een rouwperiode van ongeveer twee jaar, waarin ze alleen maar omging met naaste familieleden zoals zussen en kinderen, boekte ze – samen met een vriendin die ook weduwe was – een reisje met een touringcar naar Oostenrijk. Toen haar man nog leefde had ze dat ook graag gedaan, maar hij weigerde om maar één stap buiten Nederland te zetten. Fien had zich daar altijd bij neergelegd. Ze genoot van de reis en dat was zo zichtbaar voor anderen dat ze over belangstelling niet te klagen had. Ze hield aan die reis niet alleen vriendinnen maar ook een vriend over, een kunstenaar die haar mee uit eten nam en naar theater en musea. Na vier jaar kreeg ze ook een seksuele relatie met die vriend, maar ze is nooit meer hertrouwd. 'Dat doe je maar één keer in je leven,' zegt ze.

Gestagneerde rouw wegens het niet kunnen rouwen om de verloren liefde

In mijn praktijk hoor ik natuurlijk ook verhalen van geheime buitenechtelijke relaties.Wat mij daarin treft is dat zo'n relatie nooit alleen spannend, opwindend, fijn en prettig is, maar dat er ook altijd leed aan verbonden is, ongeacht of je als vrouw, als man of als 'derde' fungeert in die relatie. Het brengt leed met zich mee waarover bijna met niemand kan worden gesproken, ook niet als de geliefde – de vrouw of man van een ander – overlijdt. En het geheim heeft uiteraard zijn consequenties voor het rouwproces.

Mattie (65)
Toen ik zestien was leerde ik een jongen kennen op wie ik vreselijk verliefd werd – en hij op mij. We kregen 'verkering', zoals dat heette, maar na vijf jaar raakte het uit om redenen waar ik nu niet op in wil gaan. Ik trouwde met een ander, maar het was een ongelukkig huwelijk. Na 22 jaar spoorde mijn eerste vriend me weer op en we kregen een heimelijke, zeer gepassioneerde verhouding. Hij bleek echter een ongeneeslijke ziekte te hebben en na drie bijzondere jaren stierf hij. Ik kon met mijn verdriet geen kant op, ik had immers officieel niet bestaan in zijn leven en hij niet in het mijne. Ik werd depressief. Toen ik na verloop van tijd een artikel las in een of ander tijdschrift over 'vastzittende rouw' en zag dat daar groepen voor bestonden (geënt op het werk van Elisabeth Kübler-Ross) heb ik contact opgenomen en twee pittige workshops van een week gevolgd. Daarin leerde ik vooral veel woede uiten. Na nog wat privé-sessies was ik niet alleen aanzienlijk verder wat mijn rouw over mijn vriend betrof, maar kon ik ook een einde maken aan mijn ongelukkige huwelijk. Momenteel heb ik alweer een jaar of acht een vriend, met wie ik sinds kort ook samenwoon.

José (62)
Ik kan niet zeggen dat ik een ongelukkig huwelijk heb met de vader van mijn twee kinderen. Maar de echte, gepassioneerde liefde heb ik leren kennen toen ik Fiona ontmoette. Ik had voor die tijd nog nooit iets met een vrouw gehad, maar toen ik haar in Italië bij een nichtje van me ontmoette was het of de bliksem insloeg. Zij was een vrijgevochten Nederlandse vrouw die in Italië woonde, en die zowel relaties met mannen als met vrouwen had gehad. We spraken af om elkaar te zien. Soms

in Nederland, soms in het buitenland. Mijn man wist dat ik een goede vriendin aan haar had, maar ik heb hem noch mijn kinderen ooit het fijne verteld over onze verhouding. Onze omgang heeft geduurd tot zij aan een hartstilstand overleed. Dat was volkomen onverwachts, en ik was er niet bij. Ik heb dus geen afscheid van haar kunnen nemen. Mijn verdriet was onbeschrijfelijk en het gemis enorm.

Omdat niemand van de ware aard van onze vriendschap op de hoogte was, moest ik het helemaal alleen verwerken. Het heeft jaren geduurd voor ik zonder pijn aan haar kon terugdenken. Ik ambieer niet opnieuw een verhouding met een vrouw. De relatie met mijn man is rustig en vertrouwd. Ik ervaar wel een emotionele afstand, maar dat was vroeger natuurlijk ook al zo. Daardoor is Fiona in mijn leven kunnen komen. Op dit moment heb ik mijn schilderen, mijn vriendinnen en mijn kinderen en ik voel me dankbaar dat ik de vriendschap met Fiona heb mogen meemaken.

De gevolgen van verlies van de partner

Veel mensen die ik spreek en die hun partner hebben verloren, vermelden naast de pijn van het verlies van hun maatje ook het gemis aan intimiteit. Niet de beleving van de seksuele hoogtepunten wordt het meest als gemis ervaren, maar 'alleen eten' en 'nooit meer vastgehouden worden' of 'nooit meer een arm om je heen voelen' worden het vaakst genoemd.

Veel mensen die een verbreking van hun partnerrelatie – hetzij via echtscheiding, hetzij via verweduwing – hebben meegemaakt, blijven alleen. Slechts een deel van hen hertrouwt (De Jong Gierveld en Peeters 2002).

In *Mens & Maatschappij* stellen Gierveld en Peeters dat niet iedereen die graag een nieuwe partner wil, gelijke kansen heeft op de huwelijks- of relatiemarkt. In het aangaan van nieuwe relaties op latere leeftijd spelen niet alleen de jaren een rol, maar ook de leeftijd op het moment van beëindiging van de vorige relatie en eveneens of iemand al eerder een scheiding heeft meegemaakt. Na een scheiding begint iemand vaker een nieuwe relatie dan na verweduwing. En gescheiden mannen zijn daar weer sneller in dan gescheiden vrouwen, terwijl fysiek en sociaal-economisch aantrekkelijke mensen een grotere kans hebben op het vinden van een nieuwe partner – vooral als zij zich laten betrekken bij sociale activiteiten.

Volgens de onderzoekers hertrouwt een op de drie van de oudere mannen, die alleen zijn komen te staan, terwijl dat percentage bij vrouwen van boven de vijftig een op de twintig is. Het verschil tussen de mannen en de vrouwen lijkt groter dan de werkelijkheid te zien geeft, omdat er veel meer alleenstaande vrouwen in die leeftijdscategorie zijn dan alleenstaande mannen. Mannen beginnen nogal eens een relatie met een jongere vrouw, wat invloed heeft op de cijfers.

Verder is noemenswaard dat Gierveld en Peeters hebben gevonden dat mannen die altijd door hun vrouw verzorgd werden, eerder een nieuwe relatie aangaan dan vrouwen die hun man tot de dood toe bijstonden. Veel van die vrouwen hebben hun vrijheid lief gekregen en maken de busreisjes met vriendinnen en zussen (*Trouw*, 5 februari 2003).

Tegenwoordig komt echtscheiding onder vijfenvijftigplussers vaker voor dan in het verleden en ook steeds meer gescheiden mensen bereiken de pensioenge-rechtigde leeftijd. Tussen 1960 en 1990 nam het percentage gescheiden vijfen-vijftigplussers sterk toe. Deze tendens is het sterkst zichtbaar onder de 'jongere ouderen', maar ook binnen hogere leeftijdscategorieën is een langzame maar gestage stijging van het percentage gescheidenen te zien. In elke leeftijdscate-gorie van boven de 55 leven er meer gescheiden vrouwen alleen dan gescheiden mannen.

Percentages vrouwen en mannen die in 1990 gescheiden leefden, van alle vrouwen en mannen in die leeftijdsgroep.

Leeftijdscategorie	Vrouwen	Mannen
55–59 jaar	7%	6%
60–64	5,9%	5,5%
65–69	5,2%	4,8%
70–74	4,5%	3,8%
75–79	3,9%	2,9%
80–84	3,2%	2,2%
85+	2,1%	1,9%

Bron: Nederlands Interdisciplinair Demografisch Instituut, Jong Gierveld en Pearl, 1998.

Het aantal ouderen dat ooit is gescheiden is uiteraard hoger dan het aantal dat op een bepaald moment (bijvoorbeeld 1998) als gescheiden geregistreerd staat. Voor de Verenigde Staten geldt dat in het jaar 2000 ongeveer de helft van alle levende mensen van 65 jaar en ouder ooit een scheiding hadden meegemaakt. Hoe dat percentage precies voor Nederland ligt, is onbekend. Er is nooit een schatting gemaakt.

Gevolgen van verlies van de partner voor de seksualiteit

Iemand die gescheiden leeft hoeft nog niet verstoken te zijn van seksueel con-tact, hoewel het daar in de praktijk meestal wel op neerkomt. Seks met zichzelf ofwel soloseks kan dan een bron zijn van seksueel plezier of troost op eenzame momenten.

Bij het aangaan van een nieuwe relatie is weer een andere vorm van seksualiteit mogelijk, en zoals in hoofdstuk 3 reeds is aangegeven zijn de weekend- en lat-relaties onder senioren in opmars. Dat kunnen relaties zijn waarin wel of geen seksualiteit voorkomt. In het volgende hoofdstuk wordt nader ingegaan op de onderwerpen soloseks en seks in een nieuwe relatie.

Samenvatting en vooruitblik

In dit hoofdstuk hebben we stilgestaan bij wat er met iemand gebeurt als de le-venspartner wegvalt door dood of door echtscheiding, We hebben gezien hoe een verwerkingsproces kan verlopen, hoe iemand die dit meemaakt gesteund kan worden door zijn of haar omgeving en hoe een rouwproces kan stagneren. Ook werd ingegaan op de gevolgen van het verlies van een partner voor de ach-tergeblevene, en hoe zijn of haar kansen liggen op een nieuwe relatie. Slechts kort werd aangestipt wat verlies van een partner betekent voor de seksualiteits-beleving omdat dit belangrijke onderwerp in het volgende hoofdstuk aan de or-de komt.

Hoofdstuk 9

ALLEEN, EN HOE NU VERDER?

Als iemand alleen achterblijft omdat de levenspartner, door welke oorzaak dan ook, uit het leven is verdwenen, kunnen de lichamelijkheid en de seksuele intimiteit als ontbering worden ervaren, nog afgezien van alle andere dingen die gemist worden.

Chris (68)

Toen mijn vrouw vijf jaar geleden overleed, miste ik in het begin haar gezelschap verschrikkelijk. Pas na twee jaar was ik er een beetje aan gewend dat ze niet meer in huis was en niet meer mijn bed deelde. Toen begon ik de seks te missen en dat werd steeds erger. Ik moet bekennen dat ik er zo'n behoefte aan kreeg dat ik een vrouw heb bezocht die het tegen betaling deed. Dat heeft geduurd tot ik Dieuwertje tegenkwam. Met haar heb ik een leuke en ook seksuele relatie, ook al wonen we niet samen.

Chris had tijdens zijn huwelijk niet of nauwelijks gemasturbeerd, want dat 'hoorde niet' als je getrouwd bent, vond hij. Toen hij alleen achterbleef, probeerde hij het wel eens, maar hij ondervond er weinig genot bij, waardoor zijn behoefte aan seks met een vrouw alleen maar sterker werd.

Soloseks of masturbatie

'Onderschat masturberen niet – het is seks met iemand van wie je houdt.'
Woody Allen in de film Annie Hall

Of iemand praat over masturbatie of niet, zelfbevrediging is voor velen de enige seksuele activiteit die een leven lang meegaat. Kleine kinderen kunnen al ontdekken dat ze via hun geslachtsorganen prettige gevoelens kunnen oproepen.

Tanja (22)

Tanja consulteerde mij omdat ze geen orgasme kende. Dat wilde ze bij het vrijen met haar vriend, de man met wie ze wilde trouwen, toch ook wel eens meemaken. Ze nam deel aan een vrouwengroep waarin de vrouwen hun lichaam leren kennen en tijdens een van de laatste zittingen rapporteerde zij: 'Ik weet nu wat een orgasme is, maar dat ken ik al mijn hele leven. Als ik als kind verdrietig was legde ik een zakdoekje op mijn kutje en daar kriebelde ik overheen, waardoor ik een lekker gevoel kreeg. Ik heb nooit geweten dat dit een orgasme was.'

Tanja masturbeerde dus al lang voordat ze besefte dat datgene wat ze deed zelf-bevrediging was en lang voordat er sprake was van een seksuele partner. En dat overkomt veel mensen. Praktisch iedere jongen leert een orgasme kennen via masturbatie of aftrekken, veel jonge meisjes ontdekken een orgasme door zich-zelf in hun geslachtsstreek tussen de benen te strelen, te wrijven of te vingeren. Een mens kan dus met zichzelf vrijen, tot en met orgasmen, zo vaak hij wil en zo lang hij leeft. Als iemand geen partner (meer) heeft, kan met soloseks tege-moet worden gekomen aan lichamelijke lust. Die biedt tevens troost op eenza-me momenten, vermindert (seksuele) spanning, maar vormt ook een manier om allerlei andere spanningen (frustratie, agressie, angst) af te reageren. Je kunt er zelfs ontspannen bij in slaap vallen. Helaas bestaat nog steeds de mis-vatting – vooral bij ouderen – dat masturbatie niet meer dan een surrogaat is, dat je alleen masturbeert uit nood omdat je niet over een partner beschikt. En dat is jammer, want de seksuele relatie die iemand met zichzelf heeft is waar-schijnlijk de meest langdurige seksuele relatie die een mens ooit zal hebben.

In het denken over seksualiteit en masturbatie zijn veel mensen beïnvloed door hoe de maatschappij en de omgeving erover denkt. Wordt een bepaald (seksu-eel) gedrag als negatief beschouwd, dan is iemand snel geneigd om dat gedrag ook negatief te beoordelen. Veel vijftigplussers zijn opgegroeid met negatieve boodschappen over soloseks of masturbatie, boodschappen die, ongewild mis-schien, nog steeds een rol spelen in het denken en voelen over seksualiteit, dus ook over soloseks of masturbatie.
Het is een onderwerp waarover heden ten dage ieder mens – dus ook de vijftig-plussers – heeft gehoord, maar waar bijna nog niemand openlijk over praat. De oudere mannen in mijn spreekkamer vertellen erover als over een jeugdzonde, iets wat ze deden voordat ze een seksuele partner hadden, van oudere vrouwen in mijn spreekkamer hoor ik dat ze niet masturberen en daar ook niet naar talen. Deze vrouwen beschikken dus niet over deze manier om zichzelf licha-melijk plezier te geven, te troosten, of te ontspannen.

Soloseks kun je bedrijven door jezelf te strelen zo lang als je dit lekker, troos-tend of plezierig vindt. Sommige mensen gaan door tot ze een orgasme hebben bereikt, anderen doen dit zo lang het 'aangenaam kriebelt'. Er bestaat geen vuistregel voor hoe, hoe lang en hoever je moet gaan in soloseks. Je kunt daar-bij fantasieën gebruiken, zoals beelden van een heerlijke vrijpartij van vroeger, verhalen die je ooit hebt gelezen, of scenario's waarvan je griezelt. Een groot aantal mensen hebben fantasieën of herinneringen die ze met opzet gebruiken om hun (solo)seks te veraangenamen. Fantaseren over een seksuele handeling betekent namelijk niet dat je die handeling in werkelijkheid ook zou willen erva-ren of uitvoeren.

Ik ben mij er echter van bewust dat het onderwerp soloseks voor veel mensen in de vijftig-plusleeftijd niet zo gemakkelijk ligt.

Rietje (54) en Walter (53; zeven jaar bij elkaar, voor beiden de tweede relatie)
Rietje en Walter kwamen bij me omdat Rietje veel meer zin had in vrijen dan Walter. Zij moest altijd het initiatief nemen. Als zij dat deed was er gebrek aan passie van zijn kant. Hij liet het over zich heen komen, maar deed nauwelijks iets bij haar.

Hij is lief voor mij, dacht Rietje aanvankelijk; hij kan goed opschieten met mijn kinderen... en de rest zal nog wel komen. Maar dat gebeurde niet. Haar frustraties hierover liepen zo hoog op dat op een nacht toen zij zich weer niet begeerd en afgewezen voelde, tegen hem zei: 'Als dit niet verandert, wil ik scheiden.'
Walter schrok hier vreselijk van en riep mijn hulp in.

Na de gebruikelijke intake (de taxatie van het probleem) waren ze rijp voor een sekstherapie, die bestond uit aandacht aan elkaar geven op lichamelijk gebied zonder dat er geslachtsgemeenschap plaatsvindt – sterker nog: zonder dat ze elkaar een orgasme mochten bezorgen. Ze mochten wel zichzelf masturberen.

Toen ze weer bij me kwamen, nam Rietje verongelijkt plaats. Ze vond het een waardeloze opdracht, want als ze opgewonden werden mochten ze niks doen van me.

'Masturberen mocht wel,' zeg ik vriendelijk.

De hel brak los. Daar had ze geen zin, daar was ze niet voor getrouwd. Dat had ze nog nooit in haar leven gedaan en dat ging ze nu ook niet doen. Ze vond het al erg genoeg dat Walter het wel deed. Ze kon niet begrijpen dat iemand wel masturbeerde en geen zin had om te vrijen... Ze was ziedend.

Bij doorvragen bleek dat ze haar aversie tegen masturbatie niet zo gemakkelijk opzij kon zetten; die was haar bij haar thuis als het ware met de paplepel ingegoten. Haar broer en zij waren weliswaar voorgelicht, maar haar ouders waren streng gereformeerd geweest en aanhangers van het boek Het volkomen huwelijk, *wat ze stiekem – als haar ouders niet thuis waren – had gelezen. Daarin was haar duidelijk geworden dat seksuele gemeenschap tussen man en vrouw de enige vorm van seks was die gezond (en toegestaan) was. Alle andere vormen van seks werden als pervers gezien, en seks voor het huwelijk werd, net als masturbatie, streng veroordeeld.*

Rietje is dus echt een kind van haar tijd, beladen met ideeën, normen en waarden die geen lust predikten, maar beperkingen en onderdrukking, ook ten aanzien van masturbatie. Want wat daarover allemaal te doen is geweest, houd je niet voor mogelijk; het laat tot op de dag van vandaag nog steeds zijn sporen na.

In de eerste helft van de vorige eeuw verscheen er in de serie van de Maatschappij voor Goede en Goedkoope Lectuur een boekje met de titel *De seksuele opvoeding onzer jeugd*. Het was geschreven door Johan Stärcke, die de mensen in 1936 het volgende voorhield over masturbatie, door hem nog 'onanie' genoemd:

De onanie (ook wel genoemd zelfbevlekking, zelfbevrediging, geheime zonde of eenzame liefde) de zelfbevrediging der geslachtsdrift, meestal door wrijven of drukken van de geslachtsdelen, is een van de gebreken der mensheid, waarover men niet gaarne spreekt. Hoe het komt dat de meeste volwassenen het zoo schuwen, dit onderwerp te bespreken, zal ons aanstonds duidelijk worden.

Wie zich aan onanie schuldig maken, schamen zich meestal daarover, en gevoelen die gewoonte als vies, zondig of schadelijk. Daarom spreken zij er niet gaarne over, en daar zij in de waan verkeren, dat onanie weinig voorkomt, en dat zij dus een uitzondering vormen, bewaren zij een dubbel angstvallig stilzwijgen.

De onanie is, als het ware, een kinderziekte van het geslachtsleven, waaraan weinigen ontsnappen. Onanie kan op elke leeftijd voorkomen (zoowel bij zeer kleine kinderen als bij ouderen, maar zij komt het meeste voor tusschen de 10 en 20 jaar, in de latere schooljaren en de jaren waarin de geslachtsrijpheid tot stand komt. Sommige mensen laten ook op volwassen leeftijd het onaneren niet geheel na, doch bij de meesten neemt de onanie tegen het 18de–25ste jaar af en houden zij er tenslotte geheel mee op. Het nalaten van het onaneren kost de meeste jonge mensen een zekere strijd, maar tenslotte wordt het overwonnen en uit hun geest verbannen, soms zelfs zóó dat ze het op volwassen leeftijd vergeten zijn en in volle ernst menen dat ze het nooit gedaan hebben.

Het algemene zwijgen is ook de oorzaak, dat sommige volwassenen, vooral vrouwen, van deze 'slechte gewoonte' nooit hebben gehoord, en er volstrekt niet op letten, of hun kinderen zich eraan schuldig maken.

Vroeger heeft men de menschen erg bang gemaakt voor de gevolgen van onanie. Men dacht dat zelfs ruggenmergtering en hersenverweking erdoor konden ontstaan. Dit is echter niet juist. Toch heeft onanie dikwijls een zeer slechten invloed, lichamelijk (vermagering, verzwakking, rugpijn en allerlei ziekteverschijnselen), maar vooral geestelijk. Dikwijls ontstaan er vergeetachtigheid, neerslachtigheid, prikkelbaarheid door. (Dezelfde verschijnselen ontstaan bij normaal geslachtsverkeer, als dit met te korte tusschenpozen wordt herhaald. Bij jongehuwden komen deze verschijnselen niet zelden voor, en verdwijnen zodra de matigheid meer in acht wordt genomen.) Een groot bezwaar van de onanie is, dat zij, die er eenmaal mee begonnen zijn, er zo licht toekomen, haar met steeds kortere tusschenpoozen te herhalen. Daardoor ontstaan dan wel belangrijke nadelige gevolgen, vooral voor het zenuwstelsel. De wilskracht en het weerstandsvermogen nemen daardoor nog meer af, waardoor het steeds moeilijker wordt met de 'geheime zonde' op te houden. Een ander gevaar van onanie is, dat soms vrij jonge kinderen (vaak door nabootsing of verleiding) er door worden aangetast, voor wie het nog veel nadeliger is dan voor ouderen.

Volgens seksuoloog Gertjan van Zessen ligt de oorsprong van dit waarschuwen tegen zelfbevrediging bij de medische stand in de vroege achttiende eeuw. Toen die stand zich uitbreidde won die aan invloed en weldra verschenen de eerste publicaties over 'zelfbevlekking' door jongens en meisjes, mannen en vrouwen, terwijl ook andere schadelijke theorieën over 'zaadverderving' het daglicht zagen. Er werden allerlei ziekten met zelfbevrediging in verband gebracht, een reden waarom in de opvoedkundige geschriften van die tijd – en nog vele jaren later – behalve voor allerlei gevaren die de ontwikkeling van de jeugd konden bedreigen ook veelvuldig werd gewaarschuwd tegen masturbatie.

Men zag echter over het hoofd dat de gevaren die men toeschreef aan masturbatie nergens objectief waarneembaar waren en de medische redeneringen geheel onlogisch. Een kritische, wetenschappelijke benadering zoals we heden ten dage kennen (objectief tellen en meten) bestond amper. De kerken namen de mening van de medische stand over, een invloed vergelijkbaar met de invloed van de media in onze tijd.

Er kwam een strijd tegen masturbatie op gang, die volgens Van Zessen uiterst vernuftig en bij tijden zeer wreed is geweest. De medische stand liep hierin voorop, omdat de artsen als geen ander de gevaren kenden en in hun praktijk in staat waren de schuldigen op te sporen. De behandeling die masturbatie moest tegengaan bestond uit praktische ingrepen, zoals het slapen in een koude kamer, koude baden, slapen met handen boven de dekens, maar ook het voorschrijven van speciale diëten. De bekende Kellogg's Cornflakes zou zelfs groot geworden zijn doordat het als speciaal antimasturbatiedieet was bedacht! Verder werden zinnenprikkelende stoffen als chocolade, koffie en oesters verboden.

Helaas hielp dit allemaal onvoldoende. In de loop van de negentiende eeuw, parallel aan de groei van de medische stand werden steeds meer en ernstiger kwalen aan zelfbevrediging toegeschreven zoals: krankzinnigheid, moordlust, zelfmoordneigingen, hallucinaties, enzovoorts. Had men vroeger nog het idee dat de effecten overgingen zodra het masturbatiegedrag stopte, later groeide de overtuiging dat de kwalen ongeneeslijk waren. Mensen die masturbatie beoefenden werden als potentiële moordenaars en krankzinnigen beschouwd die in de ogen van sommigen beter opgesloten konden worden. De arts stond machteloos tegenover deze kwalen, dus de enige remedie moest preventie zijn. Daartoe werden kinderen in bed vastgebonden. Ze kregen zwachtels om of werden behangen met puntige apparaten die een erectie moesten verhinderen. Jongens werd geleerd hoe ze konden plassen zonder hun piemel aan te raken. Er is zelfs een patent verleend op een systeem met draden en een belletje waardoor de ouders in hun kamer werden gewekt door de erectie van hun zoon. Als deze hulpmiddelen geen effect hadden, werd er geopereerd: een ring door de eikel maakte een erectie pijnlijk, de clitoris kon worden weggesneden of uitgebrand. Soms werden alle zenuwen verwijderd of deed men een volledige castratie.

Zeer geleidelijk vond er een omslag plaats in het denken over risico's. De geciteerde Johan Stärcke liet al een milder geluid horen en de arts B. Premsela ging nog een stap verder. Hij schreef in 1940 in zijn boek *Seksuologie in de praktijk* dat de gevolgen van onanie (hij kort het af met O.) vreselijk overdreven werden, zowel door leken als door artsen. Hij beweerde dat 98% van de mannen onaneerde en 60% van de vrouwen, en zei dat hij onder de indruk was van het leed dat de verkeerde voorstelling van zaken teweegbracht. Ik citeer:

De seksuoloog komt dagelijks opnieuw onder de indruk van het onnodig leed van de onaniepatiënt en hij denkt met weemoed aan de hoeveelheid levensvreugde, die – alweer onnodig – gederfd wordt. De jeugdige puber is er in het begin nog het beste aan toe. Wel hebben vele intuïtief, een gevoel dat hun O. tegen de natuur der dingen ingaat. Doch zoolang zij niet 'voorgelicht' worden, blijven nadelige gevolgen achterwege. In onze maatschappij blijft niemand zonder contact met anderen, dus zij ook niet. Vanaf het ogenblik, dat zij 'in de goot' worden voorgelicht, is het mis en verschijnen in bonte rij de te beschrijven gevolgen, die het leven van miljoenen jonge mensen nog steeds tot een hel maken. De verkeerde voorlichting tiert welig in vele obscure boekjes, waarnaar de patiënten in wanhoop grijpen en die hen van de regen in de drop brengen. (blz. 218)

Dan geeft hij een voorbeeld van verkeerde voorlichting uit *De geheime kwaal* door prof.dr. Weber (blz. 8 e.v.):

Een voorname reden, waardoor zelfbevlekking zoo vreselijk is in haar gevolgen, is, dat haar onmannelijk karakter degene die er aan verslaafd is, zoo aangrijpt dat zijn geest een tweestrijd voert, zoo zwaar, dat soms het verstand in gevaar wordt gebracht.

Zelfbevlekking is een der zekerste wijzen om het leven te verkorten en hij, die er mee doorgaat, zal zijn gezondheid verwoesten, zijn gemoedsrust verstoren. De nadelige gevolgen van de zelfbevlekking kunnen op de navolgende wijze gerangschikt worden.

A De geestvermogens worden aangedaan, de gedachten worden verward en de lijder vervalt in een toestand van diepe neerslachtigheid. Hij kent geen rust meer en voortdurende angst kwelt hem. Het gehoor en het gezichtsvermogen nemen af en aanvallen van duizeligheid doen zich voor.

B De lichaamskrachten nemen af en de jongeling, die zich vroeg aan de slechte gewoonte heeft overgegeven, wordt in zijn groei belemmerd. In sommige gevallen

verlaat de slaap den lijder volkomen. In andere gevallen verkeert hij in een door-
lopende staat van sufheid en zou hij steeds kunnen slapen, doch zijn sluimerin-
gen verkwikken hem niet meer. Het ophoesten van een kalkachtig slijm, is het
kenteken van zijn toestand.
C *Gelaat, borst en dijbenen zijn vaak met puisten bedekt, die een aanhoudende*
  jeuk veroorzaken.
D *De geslachtsorganen zijn gewoonlijk verzwakt. De zak verliest zijn elasticiteit.*
  Bij moeilijke stoelgang ontstaat zaadverlies. De lijders hebben dikwijls een
  drukkend gevoel op de zaadballen, de zaadstreng in de blaas. Velen kunnen niet
  of slechts met moeite hun water ophouden, dat voortdurend wegdruppelt, of bij
  het urineren een snijdend gevoel veroorzaakt.

En op blz. 5:

Onvrijwillige lozingen vinden gewoonlijk des nachts plaats gedurende de slaap en
onder zekere condities. Wanneer deze lozingen veelvuldig optreden, kan de ziekte,
bekend onder de naam van spermatorrhoe ontstaan, waarbij een voortdurende lo-
zing van het zaad voorkomt.
Het ergste gevaar is dit, dat de ruggengraat aangedaan kan worden.

Genoeg om zich voor te stellen dat de jonge mens, behept met onanie die zich
in een toestand van zelfverwijt en angst bevindt, na het lezen van bovenstaand
citaat de wanhoop nabij is.
Maar hoewel Premsela toentertijd de negatieve opvattingen ten aanzien van
masturbatie in zijn boek al bestreed, kom ik nog steeds de gevolgen ervan tegen
bij een aantal van de mensen die mij consulteren. Over het algemeen is de overtuiging dat er medische bezwaren kleven aan masturbatie wel de wereld uit en
bestaan de moeite en de bezwaren meer uit schuld- en schaamtegevoelens
rondom dit onderwerp.

Els (51)
Els neemt deel aan een sekstherapiegroep voor vrouwen omdat zij geen zin heeft in
seks met haar man. In feite heeft ze alleen maar seksuele gevoelens gekend tijdens
de verliefdheidsperiode – ze kende toen ook seksuele opwinding en orgasmen –,
maar vrijwel onmiddellijk na het samenwonen ebden die gevoelens weg. Bij de aan-
vang van de groep vertelt ze nooit zin te hebben in vrijen. Ze vindt het zelfs moei-
lijk als haar man haar aanhaalt, en ze masturbeert nooit.
Tijdens de therapie moet zij evenals de andere vrouwen tijd voor zichzelf vrijmaken
en aandacht en tijd aan haar lichaam besteden. Dat kost haar verschrikkelijk veel
moeite, want ze is altijd aan het rennen en draven voor anderen. Maar op een gege-
ven moment krijgt ze dat toch onder de knie. Dan moet de volgende horde genomen

worden: haar blote lichaam in een spiegel bekijken en aanraken, ook haar ge-
slachtsdelen. Dat blijkt aanvankelijk een onoverkomelijke horde te zijn, beladen
met schaamte en schuldgevoel. Zoiets doet een net meisje niet, enzovoorts.

De publicaties over seks heden ten dage dragen er wel toe bij dat er meer over seksualiteit wordt gesproken, maar wat iemand nu wezenlijk aan zijn of haar seksualiteit beleeft, blijft vaak nog steeds buiten schot. Zelfs met de eigen partner is dit zelden of nooit onderwerp van gesprek, hoor ik regelmatig in mijn praktijk.

In het reeds genoemde onderzoek naar seksueel gedrag onder ouderen (NIPO 2002) is het onderwerp masturbatie volledig buiten het onderzoek gebleven, wat ik zelf een van de grootste bezwaren tegen dit onderzoek vind.

Uit het wetenschappelijk verantwoorde onderzoek *Seks in Nederland* (1991) weten we dat soloseks iets meer voor mannen dan voor vrouwen lijkt te zijn en dat van mensen boven de veertig bijna de helft niet meer masturbeert. Van degenen die dat wel doen, doet een minderheid het vaker dan eenmaal per week.

Toch blijf ik erbij dat soloseks een goed alternatief is voor alleenstaanden. Een mens is immers altijd in gezelschap van zichzelf en het is prettig als jezelf als je beste vriend of vriendin kunt beschouwen, als iemand die je graag een plezier doet of wilt verwennen. Helaas denken velen niet op die manier over zichzelf, noch over masturbatie.

Ook heb ik meermalen gehoord – zowel van vrouwen als van mannen die in principe niets tegen masturbatie hebben en het ook vanaf hun vroegste jeugd enthousiast hebben beoefend – dat ze het op oudere leeftijd slechts hoogst zelden of niet praktiseren omdat het gevoelens van eenzaamheid oproept die niet opwegen tegen het korte moment van genot. Het idee 'seks is iets van twee' blijkt hierin veelal onbewust een rol te spelen, evenals emoties rondom het thema 'in de steek gelaten zijn'. Als deze emoties doorgewerkt worden en de belemmerende mythen naar het land der fabelen zijn verwezen, lukt het vaak iemand weer net zoals vroeger te laten genieten van seks met zichzelf.

Als je vrouw bent en masturbatie iets is wat je altijd moeilijk hebt gevonden, maar je wilt dit nu veranderen zou je mijn boek *Zin in vrijen... voor vrouwen* kunnen lezen. Daarin wordt uitgebreid ingegaan op vrijen met jezelf. Soloseks is namelijk ook een manier om meer zelfvertrouwen te kweken. Als iemand van zichzelf weet dat hij of zij nog volledig in staat is om seksueel te functioneren kan dat meer zekerheid geven in het leggen van nieuwe contacten. Als seks lukt met jezelf heb je een grote kans dat seks met een ander ook weer gaat lukken.

HANNIE VAN RIJSINGEN

Het aangaan van nieuwe vriendschappen

Over vriendschap

Je vriend is een antwoord op je verlangen.
Hij is je akker die je met liefde bezaait en vol dankzegging oogst.
En hij is je tafel en haardvuur.
Want je komt tot hem met je honger en bij hem zoek je rust.

Wanneer je vriend je zijn eigen geest ontsluit, ben je niet bang voor het 'neen' in je
eigen geest, noch onthou je hem het 'ja'.
En wanneer hij zwijgt, blijft je hart luisteren naar zijn hart;
Want zonder woorden worden in vriendschap alle gedachten, alle verlangens, alle
verwachtingen geboren en gedeeld, vol ongevraagde vreugde.
Wanneer je afscheid neemt van je vriend, treur je niet;
Want wat je het diepst in hem bemint, kan klaarder voor je zijn bij zijn afwezig-
heid, zoals een bergbeklimmer de berg duidelijker ziet vanuit de vlakte.
Kahlil Gibran

Iedereen heeft wel een idee over wat vriendschap kan inhouden. Het is iets waar mensen plezier aan kunnen beleven, maar waar ze ook onder kunnen lijden als het niet loopt zoals ze graag zouden willen. Vriendschap is iets wat niet kan worden afgedwongen, zij kan alleen worden geschonken. En... vriendschap vereist onderhoud. Vriendschapsgevoelens kunnen gebaseerd zijn op gevoelens van verbondenheid, op het delen en uitwisselen van ervaringen, maar ook op samen iets doen (sporten, museumbezoek e.d.). Elke vriendschap die op deze wijze begint kan uitgroeien tot een exclusieve relatie waarin het ondernemen van gezamenlijke activiteiten, maar ook het delen van emotionele intimiteit en seksualiteit kunnen passen. Vriendschap kent vele vormen en nuances, die elk op zich kleur en inhoud aan ons bestaan geven. De meeste mensen hebben op de leeftijd van vijftigplus een netwerk(je) van vrienden en vriendinnen dat toeneemt aan belangrijkheid als de vaste partner wegvalt. Dan kan het netwerk zelfs een (tijdelijk) vangnet worden, maar als dit netwerk vrijwel alleen uit (echt)paren bestaat kan het wel eens moeilijk zijn. Sommige alleenstaanden vinden het pijnlijk om altijd maar weer geconfronteerd te worden met een paar, als ze zelf alleenstaand zijn geworden. 'O, alweer zo'n stellenfeest,' kan een gescheiden vriendin van mij verzuchten, als ze weer een uitnodiging krijgt van deze of gene uit het netwerk van haar en haar gewezen echtgenoot.

Mensen die zelf deel uitmaken van een stel beseffen doorgaans niet dat het wel eens hinderlijk of pijnlijk kan zijn voor iemand die nooit een partner heeft gehad, of juist de partner heeft verloren door een scheiding of de dood, altijd met een twee-eenheid geconfronteerd te worden. Daarom kan het voor iemand die alleen is komen te staan een verademing betekenen met mensen in aanraking te komen die hetzelfde hebben meegemaakt. De contacten helpen vaak om het gebeurde een plek te geven en het eigen leven weer op de rails te zetten. Misschien dat daardoor nabestaandengroepen en verenigingen voor weduwen en weduwnaars zo'n groot succes zijn.

Connie (61, sinds zes jaar gescheiden)
Ik was laatst op een reünie van mijn middelbare school. Met degenen die nooit gescheiden waren, was ik zo uitgepraat... Ik had er niets meer mee. Maar met degenen die hetzelfde hadden meegemaakt als ik... kon ik aan de praat blijven.

Het leggen van nieuwe contacten

Mensen die op oudere leeftijd hun partner verliezen kunnen eenzaam worden en geïsoleerd raken. Dit overkomt vooral mensen die in hun jarenlange huwelijk zo op elkaar waren gericht dat de achterblijvende niet meer over de sociale vaardigheden beschikt om in zijn of haar eentje nieuwe contacten aan te gaan en vriendschappen te sluiten. Voor die mensen kunnen de volgende suggesties een welkome handreiking zijn.

• Ga iets doen wat je leuk vindt. Als je niet goed durft, vraag dan iemand anders om mee te gaan.
• Leer omgaan met internet. Er is een seniorenweb waarop je van alles kunt vinden (www.seniorweb.nl).

Voorbeeld van contact via internet (bron: seniorweb)
Ellen (59) woont sinds enkele jaren op het Portugese platteland en wilde graag internetcontact met leeftijdgenoten. Ze plaatste een oproep op seniorweb om in contact te komen met vrouwen in Nederland. Binnen enkele weken reageerden bijna veertig vrouwen en was de vriendinnenclub een feit. Het eerste thema van de mailgroep luidde: Wat betekent vriendschap voor u.
'Door die vraag kwam al snel een hecht contact tot stand,' vertelt Ellen. 'Aanvankelijk waren de elektronische brieven nog wat behoedzaam van toon, maar al snel vertelden vrouwen over hun leven, over hun relaties, kinderen en het gezin waarin ze zelf waren opgegroeid. Op die manier leerden we elkaar snel kennen.' Door de persoonlijke verhalen, maar ook door de pret die al mailend onder elkaar werd gemaakt, ontstond de behoefte om elkaar niet alleen via de e-mail te leren kennen, maar ook in levenden lijve. 'Een eerste kennismaking is dan erg spannend,' vertelt Ellen. 'Hoe zullen de mensen met wie je bijna dagelijks correspondeert in werkelijkheid zijn? Soms ziet iemand er anders uit dan je gedacht had, maar altijd is het

HANNIE VAN RIJSINGEN

meteen vertrouwd, alsof je elkaar al jaren kent. Je hebt immers al zoveel met elkaar gedeeld via de mailgroep.'
Veel deelneemsters maakten nieuwe vriendinnen via de mailgroep. 'Sommige vrouwen gaan samen naar een concert of een gezellige stad, of ze zoeken elkaar thuis op. Een paar vrouwen zijn zelfs samen op vakantie geweest.'

- Sluit je aan bij andere activiteiten die voor senioren georganiseerd worden, zoals fitness, kaartclubs en zwemverenigingen. Ook hiervoor geldt: als je het moeilijk vindt om alleen te gaan, vraag dan een bekende om je te begeleiden.
- Als je iemand aardig vindt, laat je interesse dan blijken door een praatje te beginnen en goed en actief te luisteren (zie hoofdstuk 7). Neem het onderwerp van de ander niet over met teksten als: 'O ja, dat heb ik ook eens meegemaakt, maar bij mij ging het...' of 'Wat u vertelt doet me denken aan...'
- Verwacht geen wonderen bij een eerste ontmoeting met iemand die je nog niet kent... Het is niet meer en niet minder dan een eerste kennismaking, het is zeker geen examen.
- Beschouw de ontmoeting als een gezellig middagje of avondje uit, waar je mogelijk een plezierige herinnering aan kunt overhouden.
- Houd bij een eerste ontmoeting voor ogen dat naarmate je minder verwacht, de kans groter is dat je mensen tegenkomt die jou op hun beurt weer in contact brengen met hun vrienden en kennissen. Besef dat hoe groter de groep is die je ontmoet, des te groter de kans dat je mensen vindt met wie je vriendschap wilt sluiten.

Het aangaan van een nieuwe relatie

Als je jarenlang met een en dezelfde persoon door het leven bent gegaan is het niet zo eenvoudig een nieuwe relatie aan te gaan. Niets is meer vanzelfsprekend, je moet weer van voren af aan beginnen. Je moet elkaar niet alleen leren kennen – de goede kanten en de minder goede kanten – maar je moet die ook leren accepteren en ermee om leren gaan. Tijdens dit proces kun je voor volstrekt nieuwe situaties geplaatst worden die van de ene kant een uitdaging kunnen betekenen, maar van de andere kant een bron van ongenoegen en onrust.

Gerben (62) en Lies (58)
Gerben had zijn vrouw verloren aan kanker na 31 jaar huwelijk. Als zelfstandig ondernemer – zij deden het bedrijf samen – waren ze altijd bij elkaar geweest, en er viel een enorm gat voor Gerben. Hij was zo wanhopig dat hij zelf ook dood wilde. Iemand raadde hem een nabestaandengroep aan en hij bezocht de bijeenkomsten. Het deed hem goed om met anderen over zijn verlies en verdriet te praten. Lies was een van die groepsleden. Zij had haar man ook verloren aan kanker, na 26 jaar

huwelijk, en ook zij vond troost en herkenning in deze groep. Na een jaar begon er vriendschap te ontstaan tussen Gerben en haar, en nog later een relatie.

Aanvankelijk was het een lat-relatie, maar ze kregen de behoefte om samen te wonen. Omdat de wederzijdse kinderen dat ook prima vonden, is Lies op een gegeven moment bij Gerben ingetrokken. Ze vond zijn huis prettig en het was niet bezwaarlijk dat Gerben daar nog samen – zij het maar een half jaar – met zijn vrouw had gewoond. Samen richtten ze het huis opnieuw in.

Maar door het samenwonen ontstonden er problemen. Beiden waren gewend aan een totaal andere partner. Voor Lies was het heel normaal dat, als zij het ergens niet mee eens was, ze dit zei en dat er rekening mee werd gehouden.

Gerben was gewend aan een vrouw die zijn wensen vervulde zonder dat hij erom hoefde te vragen. Bijvoorbeeld: hij had als hij wilde vrijen in al die jaren nooit 'nee' te horen gekregen. Maar Lies was een vrouw die niet altijd op hetzelfde moment zin had als hij, en dat stak ze niet onder stoelen of banken.

Gerben, totaal niet gewend aan 'nee' zeggen of aan enige vorm van milde kritiek, kon zo van zijn stuk raken dat hij óf een paar dagen niets tegen haar zei, óf snel geïrriteerd uit de hoek kwam. Lies kon met dat gedrag niet uit de voeten. Van de weeromstuit raakte zij ook geïrriteerd en dan kwam er een zeer gespannen sfeer tussen hen beiden, die steeds langer bleef hangen. Daarom zochten ze professionele hulp.

Belemmeringen voor het aangaan van nieuwe vriendschappen of een nieuwe relatie

- Besef dat als je er niet in kunt berusten dat je partner door dood of scheiding niet meer voorkomt in je dagelijkse leven, je nog niet klaar bent voor nieuwe vriendschappen of een eventuele nieuwe partner. Verwacht dit dan ook niet, maar besteed tijd en energie aan het afmaken van je rouwproces. Dat is de enige manier dat je opnieuw een ander (anderen) kunt toelaten op de plaats in je hart die de overleden (of de gescheiden) partner innam.
- Laat je niet overmeesteren door schuldgevoelens als je opnieuw plezier in het leven of verliefdheidgevoelens begint te ervaren. Als je partner door een scheiding uit je leven is verdwenen, besef dan dat voor hem of haar het leven ook doorgaat en niet stil blijft staan. Ook jij hebt recht op vervulling in je leven.
- Als je partner is overleden, besef dan dat voor jou het leven doorgaat en niet is opgehouden toen hij of zij het fysieke bestaan vaarwel zei.

Oma's nieuwe vriend

Toen mijn opa doodging,
bleef mijn oma heel alleen
Eerst was ze heel verdrietig en ging ze nergens meer heen

Maar nu gaat het weer beter
Dat heeft ze echt verdiend
Mijn oma heeft verkering
Ze heeft een nieuwe vriend
 Hij is komen wonen op dezelfde galerij
Hij draagt chique kleren en is net zo oud als zij
Ze gaan vaak samen wandelen
Of drinken samen thee
Ook neemt hij elke week
een bosje bloemen voor haar mee
Oma heeft een vriend
Ze heeft verkering, oma is verliefd
Ze heeft verkering
Zij strijkt voor hem z'n kleren
Hij helpt haar in 'r jas
Oma lijkt opeens wel tien jaar jonger dan ze was
't Lijkt nu wel 'n gek idee
Als u op die leeftijd bent
Wordt u dan ook smoorverliefd als u elkaar net kent?
Ze willen samenwonen in mijn oma's kleine flat
Maar gaan ze dan ook zoenen en knuffelen in bed?
Oma heeft een vriend
Ze heeft verkering, oma is verliefd
Ze heeft verkering
Zij strijkt voor hem z'n kleren
Hij helpt haar in 'r jas
Oma lijkt opeens wel tien jaar jonger dan ze was
Maar als ik op bezoek kom, heb ik soms een raar gevoel
Hij rookt opa's sigaren, hij zit in opa's stoel
En hoe moet ik hem noemen
'Opa twee' dat klinkt zo raar
En 'meneer' of bij z'n voornaam
Krijg ik echt niet voor elkaar!
Oma heeft een vriend, oma is verliefd
Maar af en toe dan heb ik wel dat ik mijn opa mis
Ja, soms denk ik dat het eigenlijk niet eerlijk is
Maar deze is ook aardig en hij vertelt zo leuk
Soms doet-ie een goocheltruc dan lig ik in een deuk
De laatste weken voel ik mij ook niet meer zo verward
Ik heb nu gewoon twee opa's
    Koor: Zij heeft nu gewoon twee opa's

Soliste: *Ik heb nu gewoon twee opa's:*
Eentje in het echt en eentje in mijn hart
Koor: *Ze heeft verkering*
Soliste: *Mijn oma is verliefd* (6x)

(Bron: Kinderen voor kinderen, 2001)

- Als je merkt dat je huiverig bent om nader kennis te maken met iemand terwijl je die wel interessant vindt, vraag je dan af of het mogelijk is dat de angst opnieuw iemand te verliezen door dood of scheiding hierbij een rol speelt. Ieder mens heeft namelijk de neiging pijn en verdriet uit de weg te gaan en soms wordt dit gedaan door alles te vermijden wat maar enigszins die richting uit zou kunnen gaan. Ik noem dat wel eens: het kind met het badwater weggooien, een gedrag dat zowel op bewust als op onbewust niveau kan plaatsvinden.
- Schrik niet als je andere interessante mensen leert kennen die mogelijkerwijze een bijzondere plaats in je leven zouden kunnen innemen als je pijn en verdriet om de oude partner opnieuw de kop opsteken. Nieuwe vrienden kunnen vaak de herinneringen aan de oude partner verlevendigen omdat ze je herinneren aan dingen die je vroeger met hem of haar deed. Dit is een logisch verschijnsel en onlosmakelijk verbonden met het aangaan van nieuwe contacten. Je kunt er echter op vertrouwen dat naarmate je meer gewend raakt aan dit nieuwe bestaan, de heftigheid van je pijn, je verdriet, en van je herinneringen zullen uitdoven.

Jacques (50)
Jacques werd verlaten door de vrouw met wie hij 24 jaar was getrouwd. Samen hadden ze twee kinderen geadopteerd, omdat hij onvruchtbaar bleek te zijn. Zijn vrouw heeft nooit aangegeven, voorzover hij weet, dat zij niet tevreden was met de relatie. Op een gegeven moment kwam hij erachter dat ze een seksuele relatie onderhield met een vriend die bij hen over de vloer kwam en met wie ze een schildercursus deed.
Tot op de dag van vandaag weet hij niet waarom ze voor die ander heeft gekozen en wat die ander bewogen heeft. Hij dacht dat het kwam doordat die ander 'mannelijker' was in zijn ogen.
Na een jaar of drie ontmoette hij een vrouw die verliefd op hem raakte en dat vond hij heerlijk. Maar... de seks wilde niet vlotten. Als hij met zijn nieuwe geliefde in bed lag, staken gevoelens van onzekerheid de kop op: 'Zou ze me wel aardig genoeg vinden?', 'Vindt ze me wel mannelijk genoeg?', 'Straks val ik door de mand', en dan verdween zijn erectie. Dat was de reden waarom hij deskundige hulp inriep.

In de gesprekken bleek dat hij nog niet los was van zijn ex. Hij voelde zich gedumpt en was (onbewust) als de dood dat hem dit opnieuw zou overkomen bij het aangaan van een intieme relatie. Toen hij de pijn, de woede en het verdriet over de afwijzing had doorvoeld, kon hij op een andere manier naar zijn nieuwe relatie kijken. Hij voelde zich zekerder. En door tegen zijn vriendin te uiten wat hij nodig had, lukte het hem na een poosje om weer op een gewone manier geslachtsgemeenschap te hebben.

Tips om valkuilen te vermijden bij het aangaan van een nieuwe relatie

Soms is iemand zo blij met een nieuwe levenspartner dat de volgende zaken gemakkelijk over het hoofd worden gezien. Dit gebeurt vaak als iemand maar één relatie heeft gehad, die op jonge leeftijd is begonnen. Mensen vertellen daar wel eens over dat ze indertijd van het een in het ander zijn gerold. 'Dat ging gewoon zo,' zeggen ze dan, 'daar hebben we echt geen moeite voor gedaan.' Iemand met deze ervaring heeft de neiging een nieuwe relatie op dezelfde manier te beginnen. Maar op gevorderde leeftijd kan dat tot problemen leiden. Die kunnen voorkomen worden door het volgende in acht te nemen.

- Sta voldoende stil bij het feit dat de nieuwe liefde een totaal ander persoon is dan de vorige partner en dat de 'maatjes-dingen', die je samen in de loop der jaren met je partner had ontwikkeld, niet zonder meer doorgezet kunnen worden.
- Neem niet zonder meer aan, op grond van je ervaringen met je oude partner, dat je nieuwe geliefde net zo zal reageren of met haar of zijn gedrag hetzelfde bedoelt als je oude partner. Ga na of je veronderstellingen juist zijn of wacht af.
- Beschuldig de ander niet van nalatigheid; vraag uitleg als je iets niet begrijpt.
- Houd je verwondering of ongenoegens over dingen die gebeuren niet voor je. Misschien doe je dat uit angst om hem of haar weer kwijt te raken, maar besef dat je door zo te handelen (contact met) jezelf kunt verliezen.
- Loop in het begin niet te hard van stapel door alle beschikbare tijd met elkaar door te brengen en de eigen vrienden en kinderen te verwaarlozen.
- Ga niet te snel samenwonen. Besef dat alles opnieuw moet worden opgebouwd en dat niets vanzelfsprekend is. Een langdurige relatie met een vorige partner is geen garantie dat een nieuwe relatie ook op de lange termijn goed zal verlopen.
- Als je een slechte relatie achter de rug hebt, verwacht dan niet dat de nieuwe partner jou de hemel op aarde zal bezorgen. Maak van hem of haar geen droomprins of droomprinses die al je onvervulde wensen alsnog in vervulling doet gaan, want zulke prinsen en prinsessen bestaan niet.

- Verwacht niet dat de kinderen van je partner of je eigen kinderen, jou, hem of haar onmiddellijk als vader, moeder, opa of oma in de armen zullen sluiten. Je bent degene die een nieuwe partner hebt, niet minder maar ook niet meer. Dat betekent dat de kinderen geen nieuwe moeder, vader, opa of oma krijgen.
- Besef dat onverwerkte dingen uit je vorige relatie de kop op kunnen steken. Bijvoorbeeld als je een relatie achter de rug hebt met verschrikkelijk veel ruzie, iets dat je nooit meer wilt meemaken.

Jaap (55)

Jaap is zesentwintig jaar getrouwd geweest met een vrouw die vaak ruziemaakte. Omdat hij zijn kinderen niet in de steek wilde laten, bleef hij bij haar tot ook de jongste het huis uit was. Toen is hij gescheiden. Drie jaar later kwam hij Han tegen, een vijf jaar jongere vrouw, eveneens gescheiden en moeder van twee kinderen. Ze hebben het heel leuk samen, tot het moment dat Han boos wordt over iets. Zij steekt dat niet onder stoelen of banken en Jaap voelt zichzelf bevriezen. Hij kan geen woord meer uitbrengen en heeft alleen maar de behoefte om hard weg te rennen en nooit meer terug te komen.

- Praat met elkaar vanaf het begin over alles wat je bezighoudt. Denk niet te snel dat het niet belangrijk is wat je denkt, voelt of ervaart.
- Praat op de manier zoals in hoofdstuk 7 is aanbevolen. Dit is een effectieve manier van communiceren die veel wreveligheid en ruzie kan voorkomen.
- Behoud je eigen activiteiten en je eigen netwerk van vrienden, ook al is de verleiding groot om alles samen te gaan doen. Je blijft een autonoom persoon, geen twee-eenheid.
- Bouw het contact tussen je kinderen en je nieuwe partner stap voor stap op en houd ook op langere termijn contact met je kinderen zonder je nieuwe partner.

Seks in de nieuwe relatie

Seksualiteit kan in een nieuwe relatie spannend, leuk en opwindend zijn. Je voelt je opnieuw jong en er gaan werelden voor je open waarvan je het bestaan niet voor mogelijk had gehouden in je vorige relatie.

Nora (67)

Nora verloor vijf jaar geleden haar man van 65 door een hartaanval. Vorig jaar ontmoette ze een man die twee jaar ouder is dan zijzelf. Ze voelen zich tot elkaar aangetrokken en langzamerhand is een liefdesrelatie ontstaan. In het vrijen neemt hij de tijd, streelt hij haar en vertelt hij haar hoe mooi hij haar vindt. Omdat de seks zich vroeger even snel afspeelde in het donker en ze er weinig of niets bij voelde, ging er een wereld voor haar open. Voor het eerst in haar leven begint ze seksuele opwinding te ervaren en te verlangen naar een orgasme. Dat is iets wat ze tot dan toe nooit beleefd had, maar ook niet erg had gevonden.

Nora zocht mijn hulp – dat doen vrouwen vaker als ze een nieuwe relatie hebben – omdat ze voor haar dood aan den lijve wilde ondervinden wat een orgasme is.

Hans (56)
Vier jaar geleden, toen ik drie jaar weduwnaar was, heb ik N. leren kennen. Ze zette mijn hele wereld op de kop. Ze had niet alleen een eigen mening, maar ze genoot ook duidelijk van seks. We vrijen nachtenlang. Zoiets had ik nog nooit meegemaakt. Het vrijen is nu wat minder geworden, maar we mogen het nog steeds graag doen!

Als seksuoloog maak ik natuurlijk vaker mee (mensen bij wie de seks probleemloos verloopt consulteren mij niet!) dat seks in het begin, of later, in de verhouding problemen oplevert. Mannen kunnen in een nieuwe verhouding wel eens erectieproblemen hebben, een verschijnsel dat in de wereld van de medici en de seksuologen ook wel het 'weduwnaarssyndroom' wordt genoemd (zie hoofdstuk 6). Omdat het relatief vaak voorkomt herhaal ik op deze plaats nog eens dat er lichamelijk niets aan de hand is als je als man regelmatig nachtelijke erecties of een ochtenderectie constateert. Dan zijn psychische redenen de oorzaak (tussen de oren) van het niet krijgen of volhouden van een erectie. Als zich echter nooit meer een ochtenderectie voordoet en bij masturbatie zich geen enkele vorm van erectie meer laat zien, is het raadzaam naar de huisarts te gaan en dit met hem of haar te bespreken. Waarschijnlijk zal hij of zij je doorsturen naar een specialist voor nader onderzoek.

Klaas (52)
Klaas is drie jaar geleden gescheiden van zijn vrouw. Ze verliet hem voor een ander. Daardoor is hij sterk aan zichzelf gaan twijfelen. Nu heeft hij een nieuwe vrouw leren kennen, maar de seks wil niet: hij kan geen erectie behouden. Bij navraag blijkt dat hij, nadat ze voor het eerst samen waren uit geweest en zij hem bij zich binnen nodigde, na de eerste kus avances maakte en méér wilde, omdat hij dacht dat zij dat van hem verwachtte. Dat dacht hij, omdat zij aanzienlijk jonger was dan hij – pas 39 jaar.
De seks ging faliekant fout: hij verloor onmiddellijk zijn erectie. Bij een vervolgafspraak, die moeizaam tot stand kwam, wilde ze op geen enkele manier nog lichamelijk contact met hem. Praten over het fiasco van de vorige keer durfde hij niet. In de loop van het contact met mij ontdekte hij dat veiligheid en het gevoel van

geborgenheid essentieel voor hem waren. Eerst samen praten, elkaar leren kennen, wederzijds respect voelen en dan de seks langzaam opbouwen... dat was wat hij nodig had.

In een nieuwe relatie is het ook voor de man belangrijk om te weten wat zijn eigen condities (voorwaarden) zijn om lekker te kunnen vrijen. Hij moet niet proberen te voldoen aan wat hij veronderstelt dat de ander van hem verwacht en verlangt. Hij moet doen wat hij zelf leuk en prettig vindt – zonder de rechten van de ander te schenden – en waar hij zich veilig bij voelt. Datzelfde geldt voor de vrouwelijke partner bij een beginnende relatie.

Tips om de seksualiteit in een nieuwe relatie goed te laten verlopen

• Wees eerlijk over wat je wilt in dit nieuwe contact. Als je alleen gezelschap zoekt voor theater, sport of andere activiteiten, zeg dit dan gewoon. Doe dan niet alsof je op zoek bent naar een partner voor de rest van je leven, of voor de seks.
• Wil je wel seks met iemand, overtuig je er dan van dat die ander dat ook met jou wil. Gebruik geen slinkse verleidingstechnieken, maar wees eerlijk en open.
• Ben je ervan overtuigd dat jullie beiden seks met elkaar willen, bouw het dan langzaam op. Vertel elkaar je seksuele voorgeschiedenis en je verwachtingen en onzekerheden (als je die hebt).

Janus (55)
Janus heeft na zijn scheiding (vijf jaar geleden) een vrouw leren kennen met wie hij wel verder door het leven zou willen gaan. Hij maakt haar het hof en als ze al een paar weken met elkaar optrekken vertelt hij haar tijdens een etentje over zijn pijn van het in de steek gelaten te zijn door zijn ex voor een andere man, en zijn onzekerheid over het weer een goede minnaar te kunnen zijn. Daarop vertelt zijn nieuwe vriendin aan hem dat ze weinig gewend is, want haar ex-man heeft maar een paar maal tijdens hun huwelijk avances gemaakt. Hij ontweek seks en lichamelijkheid op alle fronten.
Janus en zijn nieuwe vriendin bouwen het langzaam op. Hoewel ze wel bij elkaar slapen, knuffelen en vrijen, hebben ze nog geen geslachtsgemeenschap. Dat gebeurt pas drie maanden na hun eerste afspraakje. Door de zorgvuldigheid waarmee ze hun seksleven hebben opgebouwd lukt het niet alleen prima, de vrouw komt zelfs klaar.
Na een half jaar zijn ze zo zeker van elkaar dat ze besluiten om te trouwen.

• Vertel elkaar na het hebben van seks hoe het is geweest. Begin met te zeggen wat je allemaal prettig hebt gevonden, maar schroom ook niet om te zeggen wat je graag anders zou willen.

- Besef dat – als er iets niet goed verloopt in de seks – dit niet hoeft samen te hangen met jouw minnaars- of minnaressenkunsten. Praat erover met elkaar. Het kan een kwestie zijn van wennen aan elkaar, maar een andere mogelijkheid is dat een van jullie een probleem heeft op het gebied van seks. Bijvoorbeeld: als je een vrouw bent die nog nooit een orgasme heeft gehad, verwacht dan niet dat je nieuwe minnaar jou wel een orgasme kan bezorgen, want dat gebeurt in veel gevallen namelijk niet.

Samenvatting en vooruitblik

Aan het begin van het hoofdstuk is aan de hand van allerlei verhalen over masturbatie uitgelegd hoe negatief denken over soloseks in de 18de en de eerste helft van de 19de eeuw dusdanig het denken hierover heeft beïnvloed, dat nog veel vijftigplussers zich ongemakkelijk voelen bij het bedrijven van soloseks. Vervolgens is ingegaan op hoe nieuwe contacten gelegd kunnen worden, wat belemmeringen kunnen zijn bij het aangaan van een nieuwe relatie en hoe mislukkingen vermeden kunnen worden. Ten slotte is ingegaan op het krijgen van een nieuwe seksuele relatie en zijn er suggesties aangereikt om zo'n relatie goed te laten verlopen. In het volgende hoofdstuk wordt gekeken hoe een paar bij het bereiken van de vijftigplus-levensfase op een bevredigende (en/of verdiepende) wijze met elkaar verder kan gaan.

Hoofdstuk 10

VIJFTIG, GETROUWD EN... HOE NU VERDER?

Zoals ik in het voorwoord vertelde, heb ik de worsteling met mijn werk en het schrijven achteraf geïnterpreteerd als een fase van bezinning. Maar ik zou het mezelf stukken gemakkelijker hebben gemaakt als ik dat toentertijd had beseft. Helaas was ik niet wijzer. Ondanks dat mijn eerste leermeester al had gezegd: 'Je kunt goed observeren en je hebt de capaciteit om het op te schrijven. Het is nog wat onwennig en houterig, maar dat leer je wel af. Jij moet gewoon over je werk gaan schrijven...' bleef ik me vastklampen aan andere onderwerpen. Ik moest eerst het debacle met de uitgever meemaken voor ik gehoor kon geven aan zijn advies. En dat bleek de eerste stap naar verandering. Toen ik mijn behoefte aan schrijven niet meer buiten mijn werk, maar binnen mijn werk plaatste, kreeg ik weer belangstelling voor het werk zelf. Omdat ik erover schreef moest ik research doen, nadenken over formuleringen en nieuwe ideeën in praktijk brengen. Dat alles gaf aan het werken met cliënten een nieuwe impuls. Sterker nog, hoe meer ik erover schreef, hoe interessanter het werd. Op dit moment vind ik het werken met cliënten zelfs weer zo leuk, dat ik me nauwelijks nog kan voorstellen dat ik er ooit mee heb willen ophouden.

Terugkijkend op de periode waarin ik me niet gelukkig voelde, kan ik zeggen dat de leeftijd van rond de vijftig een keerpunt was in mijn leven, omdat toen onbewust het besef begon te dagen dat ik het grootste stuk van mijn leven al achter de rug had. Door het overlijden van mijn moeder – mijn vader was al veel langer dood – was ik een generatie doorgeschoven op de ladder, iets wat veel mensen van rond de vijftig overkomt. Het is een levensfase waarin zich gebeurtenissen kunnen afspelen die je tot bezinning nopen. Sommigen die in hun werkende leven nog een poos hebben te gaan, kunnen de behoefte voelen aan een werkvrije (sabbatical) periode om even los van verplichtingen te zijn. Ze willen iets van de wereld zien, nu de gezondheid dat nog toelaat, en willen ruimte om na te denken over hoe de rest van het leven zo goed mogelijk ingericht kan worden. Het is de fase waarin de kinderen (meestal) geen constante zorg meer behoeven, de grootste schulden afgelost zijn, en het pensioen in zicht begint te komen. In het verleden kregen vrouwen in deze fase van hun leven nog wel eens last van het zogeheten 'legenestsyndroom'. Omdat hun leven altijd in dienst had gestaan van het gezin, viel er een grote leegte als de kinderen het huis uit waren, die niet iedere vrouw wist op te vullen.

Bij de generatie van babyboomers speelt 'het lege nestsyndroom' aanzienlijk minder een rol. Veel van de vrouwen uit deze generatie hebben naast hun man

en kinderen een eigen leven geleid, bestaande uit werk, hobby's en vriendinnen. Daardoor valt er minder een gat als de kinderen het huis uit gaan. Maar
daar staat tegenover dat die vrouwen minder volgzaam zijn en duidelijker weten
wat ze willen, waardoor ze niet alleen andere, maar ook meer eisen gaan stellen
aan de relatie met hun partner.

Dr. Christiane Northrup zegt in haar boek *De overgang als bron van kracht* dat het
afnemen van het vrouwelijke libido, tijdens of na de overgang, ook met andere
dingen heeft te maken dan met een hormoonwisseling alleen. 'Een gebied waar
de noodzaak voor verandering duidelijk wordt, is het afnemen van het vrouwelijke libido. Net zoals wilde dieren zich in gevangenschap niet willen voortplan-
ten totdat hun hele omgeving naar hun zin is, kunnen een vrouw en haar partner problemen krijgen in hun seksuele intimiteit als hun relatie aan een nieuw
evenwicht toe is. De overgang is dan ook de tijd waarin de eisen die vrouwen
aan hun relatie stellen aan het veranderen zijn.'
Dit is een verschijnsel dat ik volmondig kan onderschrijven. In mijn praktijk
komen regelmatig koppels zoals Stan en Lilian.

Stan (54) en Lilian (52; twee dochters, 23 en 19 jaar)
*Lilian heeft een afspraak gemaakt omdat ze zo niet verder wil. Stan is altijd druk
met zijn werk, waar hij nauwelijks over vertelt, en drie keer per week gaat hij 's
avonds tennissen. Lilian kan daar niet aan deelnemen omdat haar knieën dit niet
meer toelaten. Meestal blijft Stan dan ook nog wat drinken in de kantine en komt
hij pas thuis als Lilian al slaapt. Lilian werkt namelijk ook nog, een baan van 25
uur in de plaatselijke bibliotheek, en heeft haar slaap hard nodig.*
*Lilian voelt zich eenzaam in haar huwelijk, maar dat is haar pas duidelijk gewor-
den nadat hun jongste dochter het huis uit ging. Voor haar gevoel had ze plotseling
niemand meer om tegen te praten, want Stan luistert nauwelijks naar haar. 'Hij
vindt de krant of de tv altijd interessanter dan mij,' zegt Lilian bitter. Stan spreekt
dat tegen, maar heeft haar niet zo veel te vertellen, omdat zij van zijn technische
beroep toch niets begrijpt. In het verleden probeerde hij nog wel contact te zoeken
door haar te strelen, maar nadat hij regelmatig was afgeweerd is hij daarmee opgehouden. Als Lilian vertelt dat ze liever alleen woont dan die eenzaamheid elke dag
te moeten voelen, begint Stan steeds ongelukkiger en hulpelozer te kijken.*

In de loop der jaren kunnen huwelijkspartners elkaar emotioneel kwijtraken.
Daar bedoel ik mee dat ze nog wel bij elkaar zijn, maar zo in hun eigen wereldje leven dat ze het wezenlijk contact met elkaar hebben verloren. Bij de generatie van de babyboomers, zoals Stan en Lilian, komt dat vaak doordat de basis van
hun verhouding, kameraadschap, hun geleidelijk uit de handen is geglipt. Door
zorg voor de kinderen, huishoudelijke taken en verantwoordelijkheden in het

arbeidsproces – vrouwen van die leeftijd hebben voor het eerst in de westerse geschiedenis in groten getale deelgenomen aan het arbeidsproces – met daarnaast sport of andere hobby's, werd het leven van vrouwen heel anders en kwamen paren niet meer voldoende aan elkaar toe. Dat gebeurde ook als de vrouw niet deelnam aan het arbeidsproces en de man zo opging in zijn carrière dat hij zijn gezin nauwelijks nog zag. De vrouw stond dan vrijwel alleen voor de opvoeding, waardoor de vervreemding tussen de partners nog toenam en er eenzaamheid ontstond (vooral van de vrouw, want de man had zijn werk).

Lilian zou de eenzaamheidsgevoelens die ze nu heeft, in vroegere tijden misschien ook hebben gehad, maar ze zou zich erbij hebben neergelegd en niet over een scheiding zijn begonnen. Waar zou ze immers van hebben moeten leven? Maar door de Algemene Bijstandswet en de onderhoudsplicht van mannen jegens hun ex-echtgenoten, en het recht op een gedeelte van het pensioen van de man, is de rechtspositie van vrouwen aanzienlijk verbeterd. Tegenwoordig kunnen vrouwen zich, op straffe van scheiding, wel veroorloven eisen te stellen aan de relatie met hun levenspartner.

Bezinning op de relatie

Bij veel oudere cliënten komt tijdens het bespreken van hun voorgeschiedenis naar voren dat zij zich eenzaam voelen (of gevoeld hebben) in hun huwelijk. Met die gevoelens blijken ze niet aan de relatie begonnen te zijn, maar die zijn ergens onderweg binnengeslopen. Veelal is een van de onderwerpen van hoofdstuk 3 de directe aanleiding geweest tot de verwijdering die tot die eenzaamheid leidde, tezamen met een slecht voor zichzelf kunnen opkomen van de partners en een gebrekkige communicatie.

Uiteraard kent elke relatie zijn hoogte- en dieptepunten. Desondanks kunnen veel mensen zeggen: 'We hebben het goed samen, voor mij is het goed zo.' Er zijn echter ook paren, zoals Lilian en Stan, van wie minstens een van de twee expliciet te kennen geeft niet op die manier verder te willen.

Als jij je wilt bezinnen op je relatie, is het belangrijk om stil te staan bij de verschillende facetten ervan.

Hoe voel je je in je relatie met je partner? Ben je op alle fronten tevreden? Ben je in grote lijnen tevreden? Zo ja, zou je dan wel kleine dingen anders willen zien? Zo nee, zou je een totale revisie nodig hebben om je meer tevreden te voelen?

Misschien is het moeilijk om antwoord te geven op deze vragen. Misschien heb je je vanaf het begin te veel geschikt, en het gedrag van de ander geaccepteerd omdat hij of zij nou eenmaal zo was. Maar het is ook mogelijk dat er heimelijk iets van binnen is gaan knagen, terwijl je niet precies onder woorden kunt brengen wat dat

HANNIE VAN RIJSINGEN

is. Is er dit bij jou aan de hand, dan kan de volgende lijst met uitspraken en beweringen je wellicht op weg helpen (bewerking van McGraw 2000).

1	Mijn partner kan goed naar mij luisteren.	Ja/nee
2	Ik heb vertrouwen in mijn partner.	Ja/nee
3	Mijn partner heeft altijd kritiek op me.	Ja/nee
4	Ik heb vertrouwen in de toekomst.	Ja/nee
5	Ik praat niet gemakkelijk over mijn gevoelens met mijn partner.	Ja/nee
6	Mijn partner zegt vaak: 'Ik houd van je.'	Ja/nee
7	Ik voel me geaccepteerd.	Ja/nee
8	Ik voel me gewaardeerd.	Ja/nee
9	Mijn partner steunt me in moeilijke tijden.	Ja/nee
10	Mijn partner begrijpt me.	Ja/nee
11	Mijn partner houdt er niet van over zijn/haar gevoelens te praten.	Ja/nee
12	Ik kan me mezelf goed voorstellen als een 'gescheiden' iemand.	Ja/nee
13	Mijn relatie is zoals ik me altijd een relatie had voorgesteld.	Ja/nee
14	Mijn partner behandelt me respectvol.	Ja/nee
15	Mijn partner en ik hebben veel plezier samen.	Ja/nee
16	Soms wil ik mijn partner pijn doen.	Ja/nee
17	Ik voel me geliefd.	Ja/nee
18	Ik heb het gevoel in een val te zitten.	Ja/nee
19	Mijn partner vindt het fijn om in mijn nabijheid te zijn.	Ja/nee
20	Onze relatie is saai.	Ja/nee
21	Mijn partner en ik gaan graag zonder elkaar uit.	Ja/nee
22	Mijn partner schaamt zich voor mij.	Ja/nee
23	Mijn partner en ik vertrouwen elkaar.	Ja/nee
24	Mijn partner en ik zijn alleen nog maar huisgenoten.	Ja/nee
25	Ik weet dat mijn partner me nooit zal verlaten.	Ja/nee
26	Mijn partner vergelijkt me voortdurend met anderen.	Ja/nee
27	We schijnen alleen nog maar verschillende dingen te willen.	Ja/nee
28	Ik mag een eigen mening hebben.	Ja/nee
29	Ik ben eerlijk ten opzichte van mijn partner.	Ja/nee
30	Soms heb ik een hekel aan mijn partner.	Ja/nee
31	De mensen hebben geen idee hoe onze relatie in werkelijkheid is.	Ja/nee
32	Mijn partner staat open voor kritiek.	Ja/nee
33	Mijn partner sluit me buiten.	Ja/nee
34	Mijn partner is mijn emotioneel vangnet.	Ja/nee
35	Ik voel me be- en veroordeeld door mijn partner.	Ja/nee
36	Mijn partner behandelt me als een kind.	Ja/nee
37	Mijn partner geeft onze relatie de hoogste prioriteit.	Ja/nee
38	Ik kan mijn partner nooit tevreden stellen.	Ja/nee

39	Mijn partner wil graag horen wat ik meemaak.	Ja/nee
40	Ik heb mijn partner op verkeerde gronden gekozen.	Ja/nee
41	Ik kijk uit naar de tijd die ik samen met mijn partner doorbreng.	Ja/nee
42	Mijn partner is blij met me.	Ja/nee
43	Ik voel grote afstand tussen mijzelf en mijn partner.	Ja/nee
44	Ik win altijd in discussies.	Ja/nee
45	Ik ben jaloers op andere relaties.	Ja/nee
46	Ik ben achterdochtig ten opzichte van mijn partner.	Ja/nee
47	Mijn partner heeft me nodig.	Ja/nee
48	Mijn partner is jaloers op mij.	Ja/nee

Noteer de punten waar je tevreden over bent, maar ook de punten waar je verandering in zou willen zien. Doe dit niet alleen om voor jezelf te erkennen dat het is zoals het is, maar ook om te onthouden welke die punten zijn. Als jij en je partner ertoe overgaan om via de oefeningen van het volgende hoofdstuk jullie intimiteit te verdiepen, zul je ruimschoots de gelegenheid krijgen om hier met je partner over te praten.

Intimiteit en afstand

In het leven van alledag kunnen we intimiteit beschouwen als de mate waarin we iemand in onze binnenste leefwereld toelaten, zowel op lichamelijk als op emotioneel gebied. De meeste mensen houden we op een zekere afstand, maar als we wel intiem met een ander zijn laten we hem of haar toe in onze privacy – huis, hobby's, vriendenkring... ons wereldje. Seks kan daar deel van uitmaken en heel intiem zijn, maar dat is niet per definitie het geval. Intimiteit met iemand kan natuurlijk een seksueel karakter dragen, maar evenzo kan een ander persoon ons zeer nabij zijn, terwijl er absoluut geen sprake is van enige seksuele spanning of handelingen.

Liefde, vriendschap, genegenheid en gehechtheid zijn begrippen die de kwaliteit van een relatie kunnen bepalen waarbinnen iemand intimiteit of seksualiteit kan uiten. Deze begrippen zijn echter geen voorwaarden voor seksuele lustbeleving, terwijl ze wel een grotere of minder grote rol spelen bij intimiteit. En de mate waarin een mens verlangt naar intimiteit en daarme kan omgaan, hangt weer samen met zijn of haar vermogen tot autonomie.

Autonomie

Onder autonomie wordt verstaan (Langenkamp 2001):

• het vermogen om alleen te leven;

- het vermogen om voor zichzelf te kiezen;
- het vermogen om eigen verlangens te kennen en te volgen;
- het vermogen eigen grenzen te kennen en te stellen (ja en nee te zeggen);
- het vermogen om de partner te confronteren en voor zichzelf te kiezen.

Binnen de mens zelf, maar ook binnen zijn relaties, speelt zich altijd de strijd af tussen de behoefte aan intimiteit – verbondenheid met anderen – en het alleen zijn. Het is een voortdurende balans met stabiele momenten.
De meeste mensen zijn zich echter hiervan niet bewust en weten ook niet waar ze op dit moment staan. De dans op dit bewegende koord is meestal een onbewuste. Maar bewust of niet, het mechanisme manifesteert zich steeds.
De juiste balans vinden tussen deze twee levensbehoeften – intimiteit met anderen en alleen zijn – is misschien wel de moeilijkste menselijke opgave, omdat deze tegenstrijdige verlangens vaak moeilijk te begrijpen zijn. Zelfkennis en zelfbewustzijn zijn nodig om meer begrip te krijgen, en ze kunnen ook leiden tot acceptatie en integratie van die tegenstrijdige verlangens. Zelfkennis, zelfbewustzijn en autonomie stellen een mens in staat het leven vorm te geven overeenkomstig eigen capaciteiten, wensen en verlangens, zonder voorbij te gaan aan die van anderen.

Als je op de leeftijd bent gekomen dat bezinning een behoefte wordt, stel jezelf dan de volgende vragen: Hoe is onze relatie de jaargetijden en de stormen van het leven doorgekomen? Zijn wij als partners naar elkaar toe gegroeid of juist uit elkaar gedreven?
Misschien kun je ook daar niet goed antwoord op geven, maar besef je wel dat alle kleine aardigheden en attenties naar elkaar toe, die in het begin van de relatie zo vanzelfsprekend waren, geruisloos zijn verdwenen. Misschien weet je nog niet precies wat ik bedoel, maar om je een idee te geven over welke dingen het gaat, vraag ik je om de volgende lijst eens te bekijken (bewerking van McGraw 2000).

Laat je wel eens aan je partner merken...

- dat hij/zij je lief is?
- dat hij/zij een waardevol en belangrijk deel van je leven vormt?
- dat hij/zij bij je hoort?
- dat jij respect hebt voor haar/hem als persoon?
- dat hij/zij belangrijk voor je is – buiten de taken van het zorgen voor het inkomen, de tuin, het huishouden, de kinderen?
- dat je trots bent op hem/haar?
- dat jij hem of haar opnieuw als levenspartner zou kiezen?

- dat je hem of haar accepteert met zijn/haar onhebbelijkheden en moeilijkheden?
- dat hij/zij goed is zoals hij/zij is?
- dat de aanrakingen van hem/haar prettig voor je zijn, los van seks?
- dat het kussen van hem/haar, los van seks, prettig voor je is?
- dat het vasthouden van hem/haar, los van seks, prettig voor je is?
- dat tederheid geven, los van seks, prettig voor je is?
- dat je hem/haar op de hoogte houdt van jouw wel en wee als jullie niet samen zijn?
- dat hij/zij deel uitmaakt van je leven?
- dat jij je sociale activiteiten met hem/haar deelt?
- dat je hem/haar ondersteunt en erkent in het bijzijn van anderen?
- dat je leuke dingen vertelt over hem/haar of jullie – in het bijzijn van anderen?
- dat je hem/haar vriendelijk en respectvol behandelt in het bijzijn van anderen?
- dat je plezier hebt met hem/haar in het bijzijn van anderen?
- dat hij/zij de meest belangrijke persoon is in je leven, ook al verkeer je in het gezelschap van honderden andere mensen?
- dat hij/zij je partner blijft, ook in tijden van tegenspoed en tegenvallers?
- dat verschil van mening of confrontaties geen desastreuze gevolgen hoeven te hebben voor je verhouding?
- dat hij/zij 'fouten' mag maken?
- dat de overtuigingen, denkbeelden, en meningen van je partner mogen afwijken van die van jou, terwijl je hem/haar toch blijft respecteren?

Hopelijk werd je tijdens het lezen van dit lijstje blij, omdat veel van wat hier genoemd wordt regelmatig voorkomt in jullie relatie. Misschien dacht je bij jezelf: Er moet bij ons nog wel iets veranderen. Maar mogelijk werd je alleen maar boos en verdrietig omdat je vast moest stellen dat er weinig van al je idealen over een 'gelukkig huwelijk' is overgebleven. Wie weet voel je je wel net zo eenzaam als Lilian, ondanks het feit dat je voor de buitenwereld deel uitmaakt van een twee-eenheid, je een mooi huis hebt en kinderen met wie alles naar wens verloopt.

Bezinning op de seksuele relatie

Als er in een huwelijk geen sprake is van seksuele problemen kan er wel sprake zijn van onbehagen op seksueel gebied. Daarmee bedoel ik dat er geen expliciete onvrede bestaat, maar alleen iets onbestemds van het-zou-beter-kunnen. Als je last hebt van dat onbehagen en je wilt dat onder woorden brengen, dan kan

HANNIE VAN RIJSINGEN

het volgende lijstje met uitspraken en beweringen (ontleend aan Van Rijsingen 2002) je op weg helpen.

Hoe denk je over jezelf als seksuele partner?

1	Ik voel me niet meer seksueel aangetrokken tot mijn partner.	Ja/nee
2	Ik ben niet trots op mijn lichaam.	Ja/nee
3	Door mijn partner voel ik me sexy.	Ja/nee
4	Mijn partner begeert me nog steeds.	Ja/nee
5	Ik begeer mijn partner nog steeds.	Ja/nee
6	Mijn partner vindt mij saai in bed.	Ja/nee
7	Onze relatie kenmerkt zich door passie.	Ja/nee
8	Mijn partner en ik kussen en knuffelen niet meer.	Ja/nee
9	Mijn partner en ik zijn liever samen dan met anderen.	Ja/nee
10	Mijn partner en ik zijn liever met anderen dan samen.	Ja/nee
11	Ik kijk mijn partner niet meer aan als we samen alleen zijn.	Ja/nee
12	Als we niet om de paar dagen seks hebben, mis ik het ontzettend.	Ja/nee
13	Ik vind het heerlijk om mijn partner lichamelijk te verwennen.	Ja/nee
14	Ik ben tevreden met mijn lichaam, mijn seksuele uitrusting.	Ja/nee
15	Ik ben tevreden met de lichamelijke omgang, los van seks.	Ja/nee
16	Ik ben tevreden over de seksuele omgang.	Ja/nee
17	Ik zou het graag anders willen in de seksuele omgang.	Ja/nee
18	Ik wil graag ... [zelf invullen] en ga dat mijn partner vertellen.	Ja/nee

Noteer je positieve en negatieve punten en wees daarbij zo eerlijk mogelijk. Besef dat je het louter en alleen voor jezelf doet, dat je niet voor een examencommissie hoeft te verschijnen en dat je niet hoeft te berekenen of je een geslaagd dan wel een mislukt huwelijk hebt in seksueel opzicht. Het gaat erom dat je je bezint op wat seksualiteit voor jou betekent en vaststelt of je op dezelfde manier door wilt gaan als je tot nu toe hebt gedaan. Als je tot de conclusie komt dat er voor jou niets hoeft te veranderen, ben je een gelukkig mens. Dan kan ik je feliciteren.

Mocht je echter wel verlangen naar (kleine) veranderingen, maak dan zorgvuldige notities. Als je partner en jij overgaan tot de oefeningen die in het volgende hoofdstuk worden beschreven, krijg je ruimschoots de gelegenheid je wensen kenbaar te maken.

Samenvatting en vooruitblik

In dit hoofdstuk is uitgegaan van het feit dat zich in ieders leven een fase van bezinning aandient – over hoe men in zijn of haar leven verder wil gaan met zichzelf, werk en huwelijk. Daartoe is stilgestaan bij de balans van intimiteit en afstand in een relatie, gedragen door de mate van zelfkennis, zelfbewustzijn en automie van de partners. Er zijn beweringen en stellingen geponeerd, met de bedoeling na te denken hoe je als partners in de dagelijkse omgang tegenover elkaar staat. Ook kwam in die zin het seksuele aspect van de relatie aan de orde. In het volgende hoofdstuk worden er richtlijnen gegeven voor het verdiepen van de emotionele en lichamelijke intimiteit van een paar.

Hoofdstuk 11

SENIOREN OP VRIJERSVOETEN

Over het huwelijk?

Tezamen werd je geboren, en tezamen zul je voor immer zijn.
Je zult tezamen zijn als de witte vleugelen van de dood je dagen verstrooien.
Ja, je zult zelfs samen zijn in Gods stille herinnering.
Maar laten er tussenruimten zijn in je tezamen zijn.
Laat de winden des hemels tussen je dansen.

Hebt elkander lief, maar maak van de liefde geen band:
Laat ze veeleer zijn een golvende zee tussen de kusten van je zielen,
Vult elkanders bekers, maar drink niet uit dezelfde beker.
Geef elkander van je brood, maar eet niet van hetzelfde stuk,
Zingt en danst tezamen en weest blijde, maar bent ieder alleen,
zoals de snaren van een luit op zichzelf zijn, al doortrilt hen dezelfde muziek.
Geef je harten, maar geef ze niet aan elkander in bewaring.
Want alleen de hand des levens kan je harten bevatten.
En staat tezamen, maar niet te dicht bijeen:
Want de zuilen van de tempel staan ieder op zichzelf,
En de eik en de cipres groeien niet in elkanders schaduw.
Kahlil Gibran

Volgens de Amerikaanse psycholoog/seksuoloog David Schnarch kunnen (echt)paren die bereid zijn emotioneel meer in hun (seksuele) relatie te investeren, meer plezier aan hun seksualiteit ervaren in de tweede helft van hun leven dan in hun eerste helft. Daarvoor geeft hij twee redenen. De eerste is dat in deze levensfase 'geilheid' niet meer zo'n grote rol speelt, waardoor het vrijen minder is gericht op het bereiken van een orgasme. Als tweede reden geeft hij aan dat de partners elkaar beter hebben leren kennen (en accepteren) in hun manier van doen en in hun wijze van reageren. 'Mensen zijn daardoor beter in staat om hoofd, hart en geest met hun genitaliën te verbinden, een voorwaarde,' zegt hij, 'om diepere lagen in de seksualiteitsbeleving te kunnen aanboren.' Verder stelt hij dat als twee mensen die verdieping in hun seksualiteitsbeleving kunnen aanbrengen, zij in staat zijn veel meer nuances in hun seksualiteit te ervaren en uit te wisselen, waartoe ook totaalorgasmen (waarbij het hele lichaam is betrokken) en meerdere orgasmen kunnen gaan behoren.

Zoals je ziet hangt hij de opvatting aan dat zoiets niet vanzelf ontstaat; er moet moeite voor gedaan worden. En hoeveel energie partners willen investeren of hoeveel tijd ze daaraan willen besteden is voor iedereen verschillend.

Vaak is er een positieve impuls als er meer tijd ter beschikking komt: als de kinderen het huis hebben verlaten en/of als er minder gewerkt hoeft te worden. Dat schept de gelegenheid om zich weer meer op elkaar te richten en meer met elkaar te gaan ondernemen. Er kan dan ook een verdieping komen in hun seksuele leven.

Als jij en je partner besluiten om de uitdaging aan te gaan en jullie seksualiteit een nieuwe dimensie te geven, kan dit hoofdstuk jullie op weg helpen. Bedenk echter wel dat jij of je partner op elk moment kunnen ophouden. Je bent niet aan elkaar verplicht om door te gaan. Er zijn mensen die na enkele oefeningen al zeggen: 'Zo, dat was fijn, we hebben er veel van geleerd, maar het is genoeg.' Anderen reageren met, nadat ze alle oefeningen consciëntieus hebben doorgewerkt: 'Wij willen nog een stapje verder, hoe moeten we dat aanpakken?' Besef dat het jullie leven is, dat jullie zelf bepalen hoever jullie hierin willen gaan.

Seksualiteit is niet alleen een kwestie van lichamelijke opwinding ervaren, maar ook hand in hand een wandeling maken, tegen elkaar aan slapen, of nog even knuffelen voor je naar je eigen bedhelft verhuist om te slapen. Als je besluit de stappen te nemen die je de mogelijkheid bieden jullie seksualiteit te verdiepen, is het goed om stil te staan bij het volgende.

Vergelijk het leven eens met het varen in een kano op een rivier. Dat kun je op verschillende manieren doen. Je kunt tegen de stroom in roeien, wat veel energie kost; je kunt aan een van de zijkanten stroomafwaarts varen buiten de stroming, zodat je op elk moment kunt stoppen of je vastgrijpen aan de struiken aan de wal; maar je kunt je ook mee laten voeren op het midden van de rivier, waar de stroming het sterkst is – dan word je als het ware gedragen door het water en het enige wat je te doen staat is af en toe bijsturen om op koers te blijven. Je gebruikt op die manier weinig energie en profiteert optimaal van de stroming in de rivier.

Op diezelfde manier kan iemand in het leven staan en met zijn of haar seksualiteit omgaan. Je kunt je (onbewust) verzetten tegen wat er met je lichaam gebeurt als het seksueel gestimuleerd wordt; je kunt je voorzichtig mee laten voeren maar zover mogelijk buiten de stroming zodat jij je op elk moment dat je angstig wordt je kunt vastgrijpen aan de struiken aan de kant, maar je kunt je ook laten meevoeren op de stroom en je overgeven. En dat laatste is voor veel mensen erg moeilijk. Je moet namelijk je angsten achter je laten en volledig vertrouwen op je kano (je lichaam) en de stroming (je capaciteit om het opwindingsproces zijn gang te laten gaan) van de rivier, terwijl je alleen maar hoeft bij te sturen als je dreigt af te drijven.

Dat vertrouwen in jezelf – en je partner – kun je steeds verder ontwikkelen. De volgende oefeningen kunnen je hierbij helpen.

Ontwikkelen van vertrouwen

Besef als je aan de oefeningen begint dat niets verplicht is! Je hoeft je niet vast te klampen aan wat hoort of niet hoort, aan wat mag of niet mag, aan wat kan of niet kan. Het enige wat telt is het lichamelijk en geestelijk contact tussen jou en je partner. En voor een optimaal contact moet je tijd nemen voor elkaar, je openstellen voor elkaar, je niet schamen voor elkaar, elkaar durven laten zien of tegen elkaar durven zeggen wat je voelt en ervaart. De oorzaak dat mensen steeds minder zin in seks krijgen ligt vaak aan de houding en de mentaliteit die ze innemen tijdens het bedrijven van seks. Die is in veel gevallen meer op zichzelf en hun opwindingsproces gericht, dan op een open en communicatieve wijze genotvol bezig zijn met hun partner.

De dagelijkse omgang als voorspel tot lichamelijke intimiteit

Als mensen praten over voorspel, hebben ze het over het algemeen over (seksuele) handelingen die voorafgaan aan het eigenlijke werk: de coïtus.

Als ik het heb over voorspel denk ik aan de manier waarop levenspartners elkaar bejegenen. Hoe nemen ze bijvoorbeeld afscheid als ze uit elkaar gaan? Hoe telefoneren ze met elkaar? Hoe begroeten ze elkaar als ze thuiskomen?

Veel mensen beschouwen de dagelijkse omgang als iets totaal anders dan het hebben van seks. Er zijn paren die constant vechten als kat en hond, elkaar aftroeven in 'wie kan de ander het diepste beledigen' om dan toch stomverbaasd te zijn als de partner geen zin heeft als ze willen vrijen. Voor die mensen is het moeilijk te begrijpen dat er een verband bestaat tussen het leven in bed en dat buiten bed. Maar waar strijd heerst, kan wel sprake zijn van geilheid en elkaar bevredigen, maar nauwelijks of niet van harmonie en intimiteit.

Alles wat er tussen twee mensen gebeurt, elke handeling en interactie, kan als voorspel (of afknapper) dienen voor intimiteit: het wel of niet plaatsvinden van seks vloeit meestal voort uit de omgang.

Tijd nemen voor elkaar

Wil je in je relatie gaan investeren, dan is het belangrijk dat je tijd besteedt aan elkaar. Spreek een bepaalde tijd af die je samen gaat doorbrengen en zorg dat je niet gestoord wordt door de telefoon of andere zaken. Schakel het antwoordapparaat van de telefoon in en sluit de deuren, zodat niemand zomaar binnen kan vallen. Bescherm op die manier je privacy, ook tegen kinderen.

Gebruik je aantekeningen

Neem dan de aantekeningen die je in het vorige hoofdstuk hebt gemaakt. Wissel uit met je partner wat de goede en de minder goede punten in jullie omgang zijn en welke jij graag veranderd zou willen zien. Doe dit volgens de communicatieregels van hoofdstuk 7. Maak er afspraken over en ga met die afspraken aan de slag.

Ga niet verder met de oefeningen voordat jullie tevreden zijn over de veranderingen die jullie in de dagelijkse omgang hebben aangebracht. Door je aan de gemaakte afspraken te houden, neemt het vertrouwen in jezelf en je partner toe. Je toont zowel aan jezelf als aan de ander dat je in staat bent (en dat is ieder mens) een bepaald gedrag te veranderen.

Overgaan tot lichamelijk contact

Lichamelijke hygiëne

Sommige koppels vinden het prettig om tevoren samen in bad te gaan en wat bij te kletsen, anderen vinden het prettig tegen elkaar aan liggend televisie te kijken. (Ik hoor vaak dat deze gewoonte in het begin van de verhouding normaal is, maar langzaam maar zeker verdwijnt.) Weer anderen nemen liever een snelle douche om het gevoel te hebben volledig 'schoon' te zijn en bevrijd van de geurtjes die in de loop van de dag of nacht zijn opgedaan. Het belangrijkste is dat je je 'schoon' voelt als je lichamelijk contact wilt hebben met je partner. Maar dat gevoel kan van mens tot mens verschillen. Ik ken mannen die zichzelf ook nog schoon voelen als ze twee of drie dagen niet hebben gebaad of gedoucht, terwijl hun partner zich bij tweemaal daags douchen nog nauwelijks schoon vindt. Het is te begrijpen dat zo'n man zich zal moeten aanpassen aan de rein- en netheidsnormen van zijn vrouw, anders prijst hij zichzelf uit de markt.

Een sfeervolle omgeving

Maak de huiskamer of de slaapkamer gezellig. Zorg voor een aangename temperatuur en een sfeervolle verlichting. Het is namelijk belangrijk dat je elkaar kunt zien. Misschien is het voor jou of jullie vanzelfsprekend, maar ik weet uit ervaring dat dit niet voor iedereen geldt. Ik hoor nog zeer vaak dat seks alleen in het donker en onder de lakens wordt bedreven.

De innige omhelzing (ontleend aan Margot Anand)

Ga tegenover elkaar staan, houd oogcontact en probeer zo ontspannen mogelijk te blijven. Adem diep en vol, maar zonder enige inspanning. Open je armen met een verwelkomend gebaar, met de handpalmen naar elkaar geopend.
Bij het aanraken nestel je je tegen elkaars borst en sla je langzaam en teder de armen om elkaar heen. Laat je handen voelen dat ze werkelijk vlees, botten en spieren voelen, zonder druk uit te oefenen. Het is niet de bedoeling dat je elkaar smoort (liefde is niet af te meten aan de gemiddelde druk per vierkante centimeter), maar dat je elkaar met het gehele lichaam omhelst.
Ontspan je bekken en laat het naar voren kantelen, zodat je het bekken van je partner raakt. Leun ook met dijen en buik tegen elkaar aan. Probeer je knieën lichtgebogen te houden, om je gevoel van evenwicht en aarding te vergroten. Ontspan je lichaam steeds meer, zodat je elkaar volkomen aanvoelt en vol vertrouwen aan de omhelzing kunt overgeven.
Na een minuut of twee begin je op de ademhaling van je partner te letten. Stem je eigen ademhaling erop af, zodat je samen in- en uitademt. Heb je dat ritme te pakken en gaat het verder vanzelf, ga er dan nog een paar minuten mee door. Zo niet, wacht er dan mee tot je wat meer ervaring krijgt met deze oefening. Het moet prettig aanvoelen, je moet je er niet voor hoeven inspannen.
In deze oefening gaat het erom elkaar te verwelkomen, te ontvangen, en je bij elkaar te ontspannen.

Doe dit een paar minuten om elkaar de gelegenheid te geven de eigen reacties te onderzoeken. Laat dan elkaar los, sluit je ogen en ga na wat voor gevoel je bij het doen van deze oefening had. Voelde je weerstand? Die weerstand kan een teken zijn dat je jezelf bewust of onbewust een beperking hebt opgelegd. Was je terughoudend of nerveus? Voelde je je lichaam ergens verstijven? Hield je de adem in? En zo ja, kun je nagaan waarom? Voelde jij je op je gemak bij je partner? Was je voldoende ontspannen toen je eraan begon?
Vertel elkaar vervolgens – met inachtneming van de communicatieregels – hoe je deze ontmoeting hebt ervaren. Wat je er fijn aan vond, wat je gespannen maakte, wat je graag anders zou willen zien, en... alles wat je te binnen schiet. Het is belangrijk dat de ander weet hoe jij je voelde.

Waarschijnlijk is deze manier van ervaringen uitwisselen niet zo gebruikelijk in jullie omgang, maar je bent nooit te oud om te leren je open te stellen voor wat jezelf en je partner ervaart.
Voor sommige mensen is het handig om, voor ze aan deze oefening beginnen, van tevoren een bepaald stopteken of code af te spreken, voor als er iets voorvalt of gebeurt dat bij een van twee eerder irritatie oproept dan ontspanning en/of

genot. Een dergelijk teken kan bijvoorbeeld zijn: je hand opsteken, klakken met je tong, of de hand van je partner pakken en elders neerleggen. Kies een teken dat voor beiden begrijpelijk en het minst storend is.

De kunst van geven en ontvangen

In dit stadium van lichamelijk contact ga je niet alleen de kunst van geven vervolmaken, maar ook die van ontvangen. Dat gaat op de volgende manier.

De een mag volkomen passief zijn, terwijl de ander hem of haar aanraakt en voelt van top tot teen. Er is echter één restrictie: de primaire en de secundaire geslachtsdelen moeten worden vermeden. Het is namelijk de bedoeling dat de ontvanger ontspannen blijft, terwijl de gever contact maakt en houdt met het lichaam van de partner. De gever voelt en streelt het lichaam van de partner; de ontvanger hoeft alleen maar te ontvangen en niets terug te doen.

Voor de gever

Je raakt met volledige handpalm alle plaatsen van het lichaam van je partner aan. Voel hoe hij/zij aanvoelt: hard, warm, zacht, koud, harig of glad. Raak alles van hem/haar lichaam liefdevol aan. Je bent niet uit op seksuele opwinding: noch van hem/haar, noch van jezelf. Je raakt het lichaam van je partner aan om werkelijk te voelen, om werkelijk contact met hem/haar te maken.

Daarbij is het van belang dat de man nauwelijks aandacht besteedt aan de borsten en aan de geslachtsstreek van de vrouw, terwijl de vrouw bij de man de tepels en de geslachtsstreek moet vermijden. Nogmaals, het gaat erom dat je contact met elkaar tot stand brengt en uitbouwt; seksuele opwinding kan de aandacht van dat contact afleiden.

Sommige mensen vinden het prettig hierbij een bodylotion of massageolie te gebruiken. Als jij en/of je partner dat ook prettig vinden, moet je dat beslist niet laten.

Voor de ontvanger

Concentreer je op je eigen ervaringen. Houd je niet bezig met je partner. En houd voor ogen dat je nergens aan hoeft te beantwoorden. Je hoeft evenmin ergens naartoe te werken.

Ga door met deze oefening zolang als het voor beiden aangenaam is. Beter een goede vijf minuten dan een slecht half uur. Houd daarbij ook voor ogen dat de rollen omgedraaid moeten worden. Dat in hetzelfde tijdsbestek dat jullie deze oefening doen, jullie allebei als gever en ontvanger aan de beurt moeten zijn geweest (gelijk oversteken).

HANNIE VAN RIJSINGEN

Wissel na de oefening jullie ervaringen uit. Luister hierbij goed naar elkaar en sta open voor suggesties. Doe deze oefening net zo vaak tot jullie beiden ten volle tevreden zijn over het resultaat. Dan pas... is het zinvol om door te gaan met de volgende stap.

Het strelen van de borsten van de vrouw

Streel haar borsten op dezelfde zachte en vriendelijke wijze als je haar lichaam hebt gedaan.
Begin bij een borst. Streel zacht, kneedt niet en begin niet plompverloren bij de tepel. Streel er zachtjes omheen. Maak de druk alleen steviger als zij er zelf om vraagt. Streel haar borsten op deze wijze tot zij verzoekt over te gaan tot andere strelingen.

Het strelen van de tepels van de man

De tepels zijn bij veel mannen even gevoelig als bij vrouwen, maar dat wordt nogal eens vergeten. Een vrouw kan ermee spelen door de tepel en het gebied erom heen (tepelhof) te prikkelen en te plagen met vingertoppen, mond en lippen.

Neem dit onderdeel op in je oefening en bespreek het naderhand samen. Als jullie weer voor de volle honderd procent tevreden zijn, kun je doorgaan naar het volgende onderdeel.

Als jullie eraantoe zijn om verder te gaan, kun je elk onderdeel één voor één opnemen in de oefening van geven en ontvangen. Ook hierbij geldt dat elke oefening op zich goed moet verlopen voor je overgaat naar de volgende stap.
Bij een nabespreking moeten beide partners niet alleen tevreden zijn over het behaalde resultaat, maar ook bereid zijn om verder te gaan.
Want overgaan naar de volgende oefening is geen 'moeten'. Ieder voor zich, dus ook jij of je partner, heeft de keuze of hij of zij dit wil doen of niet.

Het strelen van de vrouwelijke genitaliën

Bij de vrouw ligt de clitoris voorin (onder het schaambeen) tussen de binnenschaamlippen. Hierin zitten duizenden kleine zenuwen die het heerlijk vinden om bij seksuele opwinding aangeraakt te worden. Zonder seksuele opwinding is de clitoris teruggetrokken in de schaamlippen en verstopt onder een klein hoedje, het clitoriskapje. Bij seksuele opwinding wordt de clitoris groter, zelfs zo groot dat hij niet meer (of minder) opvalt in de zachtheid van de gezwollen binnenschaamlippen. 'Ik raak hem kwijt,' zeggen mannen wel eens. Een grotere oppervlaktestreling is dan vaak wenselijk. Soms mag er afwisseling zijn in de manier van strelen, maar minder in het ritme van strelen. Want evenals bij een man is bij een vrouw het ritme belangrijk voor het vasthouden en opvoeren van de seksuele spanning. Belangrijk hierbij is dat de handen van de man niet ruw zijn (schuurpapier) en de vingernagels kort en glad. De huid van clitoris, binnenschaamlippen en vagina zijn gevoelig en elk haakje wordt uitvergroot. Gebruik als je ruwe handen hebt, regelmatig crème om je huid te verzachten en vijl je nagels nadat je ze hebt geknipt.

Orale seks bij de vrouw

Er zijn vrouwen die moeite hebben om hun genitaliën te laten aanraken door de mond van de partner, omdat ze zich schamen voor het produceren van lichaamsvocht tijdens seksuele opwinding, maar ook omdat ze zichzelf niet schoon of mooi vinden. Soms lukt het hun nog wel als het in het donker en onder de dekens gebeurt, maar als hun minnaar of minnares ernaar wil kijken of met de mond wil beroeren om te likken of te kussen (beffen), verdwijnt elk genot en komt er schaamte en schuldgevoel voor in de plaats. De volgende oefeningen kunnen je helpen deze schaamte te overwinnen.

Overwinnen van schaamte bij ondergaan van oraal-genitale seks

Mocht je het wel willen, maar uit gevoelens van schaamte er niet toe komen, dan kun je die gevoelens via de weg der geleidelijkheid trachten te overwinnen. Als je besluit om hiertoe over te gaan omdat je denkt dat dit ook jullie niveau van intimiteit kan verdiepen, kun je de volgende stappen toepassen.

Voor de vrouw als ontvanger
- Vertel je partner dat je in de toekomst wilt wennen aan oraal-genitale seks.
- Vraag hem/haar om als eerste stap, met het licht aan, met haar/zijn gezicht op een van je bovenbenen te gaan liggen, terwijl jij bloot en fris gewassen met je benen gespreid op je rug ligt.
- Als je hieraan gewend bent en je je niet meer schaamt, vraag hem/haar dan met zijn/haar gezicht tussen jouw benen te gaan liggen, terwijl hij/zij naar je genitaliën kijkt.
- Als je ook hier aan gewend bent, vraag je hem/haar om je geslachtsdelen met zijn/haar mond aan te raken, zonder dat hij/zij verder iets doet.
- Als dit vertrouwd voor je voelt, mag je partner voorzichtig wat gaan spelen met lippen en tong.

Dit moet tot en met het orgasme stap voor stap gebeuren, omdat vrouwen zich vaak weer beginnen te schamen als er sprake is van seksuele opwinding. Dan komen er sappen vrij – lubricatie – die een speciale geur (seksgeur) versprei-den. Door de vochtigheid kan de vagina wel eens geluidjes maken, die ook wel 'vaginale scheetjes' worden genoemd. Ook hier kun je aan wennen als je jezelf daar de kans toe geeft.

Voor de man als gever
Shere Hite (1976) vond in haar baanbrekend onderzoek onder vrouwen dat sti-mulatie van de clitoris door de partner de beste en meest bevredigende stimula-tie is, na de zelfbevrediging. Een tong is daarbij zachter en vochtiger dan een hand.

Sommige mannen hebben er echter moeite mee het vaginale vocht van de vrouw te proeven, wat kan gebeuren als hij de clitoris likt. Als jij daar als man ook last van hebt kun je het hele gebiedje bevochtigen met je eigen speeksel, zodat je haar vocht niet hoeft te proeven. Bij het likken kun je dezelfde bewe-gingen en hetzelfde ritme toepassen die je anders met je hand zou hebben uit-gevoerd. Je kunt met je tong over de clitoris gaan, maar je kunt hem ook in de mond nemen en voorzichtig heen en weer bewegen.
Sommige vrouwen vinden het opwindend als hun minnaar tijdens het beffen op een voorzichtige, zachte manier een of twee vingers in de vagina laat glijden en die voorzichtig op en neer beweegt. In de vagina kan hij ook nog de eerder genoemde G-plek stimuleren die in de Oosterse liefdeskunst al lang bekend staat onder de naam 'de zwarte parel'. Als een vrouw op haar rug ligt ziet het er schematisch getekend als volgt uit.

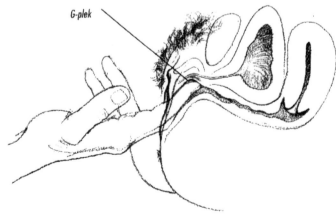

Tekening uit *Het multi-orgastische paar* (Mantak Chia e.a.)

De G-plek bevindt zich over het algemeen op eenderde tot tweederde van de opening van de vagina, vlak achter het schaambeen (onder de venusheuvel). Het stimuleren van deze plek kan het genot van sommige vrouwen een extra dimensie geven, en een enkeling geeft zelfs aan dat deze stimulatie een soort (vrouwelijke) ejaculatie (vochtverlies wat geen urine zou zijn) teweegbrengt (zie hoofdstuk 5).

Maar als een vrouw niet opgewonden is, is deze plek moeilijk te vinden. Het is een minuscuul bobbeltje in de geribbelde huid van de vagina, dat bij stimulering kan opzwellen tot het formaat van een stuiver of zelfs nog groter. Het beste moment om de G-plek te stimuleren is echter als een vrouw al opgewonden is en als ze in de buurt komt van het orgasme.

Als je als man (of als vrouw) orale seks toepast is het wel zaak dat hij/zij het zich gemakkelijk maakt. Vraag je vrouw om een kussen onder haar billen te leggen, of op een andere manier te gaan liggen als dat prettiger voor je is (en voor haar). Het is belangrijk dat je er beiden rustig en comfortabel bijligt. Het zou vervelend zijn als een van twee in de kramp schiet op het moment dat zij een orgasme of bijna een orgasme bereikt, en door de pijn noodgedwongen moet stoppen.

Het strelen van de genitaliën van de man

Veel mannen vinden het prettig onmiddellijk in hun kruis gestreeld te worden. Omdat ze echter zo gemakkelijk ontvlambaar zijn beperken hun lichamelijke sensaties zich nogal eens tot de geslachtsstreek (het gebied tussen beide heupbeenderen). Een man kan echter een veel bevredigender en uitgebreider orgasme bereiken als hij (samen met zijn partner) de tijd neemt om zijn seksuele opwinding vanuit zijn geslachtsstreek te laten uitwaaieren over een groter gedeelte van het lichaam.

Omdat een man zelf geen vocht produceert, zoals de vrouw, kan het strelen en het manipuleren van de penis aangenamer zijn als daarbij een glijmiddel wordt gebruikt; dat versterkt zijn lichamelijke sensaties. De vrouw kan zijn penis stimuleren, zijn testikels en zijn perineum (het gebied tussen scrotum en anus). Tijdens dit strelen kan de erectie verdwijnen, wat echter niet betekent dat de man dan geen genot meer beleeft. Erecties komen en verdwijnen met de bloedtoevoer naar en de afvoer van de penis, een fysiologisch gegeven dat op zich losstaat van genot. Mannen en vrouwen moeten echter voor deze wijze van lichamelijk genieten het idee loslaten dat lichamelijk genot samenvalt met de mate van stijfheid van de penis. Ik weet vanuit mijn werk dat niet alle vrouwen het even gemakkelijk vinden om de penis van hun man aan te raken. Misschien komt dit voort uit het niet vertrouwd zijn met deze handeling, omdat hun partner altijd de actieve was in hun seksleven en hij dit nooit van haar heeft gevraagd. Maar wil de balans

HANNIE VAN RIJSINGEN

van geven en nemen in de seksualiteit tussen partners in harmonie zijn, dan is het belangrijk dat ook de vrouw in staat is om de geslachtsdelen van haar mannelijke partner aan te raken. De volgende oefeningen kunnen ertoe bijdragen dat je als vrouw vertrouwder wordt met de penis van je partner.

- Begin met de penis aan te raken als die nog in slappe toestand is, dus niet in erectie.
- Als je hieraan bent gewend, ben je inmiddels ook al voor een deel vertrouwd met de erectie, want door aanrakingen zwelt een penis doorgaans op.
- Speel met de penis in erectie terwijl jij jezelf voorhoudt dat je er verder niets mee hoeft, als je dat niet wilt.
- Pas als je ook hier weer mee vertrouwd bent, manipuleer je een beetje met de penis op de manier die je man of vriend prettig vindt. Ben je onzeker of je het wel goed doet, vraag hem dan om te laten zien hoe hij het doet bij zichzelf.
- Maak daarna dezelfde bewegingen met de penis – nogmaals: alleen als je er aan toe bent – die hij je heeft voorgedaan, en vraag hem om zijn hand om de jouwe heen te leggen zodat je eveneens de verfijnde nuances kunt aanleren.
- Wanneer je ook hier weer aan gewend bent en je hebt voldoende zelfvertrouwen opgebouwd, kun je met hem afspreken – *als jij dit wilt* – om te leren hem te bevredigen ofwel een orgasme te bezorgen.
- Je kunt beginnen door (op jouw manier) met zijn penis te gaan spelen, en als hij op een gegeven moment wat anders wil, een hardere, snellere, kortere of langere beweging, kan hij wederom zijn hand over de jouwe heen leggen en aangeven wat hij op dat moment het prettigst vindt.
- Als je eraantoe bent om hem volledig op eigen houtje te bevredigen kun je, als het je zelfvertrouwen versterkt, afspreken dat hij zijn hand weer op de jouwe legt als hij toch iets anders wil. Als een man dat doet, gebeurt dit meestal niet omdat de vrouw het niet goed doet, maar omdat hij op dat moment – een mens is immers niet altijd hetzelfde – een andere stimulatie nodig heeft om zijn opwinding vast te houden of te intensiveren, iets wat een ander nooit zomaar kan aanvoelen.

Als een vrouw wél vertrouwd is met de penis van de partner, kan ze zijn genitaliën als volgt strelen.
Zij kan beginnen met de penis op- en neerwaarts te bewegen in zachte, vloeiende bewegingen. Vervolgens kan ze zijn testikels apart, of tezamen met de penis strelen. Doe dit voorzichtig, want bij veel mannen zijn de testikels zeer gevoelig en niet gediend van harde aanrakingen. Je moet er bijvoorbeeld nooit in knijpen. Veel mannen vinden het prettiger als de vrouw er zacht met de nagels langs gaat, terwijl ze de bovenkant van de balzak met duim en wijsvinger afsluit waardoor er als het ware een ballonnetje ontstaat.

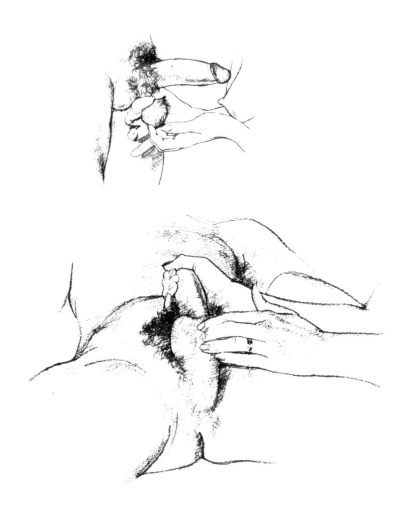

Boven: Een vrouw kan de testikels van een man stimuleren door er met haar vingers langs te strijken. Onder: Veel mannen hebben een heel gevoelige plek tussen de testikels aan de onderzijde van de penis. (Uit *Het multi-orgastische paar*, Chia e.a.)

Er zijn ook mannen die genot ervaren wanneer hun prostaat wordt gestimuleerd. Dat genot wordt vaak vergeleken met de G-plek van de vrouw (Chia en Abrams). De prostaat kan van buitenaf worden gestimuleerd via het perineum of inwendig via de anus. Dit is echter een manier van stimuleren die vaak over het hoofd wordt gezien of door schaamte niet wordt toegepast.

Karl (42) en Cora (41)

Karl en Cora consulteerden mij met de vraag of het kwaad kon wat zij deden. Karl is op 35-jarige leeftijd als bouwvakker van een steiger gevallen en sindsdien verlamd vanaf zijn middel (dwarslaesie). Hoewel hij vanaf die tijd geen erectie meer kon krijgen, hadden zijn vrouw en hij opnieuw een zeer bevredigend seksleven weten op te bouwen. Met mond en handen bevredigde hij zijn vrouw, en zelf kwam hij tot een orgasme door met een tandenborstel een bepaalde plek in zijn anus te stimuleren, waarbij Karl een intenser en totaler orgasme bereikte dan vóór zijn dwarslaesie.

Ik kon hen op grond van het bovenstaande uitleggen dat hij zeer waarschijnlijk de prostaat stimuleerde, en dat er geen vuiltje aan de lucht was als hij voorzichtig bleef met zijn tandenborstel. Opgelucht en gerustgesteld gingen Karl en Cora naar huis.

Orale seks bij de man

Veel vrouwen hebben moeite met het toepassen van orale seks (pijpen) bij de man. Soms is het de geur, die hen tegenstaat, soms de smaak van sperma, maar soms ook de onvrijheid die ze voelen tijdens het in de mond hebben van de penis. Veel mannen hebben namelijk de neiging om hun hand op het hoofd van de vrouw te leggen om ze op die wijze enigszins te duwen of te manipuleren naar de manier die zij het prettigst vinden. Soms maken ze daarbij ook nog stootbewegingen, wat voor de meeste vrouwen niet alleen onprettig, maar zelfs zeer onaangenaam is.

Als jij nog nooit orale seks bij je partner hebt toegepast en je bent bereid om het uit te proberen, kun je het volgende doen. Vraag hem op zijn rug te gaan liggen en niets te doen. Hij moet volledig passief zijn en jou de vrije hand laten. Op die manier heb jij de volledige controle. Je kunt doen en laten wat je wilt en stoppen wanneer je wilt. Leg vervolgens je hoofd op zijn buik, vlak boven zijn schoongewassen penis. Wen jezelf dan stapje voor stapje – juist als bij het leren aanraken – door de penis in slappe toestand in je mond te nemen. Neem hem niet te diep in je mond, maar speel ermee door likken en zuigen af te wisselen (gebruik lippen en tong – maar niet je tanden). Als de seksuele opwinding toeneemt wordt de penis, normaal gesproken, langzaam groter. Als dat je afschrikt, ga je over tot andere strelingen. Over het algemeen vinden mannen het likken van de testikels prettig, evenals het zuigen en likken van de eikel en het frenulum (het randje net achter de eikel). Maar ze vinden het ook niet onaangenaam als je de penis dieper in de mond neemt. Dat moet je alleen maar doen als je dat zelf wilt en als het je niet tegenstaat. Doe dit ook niet langer dan je prettig vindt. Je hoeft echt niet door te gaan tot hij een zaadlozing bereikt.

De geslachtsgemeenschap

Als de vrouw geslachtsgemeenschap wil kan ze dit aangeven door de hand van de man naar de vagina te leiden, of ze kan vragen om met een vinger of de penis in haar te gaan. Als de man dit ook wil, kan hij hier op zijn gebruikelijke manier aan tegemoet komen, maar in het kader van deze oefening vraag ik je om dat niet te doen. Gebruik niet je vinger, maar je penis en doe dat op de volgende manier.

Ga niet in haar, maar streel met je penis de omgeving van haar clitoris, net zo lang tot zij vraagt of je in haar komt. Maar ondanks dat zij dit echt wil is het zaak dat je niet snel in haar gaat, niet *in één keer,* maar dat je ook dat langzaam opbouwt door bijvoorbeeld 2 centimeter in haar te gaan.
Ga er dus langzaam 2 centimeter in, en er dan weer uit. Opnieuw langzaam 2 centimeter in haar vagina, en trek dan je penis weer terug. Doe dit gedurende langere tijd! Je zult zien dat de opwinding van je vrouw toeneemt.
Vervolgens ga je weer 1 centimeter verder. Let wel: Niet meer dan 1 centimeter, dus in totaal maar 3 centimeter. Vervolgens herhaal je wat je voordien deed. Je gaat langzaam in, en langzaam uit de vagina. Dit doe je zo lang jullie er beiden plezier aan beleven. Door de gemeenschap als het ware centimeter voor centimeter op te bouwen blijf je niet alleen in contact met elkaar, maar zul je ook op een aangename manier haar clitoris prikkelen.

Als je dit als man goed in de praktijk kunt brengen, is het mogelijk dat je vrouw een of meerdere orgasmen beleeft voordat je volledig in haar bent. Deze manier van gemeenschap hebben vereist echter zelfbeheersing en een volledige ejaculatiecontrole van de man. De man moet in staat zijn op het punt van bijna klaarkomen zijn opwinding te laten afzakken. Vervolgens kan hij weer opklimmen tot het punt van bijna klaarkomen. Dan moet hij opnieuw stoppen en zijn opwinding laten zakken. Het proces van stoppen en doorgaan – stoppen en doorgaan (en na verloop van tijd klaarkomen) doet voor beide partners de intensiteit van het genot, ook van het orgasme, toenemen. Met toename van intensiteit wordt bedoeld dat de genotgevoelens zowel bij de man als bij de vrouw niet beperkt blijven tot het gebied rondom de primaire geslachtsdelen, maar zich verspreiden over het gehele lichaam.

Sommige mannen zijn door deze manier van vrijen in staat om meerdere orgasmen te ervaren. Hiertoe is een man echter alleen in staat als hij zijn ejaculatie dermate leert te controleren dat die niet meer naar buiten wordt gestoten maar in het lichaam blijft. In boeken over tantra, en tao en seksualiteit, worden oefeningen aangereikt om die kunst onder de knie te krijgen. Ook vrouwen kunnen volgens die tantristische opvattingen oefeningen doen om hun seksuele energie optimaal te gebruiken. Volgens die visie kan de mens een levenswijze ontwikkelen, waardoor gezondheid langer blijft gehandhaafd en het leven langer duurt (Chia en Abrams 2001).

Literatuur:

Margot Anand, *Tantra, een weg naar intimiteit en extase. Een handleiding tot intense en totale seksuele ervaring.* Altamira, Heemstede 1996
Mantak en Maneewan Chia, Douglas Abrams en Rachel Carlton Abrams, *Het multi-orgastische paar. Moderne taoïstische liefdestechnieken.* Altamira-Becht, Haarlem 2001
Mantak Chia en Douglas Abrams, *De multi-orgastische man, Moderne taoïstische liefdestechnieken voor de man.* Becht, Haarlem 1997
Mantak Chia en Michel Winn, *Taoïstische geheimen der liefde, transformatie van de mannelijke seksuele energie.* Ankh-Hermes, Deventer 1990
Mantak en Maneewan Chia, *Taoïstische geheimen der liefde II, Transformatie van de vrouwelijke seksuele energie.* Ankh-Hermes, Deventer 1991

Samenvatting en vooruitblik

In dit hoofdstuk wordt ervan uitgegaan dat mensen ook op oudere leeftijd hun seksuele relatie kunnen verdiepen als ze daarvoor moeite willen doen – door tijd te nemen voor elkaar en aandacht aan elkaar te geven. Er zijn oefeningen aangereikt om de dagelijkse omgang te verbeteren en het vertrouwen in elkaar en in zichzelf te verstevigen. Vervolgens zijn er oefeningen gegeven om het lichamelijk samenzijn te verdiepen, met als belangrijkste leidraad: het contact met elkaar. Als het contact optimaal is en ook blijft tijdens de seksuele opwinding, zullen meer en intensere orgasmen het gevolg kunnen zijn. Verhoging van het opwindingsniveau is dan een gevolg van een dieper contact met elkaar, en niet een gevolg van verbetering van lichamelijke technieken.

In het laatste hoofdstuk wordt nader ingegaan op – en suggesties gegeven voor – de mogelijkheid dat seks niet meer hoeft in de relatie.

Hoofdstuk 12

ALS SEKS NIET MEER HOEFT

Misschien heb je door het lezen van dit boek het idee gekregen dat het bedrijven van seks noodzakelijk is om een goed leven te leiden. Ik wil echter benadrukken dat dit absoluut niet mijn mening is en dat dit ook totaal niet het geval hoeft te zijn. Een mens, of een koppel, kan een prima leven hebben zonder dat er sprak is van seks in engere zin. Seks is geen voorwaarde voor een goede kwaliteit van leven.

Ik heb er een boek over geschreven, omdat ik als seksuoloog geconfronteerd word met het feit dat in veel huwelijken waar geen seks meer plaatsvindt een van de twee eronder lijdt. Bij hem of haar blijft vaak de hoop bestaan dat het zal veranderen, soms zonder dat dit met zoveel woorden wordt gezegd omdat praten over seks nog steeds moeilijk blijkt te zijn.

Zwier (65) en Greta (62)

Zwier consulteert mij omdat er volgens zijn zeggen nooit een goede seksuele relatie heeft bestaan tussen zijn vrouw en hem. Er zijn wel twee kinderen geboren, maar als ze het in totaal twintig keer gedaan hebben is het veel, zegt hij. Zijn vrouw wil er niets over horen als hij erover begint, maar intussen spelen er allerlei fantasieën door zijn hoofd, die hij nog steeds in de praktijk hoopt te brengen. Het lukt hem echter niet erover met zijn vrouw aan de praat te komen, maar wel om zijn vrouw naar mij mee te nemen.

Greta is een leuke vrouw om te zien, heel verzorgd, maar ze heeft een verdrietige uitdrukking in haar ogen. Onwennig en enigszins beschaamd neemt ze plaats in mijn spreekkamer. Ik leg haar uit dat haar man mijn hulp heeft ingeroepen omdat hij seks mist in zijn leven.

Ze knikt en zwijgt. Op mijn vraag of zij het ook wel eens heeft gemist, antwoordt ze: 'Dan moet er ook iets anders zijn.'

Bij doorvragen blijkt dat ze Zwier een egoïst vindt, die altijd bezig is met zijn eigen dingen, iemand die zich zelden of nooit eens verplaatst in haar situatie. Als ik vraag of het ooit anders is geweest tussen hen, want ze hebben toch seks gehad om kinderen te krijgen, kijkt ze naar haar handen. Het papieren zakdoekje waarmee ze de hele tijd heeft zitten frommelen, trekt ze stuk.

'Is seks nooit prettig geweest voor jou?' vraag ik.

Tranen springen in haar ogen en vloeien over haar wangen. Ze veegt ze niet weg, wat haar verdriet nog schrijnender maakt.

'Deed geslachtsgemeenschap pijn?' vraag ik.

Ze knikt weer.
'Heeft geslachtsgemeenschap altijd pijn gedaan?'
Opnieuw gaat haar hoofd instemmend op en neer. Zwier zit erbij of het hem niet
aangaat.
'Wist jij dat jouw vrouw altijd pijn had als jullie gemeenschap hadden?' vraag ik
hem.
'Daar heeft ze nooit iets over gezegd,' antwoordt hij verwijtend. 'Hoe kon ik dat
nou weten?'

Het is duidelijk dat er tussen deze mensen die al jarenlang hetzelfde huis en hetzelfde bed delen, weinig of geen emotionele intimiteit bestaat. Ze hebben nog heel wat bij te praten voordat ze elkaar weer oprecht en zonder last van aangedane kwetsingen in de ogen kunnen kijken. Waarschijnlijk gaat dit Zwier en Greta ook niet lukken zonder professionele hulpverlening; ze zitten zo vast dat ze volgens mij alleen met hulp kans maken deze te doorbreken. En... mits ze beiden willen veranderen. Want veel mensen die zeggen dat er 'iets' moet veranderen bedoelen vaak dat de ander moet veranderen en niet zijzelf. En dat werkt niet, want de enige mens over wie iemand werkelijke controle kan verkrijgen in het leven is zichzelf (McGraw 2000).
Zwier bijvoorbeeld had Greta meegebracht met de hoop dat zij onder druk van mij nu eindelijk eens gehoor zou geven aan zijn verlangen aan seks en lichamelijkheid. Haar kant van het verhaal, haar pijn en haar teleurstelling, kon hij nauwelijks aanhoren.

Wees eerlijk tegenover elkaar

Als seks voor jou niet meer hoeft, om welke reden dan ook, heeft je partner het recht om dat te weten, en ook de reden waarom. Veel mensen begraven het onderwerp in het schemergebied van 'niemandsland' en praten er niet over. Angst is hier vaak de reden van, want door duidelijk uit te spreken dat het niet meer hoeft, zou de ander wel eens boos kunnen worden, weg kunnen gaan, een minnaar of minnares kunnen zoeken. En dat is ook niet iets waarop je zit te wachten... Menselijke emoties zitten gecompliceerd in elkaar.

Het inschakelen van een deskundige

Als je, zoals Zwier en Greta, besloten hebt professionele hulpverlening in te roepen, kun je uit twee mogelijkheden kiezen.
Je kunt een training op het gebied van seksualiteit en relaties volgen, voor jezelf alleen of voor jou en je partner samen. Een training is een cursus waarin inzicht verkregen wordt in eigen belemmerende gedragspatronen en er worden vaar-

digheden aangereikt om die belemmerende gedragspatronen los te laten. Trainingen zijn over het algemeen intensieve, kortdurende cursussen.
Je kunt echter ook kiezen voor een langer durende, stelselmatige therapie. Hiervoor kun je terecht bij de seksuologen van bestaande instanties of bij vrijgevestigde seksuologen. Als je een goed contact hebt met je huisarts zou je met hem of haar kunnen overleggen bij wie je terecht zou kunnen, maar uit onderzoek naar hulpverlening bij seksuele moeilijkheden is gebleken dat ook veel huisartsen moeite hebben met het onderwerp seksualiteit (Vroege e.a. 2001). Als redenen worden aangevoerd dat veel artsen het gevoel hebben niet competent te zijn, maar ook dat ze niet voldoende tijd hebben om zich op de juiste manier in de problematiek te verdiepen. Een huisartsenconsult duurt gemiddeld maar acht minuten. Wat de ene huisarts doet besluiten om meer tijd uit te trekken dan redelijkerwijs van hem of haar verwacht mag worden, zal bij een andere de terughoudendheid ten aanzien van seksuele problemen alleen maar vergroten. Het kost namelijk wel enige moeite om tot een adequate verwijzing te komen (Vroege, Nicolai en Van de Wiel 2001).
Als het je niet lukt om via je huisarts tot een goed adres te komen kun je zelf zoeken op internet. Achter in het boek kun je adressen vinden.
Heb je een adres gevonden en wil je zeker weten dat de therapeut die je kiest voldoende op de hoogte is van seksuologische zaken, dan moet je erop letten of er 'seksuoloog NVVS' bij zijn of haar naam staat. Dit houdt in dat de persoon erkend is door de Nederlands Vlaamse Vereniging voor Seksuologie en voldoet aan de criteria, zoals opleiding, samenwerking met anderen en het volgen van nascholingen.
Verder is van belang dat je begrip ontmoet voor jouw situatie en dat de hulpverlener competent is in zijn of haar vak.
De door jou (jullie) uitgekozen hulpverlener moet in staat zijn methoden aan te reiken, waardoor je stappen neemt die je verder brengen. Weliswaar moet je zelf lopen, maar de therapeut loopt naast je, wandelt met je mee, maakt de hindernissen gemakkelijker te nemen of houdt je hand vast als je bang bent om te springen. Daarom is het wel belangrijk dat je iemand vindt in wie je vertrouwen stelt, en het is geen overbodige luxe dat je links en rechts een oriënterend gesprek voert voordat je een therapeut uitkiest.

Samenvatting

In dit hoofdstuk is benadrukt dat het hebben van seks niet per se noodzakelijk is om het goed met elkaar te hebben in het leven. Maar als een van de partners niet gelukkig is onder het feit dat seks niet meer hoeft, is er altijd nog de mogelijkheid om professionele hulp in te roepen. Verder werden er richtlijnen gegeven voor de keuze van een therapeut.

HANNIE VAN RIJSINGEN

BIBLIOGRAFIE

Anand, M., *Tantra, een weg naar intimiteit en extase: een handleiding tot intense en totale seksuele ervaring*. Altamira, Heemstede 1992

Berk, Marjan, *Oud is in*. De Arbeiderspers, Amsterdam 1990

–, *Toen de wereld jong was*. Atlas, Amsterdam 2002

Bhagwan Sri Rajneesh, *Tantra, spiritualiteit en seks*. Ankh-Hermes, Deventer 1979

Bruin, Karin de, 'De verborgen geschiedenis van lesbische vrouwen', in: Karin A.P. de Bruin en Mike Balkema (red.), *Liever vrouwen*. Schorerboeken, Amsterdam 2001

Chia, Mantak, Maneewan Chia, Douglas Abrams en Rachel Carlton Abrams, *Het multi-orgastische paar: moderne taoïstische liefdestechnieken*. Altamira-Becht, Haarlem 2000, 2003[5]

Forel, A., *Het sexueele vraagstuk*. Graauw, Amsterdam 1930[9]

Frencken, J., 'Seksuele moeilijkheden in Nederland', *Maandblad Geestelijke Volksgezondheid* 1 (1987)

Friso, J., 'Ook homo's worden oud', *Schorer.nl* jg. 2 (maart 2002), pp. 12–18

Gibran, Kahlil, *De profeet*. Altamira-Becht, Haarlem 2002[10]

Gort, Annemies, *Seks op leeftijd*, brochure. Rutgers Stichting, Den Haag 1994[12]

Heffels, A., en W. Bezemer, *Liever de lusten*. Anthos, Baarn 1993

Hemmerechts, Kristien, *Taal zonder mij*. Atlas, Amsterdam 1998

Hogeveen, Lily, *Angst of liefde, een keuze*. De Dialoog, Norg 2000

Jacobs, Aletta, *Herinneringen*. Van Holkema & Warendorf, Amsterdam 1924; herdruk SUN, Nijmegen 1978

Jong, J. de, en A. Peeters, 'Partnerpaden na het vijftigste levensjaar', *Mens en maatschappij* 77/2 (2002), pp. 116–136

Kamsma, Martine, 'Rutgershuis, ooit geschenk aan het volk, nu overbodig', *Het Parool* (29 augustus 2001)

Klerk, M.M.Y. de (red.), *Rapportage ouderen 2001: veranderingen in de leefsituatie*. Sociaal en Cultureel Planbureau, Den Haag 2001

Knies, A., 'Mijn ouders zagen mij als meisje', *Sek* 14/1 (1984), pp. 10–12

Kübler-Ross, E., *Lessen voor levenden: gesprekken met stervenden*. Ambo, Bilthoven 1969

Laan, E., J. Sonderman en E. Janssen, *'Straight and lesbian women's sexual responses to straight and lesbian erotica: No sexual orientation effects'*, Poster presented at 21st Conference of the International Academy of Sex Research, Provincetown, MA, U.S.A. (september 1995)

Langenkamp, C., 'Lesbische relaties', in: Karin A.P. de Bruin en Mike Balkema (red.), *Liever vrouwen*. Schorerboeken, Amsterdam 2001

Loulan, J., *Lesbian sex*. Spinsters/Aunt Lute, San Francisco 1984

Love, P., en J. Robinson, *Hot Monogamy: Essential Steps to More Passionate, Intimate Lovemaking*. Dutton, New York 1994

Masters, W.H., en V.E. Johnson, *Human sexual response*. Little and Brown, Boston 1966; Ned. vert.: *Anatomie van het sexueel gebeuren*. Paris, Amsterdam 1968

McGraw, Phil, *Life Strategies*. Hyperion, New York 1999

–, *Relationship Rescue*. Vermillion, Londen 2000

Moors-Mommers, M.A.C.T., en C.W. Vink, 'Seksuele moeilijkheden van zieke mensen', in: A.K. Slob, C.W. Vink, J.P.C. Moors en W. Everaerd (red.), *Leerboek seksuologie*. Bohn Stafleu Van Loghum, Houten 1998

Neeleman, A., 'Intimiteit en seks', *Denkbeeld* (april 2000)

–, 'Sexy senioren', *Denkbeeld* (juni 2000)

Northrup, C., *De overgang als bron van kracht: nieuwe perspectieven en zingeving in de tweede levensfase*. Altamira-Becht, Haarlem 2001

Oma is verliefd, tekst 'Kinderen voor kinderen' door Maul Lustenhouwer en Peter Zwerus (2001)

Perutz, Kathrin, *Marriage is hell*. William Morrow, New York 1972

Premsela, B., *Sexuologie in de praktijk*. Strengholt, Amsterdam 1947

Rademaker, J., *Seks in je leven*. Kosmos-Z&K, Utrecht 1996

Rijsingen, H. van, *Zin in vrijen... voor mannen*. Aramith, Haarlem 2002

–, *Zin in vrijen... voor vrouwen*. Aramith, Haarlem 2002

Sandfort, Th.G.M., en H. Bos, 'Homoseksualiteit in gezondheidsperspectief', in: A.K. Slob, C.W. Vink, J.P.C. Moors en W. Everaerd (red.), *Leerboek seksuologie*. Bohn Stafleu Van Loghum, Houten 1998

Schippers, J., *Voorkeur voor mannen*. Sdu, Den Haag / Schorerstichting, Amsterdam 1989

Schnarch, David, *Passionate Marriage, Keeping Love & Intimacy Alive in Committed Relationships*. Henry Holt, New York 1997

Schuyf, J., *Oud roze: de positie van lesbische en homoseksuele ouderen in Nederland*. Homostudies, Utrecht 1996

– en J. Griffioen, *Gevoelsgenoten van zekere leeftijd*. Schorerboeken, Amsterdam 1997

Slingerland, M., 'Hokken doe je in het weekend', *Trouw* (5 februari 2003)

Slob, A.K., J. Koster, J.K. Radder en J.J. van der Werf ten Bosch, 'Seksualiteit en psychofysiologisch funktioneren bij vrouwen met diabetes', *Tijdschrift voor seksuologie* 15 (1991), pp. 30–40

Slob, A.K., C.W. Vink, J.P.C. Moors en W. Everaerd (red.), *Leerboek seksuologie*. Bohn Stafleu Van Loghum, Houten 1998

Slob, Koos, en Ineke Vink, *Mannen, vrouwen & vrijen: over seksualiteit en potentie*. Elmar, Rijswijk 1998

HANNIE VAN RIJSINGEN

Stärcke, J., *De seksueele opvoeding onzer jeugd.* Wereldbibliotheek, Amsterdam 1936[7]

Steen, M. van der, 'De geraniums voorbij', LBL expertisecentrum leeftijd en maatschappij, 2002

Straver, C.J., P.T. Cohen-Kettenis en A.K. Slob, 'Seksualiteit en levensloop', in: A.K. Slob, C.W. Vink, J.P.C. Moors en W. Everaerd (red.), *Leerboek seksuologie*, Bohn Stafleu Van Loghum, Houten 1998

Vennix, Paul, 'Is seks wel zo'n leuk spelletje?', in: *Zin en onzin over seks.* Van Loghum Slaterus, Deventer 1981

Verveen, A.A., 'Samen door de collegezaal met de eerstejaars Geneeskunde', in: *Gelijktijdig klaarkomen: Liber Amicorum bij het emeritaat van prof.dr. Gerda van Dijk* (8 november 2002)

Vroege, J., L. Nicolai en H. van de Wiel, *Seksualiteitshulpverlening in Nederland,* NISSO-studies (nieuwe reeks) 25. Eburon, Delft 2001

Westendorp, A., *De 'lusteloosheid' in lesbische relaties nader bekeken,* lezing Den Haag (20 mei 2000)

Zessen, G. van, *Cursus seksualiteit, les 13: Zelfbevrediging.* Nationale Handelsacademie (juni 2000)

– en Th. Santfort, *Seksualiteit in Nederland.* Swets & Zeitlinger, Amsterdam/Lisse 1991

Bezochte websites:

www.alettajacobs.org
www.filosofischepraktijk.uwnet.nl
www.inghist.nl
www.prostaat.nl
www.rutgersnissogroep.nl
www.seniorweb.nl
www.dokterdokter.nl
www.urineverlies.nl
www.leeftijd.nl

DANKWOORD

I k wil nog graag iedereen bedanken die mij bij het schrijven van dit boek tot steun is geweest. Op de eerste plaats zijn dat mijn collegae Marijke, Ruud, Mike, Josée, Ingrid, Els, Judith en Els. Verder dank ik Koos Slob, Peter Leusink en Karin Frissen voor hun bijdrage aan het medische gedeelte; Karin zeg ik bovendien dank voor haar hulp als ik van mijn doelstelling dreigde af te wijken: onvermoeibaar hield zij me de spiegel voor. Voorts dank ik Marguerite, Mariëtte en Alexandra voor het 'meelezen' en hun opbouwend commentaar.

Ten slotte wil ik alle mensen dank zeggen die in de afgelopen jaren mijn hulp hebben ingeroepen, de mannen, vrouwen en (echt)paren die mij hebben betrokken in het meest intieme gedeelte van hun leven: hun beleving van hun relatie en hun seksualiteit. Uit hun openhartigheid en eerlijkheid heb ik rijkelijk geput, zowel bij de theorievorming als in de aangehaalde voorbeelden. Zonder hen zou dit boek niet tot stand zijn gekomen.

HANNIE VAN RIJSINGEN